外交力

三国的深层逻辑

张　程　著

浙江大学出版社

序

伴随着中国最近数十年的持续发展,世界对中国的历史文化表现出日益浓厚的兴趣。在国际关系和外交学的研究领域也开始出现把西方国际关系理论与中国历史相结合的热潮,不少学者和学生开始对中国外交的历史和特点产生兴趣。我认为这是一个好的现象。我相信越来越多的读者会认同,中国的外交与西方的外交有共性,但也有很大的不同,中国的国际关系学和外交学的学人们应当在此基础上形成"中国的国际关系学"或"中国的外交学"。

从这个意义上说,张程的《外交力:三国的深层逻辑》一书也是他在这方面所做的一次探索和尝试。

曾经有一位韩国学者来到北京大学国际关系学院,希望能就古代东亚国际体系,也就是国内通称的朝贡体系进行研修。朝贡体系就是典型的中国古代外交事宜。中国古代有着丰富多彩的外交实践和思想。这些是先人遗留给我们的宝贵财富。外国的相关学科已经开始注意研究中国古代的外交制度、思想和实践。这些宝贵的外交遗产一直流淌在中国的外交血脉中,影响着今日的中国外交。国内学术界也越来越重视中国外交历史的研究,从中汲取养分。但是国内对中国外交遗产的挖掘还远远不够。

理解西方的国际关系理论必须看西方的历史,可是我们不一定非得用西方的历史来理解当今的国际关系。西方的很多例子在中国就遭遇了"水土不服"。为什么只是一味去关注古希腊和威斯特伐利亚,而不去关注中国的春秋战国时代和三国呢?我们对西方历史的了解肯定比不过西方人。我们应该发挥自己的优势,总结中国自己的经验,展示中国的特色。中国应该有一部分人去做中国自己的外交史和外交思想的研究。

现代国际政治建立在西方价值观念和游戏规则之上。中国是现代国际体系的迟到者和被动接受者。在西方外交思想和规范传入中国之后,中国本土的外交思想、规范和实践开始衰落。其实,与古希腊古罗马的那些城邦国家相比,中国更有资格炫耀自己悠久灿烂的外交历史。早在春秋战国时期，中国大地上就形成了华夏体系。这个体系日后逐渐发展完善成稳固的朝贡体系。朝贡体系在 19 世纪末 20 世纪初彻底崩溃于列强的坚船利炮之下。近代屈辱的历史在人们心中造成的创伤和紧随而至的对西方先进文明及制度的学习，似乎使我们忽视了那些遥远的外交家身影和曾经响亮的声音。随着中国的不断崛起，重识外交历史，在国际政治领域发出中国的声音，是我们迫在眉睫的任务。

《外交力：三国的深层逻辑》一书就是挖掘中国外交遗产的有益尝试。我曾经做过春秋战国时期中国外交思想的研究，本书则将对古代外交的研究延伸到了秦汉之后，同时将观察的视角深入中国内部政权。在书中，作者以翔实的史实梳理了三国时期的外交历史，归纳出相关国别的外交战略。其中对吴、蜀两次外交联盟的介绍和对联盟理论的穿插分析，为我们展现了中国特色的联盟征伐情况；其中对蜀、吴荆州战略的深入分析，将盛传的"借荆州"细化，纠正为"换江陵"，为我们理清了一桩纷繁复杂的历史公案。书中有关秦旦通三韩、张特守合肥城等有趣的外交故事，向我们展现了古代外交生动有趣的一面。

正如作者承认的，本书还存在许多问题。比如并没有严格区分外交斗争和政治、军事斗争，对三国外交战略和战术的分析概括也略显简单。另外，还需要提醒读者的是，虽然三国时期魏、蜀、吴三个政治实体各有各的地盘、军队和居民，互不隶属又相互承认，它们之间的交往具有典型的外交的特征，但它们都是秦汉统一中国的历史前提之下出现的，又都以实现中国的统一为最终的战略目标，而且后来三国又在不久之后重新成为一个统一国家。这又与一般国家的外交有所不同。但总的来说，本书不失为一部通俗易懂、深入浅出的外交史作品。

中国的外交有几千年的历史，有丰富的实践经验和传统，有不少知识和传统一直影响到当代中国的外交。相信张程的这本《外交力：三国的深层逻辑》会丰富对这一历史时期的外交的认识，会对人们理解中国外交的历史有所补益。

是为序。

叶自成

2007 年 3 月 5 日

前　言

三国时期存在外交吗？

璀璨异常的三国历史是一座巨大的宝库。本书重点关注三国时期的外交历史和外交思想。它将带领读者走入三国时期各个割据政权之间的外交战场,近距离观察三国外交家的思想和实践;本书也将带领读者关注三国外交先辈筚路蓝缕的过程,思考三国在世界外交舞台上的地位。

这是个崭新的领域,在论述过程中必然伴随着大量的疑问和思索。

一听说"三国外交",人们往往首先询问:三国时期存在外交吗？

对于这个前提性问题的回答,涉及我们对外交的理解。现代人已经习惯了电视、报纸和杂志上展示的外交纵横。外交官们在联合国等国际组织和各种外交场合上的潇洒表现,国家间频繁进行的照会、会晤和联盟等外交活动,连续公布的国际法、条约、协议和讲话为我们营造出一个现实中的外交世界。拨开这些表象,投眼于汗牛充栋的中国史籍,我们会发现,我国古代也存在这些外交概念。古代中国人很早就形成了自己的世界观和外交概念。

外交史大家黎虎教授研究认为,商朝的甲骨文中就包含着外交记录。在商王朝的时候,中国就已经出现了外交官和外交概念。当时的外交指的是中央王朝开展对外交往、允许诸侯各国相互交往的权力和一系列的活动。

春秋时期的鲁隐公①元年(前722)祭国国君出访鲁国。《春秋谷梁传》中"隐公元年"一篇对此记载道:"寰内诸侯,非有天子之命,不得出会诸侯。不正其外交,故弗与朝也。"意思是说:周朝范围内的诸侯们,没有周天子的允许,是不能相互交往的。这可能是在史籍中最早出现的明确的"外交"一词

---

① 鲁国国君。孔子作《春秋》,以鲁隐公元年起笔。由于春秋是以鲁国国史作为基础而编成的,所以当时很多大事都以鲁国纪年来排编。

的记载。可见,"外交"一词在古代人们的心中是贬义的。也就是在古代中国人的思维中,只有天子才有权利进行对外交往,外交是天子的特权。

但是这并不妨碍诸侯国之间的外交往来的现实存在。西周时,由各诸侯国和周边政权组成的国家体系间围绕着周王室固定运转,不就是中国原始的外交体系吗?到了春秋战国时期,各国外交与征战始终相伴随,碰撞出了辉煌的外交火花。葵丘会盟①、问鼎中原、晏子使楚、合纵连横、远交近攻等外交故事、外交人物和外交战略至今为人津津乐道。

秦汉以来,各项外交概念开始固定,外交范围拓展,形成了政府内部的外交制度。先秦时期的外交,还都是集中在现代中国本土范围内。经过西汉时期张骞凿空西域,"中国古代外交突破了本土和东亚的范围而开始走向世界"②。位列九卿的大鸿胪,属于内朝系统的主客曹和行人、四方馆③等各司其职,撑起了中华帝国的外交体系。中国主导的古代东亚国际体系的辉煌和中国在东亚的历史遗产就是在当时开始出现雏形的。

三国时期,国家的分裂并没有妨碍外交思想的流传。东吴使臣张温出使蜀汉,向蜀汉大臣称赞自己的副手(副使)。后来在国内政治斗争中,张温因此获罪。《三国志·张温传》记载了骆统为张温求情的话:"向他国之辅,而叹本邦之臣,经传美之以光国,而不讥之以外交也。"这里的"外交"一词是贬义的,指的是大臣私自对外交往。这里具体指张温没有经过皇帝孙权同意,当着蜀汉君臣面评价东吴的大臣(副使)。骆统求情的时候,就认为张温虽然擅自评价己方大臣,但说的是好话,不是一般的"外交"。

事实上,"三国外交"的概念已经被人提出来了。张大可教授认为:"三国外交,特指三国形成时期的外交,起于公元 208 年刘孙结盟,止于公元 229

---

① 公元前 651 年,齐桓公在葵丘大会诸侯,宣读了盟约,周襄王也派代表参加,对齐桓公极力表彰。这次会盟标志着齐桓公的霸业达到顶峰,齐桓公成为中原的首位霸主。

② 黎虎:《汉唐外交制度史》,兰州大学出版社 1998 年 4 月版,第 8 页。

③ 主客曹(也称客曹)是秦汉时期负责外交和朝贡事务的官署,后代废除;行人是掌管朝觐聘问的官职名称,后来逐渐变为使者,明清时期中国派往各个藩属的册封使一般由行人充任;四方馆是中央王朝接待各国使者和商人的官署名,同时负责与各国的通商事务。

年吴蜀订立中分天下的盟约，前后 22 年。"①尽管笔者并不赞同张教授的分期，但完全认同张教授对外交的灵活理解。群雄竞起的乱世，各国都发展出了自己的外交制度，形成了各具特色的外交实践和思想。这是我们观察统一盛世时难以获得的万花筒似的精彩画面。三国两晋南北朝时期与春秋战国时期、五代十国时期一样，都是中国古代外交内容大放异彩的重要阶段。

我们得承认，即使是在缺乏理性思维、不擅长思辨和缺乏系统理论的中国古代政治思想中，依然闪耀着先辈外交实践和思想的光芒。三国时代存在中国古代外交。

再追根溯源，外交概念的本质是什么？现代外交概念由西方而来。现代外交的词源 Diploma 意为金属制的一分为二的护照和其他通牒。它是国家颁发的执行国家政策、实现国家战略目标的凭证。外交概念在产生之初就带上了强烈的国家实践色彩。

外交概念包含两个前提：国家和国家交往。外交概念带有两大色彩：国家色彩和主权色彩。

三国时期存在国家吗？讨论割据政权之间的外交是否可行呢？

那么，三国时期的曹魏、东吴、蜀汉和辽东②是否可以算是外交意义上的国家？魏国的疆域东至大海，西到甘肃，北过长城，南达江淮地区；东吴接魏国南境，跨过长江中下流地区、五岭和珠江流域，直到越南中部；蜀汉保守今四川、云贵和陕西、青海等省一部。曹魏灭蜀的时候，蜀国人口约 94 万，魏国人口有 443 万。西晋灭吴的时候，吴国人口达到 230 万。灭亡的蜀汉和东吴两国，分别立国 43 年和 59 年，分别保持了 10 万和 20 万的常备军。这样的政权规模，即使按照现在的标准，也是大国。

三国鼎立之势形成后，"中兴汉室"这面旗帜失去了号召力。统一的汉

---

① 张大可：《三国史》，华文出版社 2003 年 1 月版，第 173 页。

② 辽东国的情况比较特殊。特殊性就在于辽东是向曹魏和东吴称臣的。但是公孙家族在辽东拥有完备的政府、强大的军队和连续几代人的牢固统治。它自降等级与各国的外交往来，是因为国小兵寡，不得不以低姿态在两大国间周旋牟利。但是称臣丝毫不影响辽东政权的独立性。四大国之外的其他割据政权国小而时短，没有形成稳固的统治。但是它们的外交历史也为我们提供了有益的借鉴。

朝在意识形态领域的分量在降低。随着时间的推移,人们转移了天命的观念。魏、蜀、吴三国在义理上都成了平等的割据国家,三方角逐完全进入了道德与国力的竞争中。对于这三个国家以及辽东政权来说,谁治理得有条理,谁就能赢得民众的支持,赢得士大夫的归心,谁的力量就会不断增强。

当时参与到以三国为核心的外交圈子中的,还有三韩、邪马台、大和、西域等国家和地区。这些国家和地区有些发展成了现代国家,有些逐渐融入了中国。但是在当时,它们都是有稳固统治的、独立的国家。

当然,我们也必须承认这里的国家都不是近代以来的民族国家,也就是说,这些国家不具备现代意义上的主权。但是,三国时期各国建立了对内绝对排他的统治,在对外事务方面也是完全独立的。因此,三国时期的国家是存在的。同时,讨论割据政权内部、中央王朝与周边政权之间的外交是可行的。

所有对"三国外交"概念的疑问,都是受到现代外交概念约定俗成的影响导致的。当代人的头脑里似乎已经有了先入为主的想法,认为只有在现代国际环境中接触的外交才是外交。事实上,光辉灿烂的古代中国也存在丰富多彩的外交实践和外交思想。我们对它的怀疑本身表明我们对它的忽视。希望三国外交能够成为人们了解中国古代外交的一个切入口。

读者们可能又会问了:读三国外交有什么现实意义呢?

作为正在崛起的东方大国,中国是当今国际体系的迟到者。中国被动进入近代国际体系的时候,西方国家已经以自己的价值体系和行为规范为基础,建立了完整的国际体系。

我们接受的外交教育和熏陶也是在西方理论和实践的背景下进行的,因此普遍缺乏自己的国际视野。我们用它来分析当今纷繁复杂的国际形势,规划和指导我们的外交行为。甚至有部分人"言必称威斯特伐利亚"。遗憾的是,我们毕竟不完全适应那一套思维,很难用它来解释我们遇到的一切。

在日益走向世界的时候,我们一再遭遇尴尬。中国在国际图书版权贸易中长期处于巨幅逆差地位,这令有着几千年深厚积淀的文化大国十分尴尬;近几年比较叫座的几部电影大制作,与其说是民族电影的希望,不如说是在西方审美基础上点缀了中国元素；一年年地学人西渡，归国的那部分人引进了大量的西方科技和文化，却依然改变不了国内一些学科起步低、理论零散、缺乏系统梳理的状况；海洋上出现越来越多中国船只的身影，但中国在海事纠纷中往往不能维护自己的正当利益。事实上，对于国际竞争的许多"游戏规则"，我们都不能说了然于胸。

国际形势瞬息万变；国家竞争，如逆水行舟，不进则退。作为日益走向世界的中国人，尤其是作为崛起的中国的未来一代，我们如何理解国际事务中尴尬的现状，如何迎接中国在世界强国舞台上的登场？说到底，我们应该以什么样的视野看待中国走向世界的历程？最基础的，我们要寻找我们的威斯特伐利亚，挖掘我们的传统世界观和外交思想，找到我们的国际思维原点。

三国外交就是闪耀着智慧光芒的中国外交遗产。挖掘它，继承它，可以为我们解释当今国际关系和中国外交提供借鉴，可以帮我们抽去西方国际关系理论所主导的头脑中所出现的一缕遗憾和一丝无奈。

国家图存争霸，"外交力"是综合国力的重要组成部分。外交力是国家占有一定的外交资源，运用外交能力转化、配置外交资源，通过外交构想力提出富有成效的外交战略，结合外交意志，形成解决特定问题的外交力量。外交力影响国家的对外交往，随时随地随境况不同而不同。① 对外交力的灵活运用，体现了执政者的能力，能优化国家的外部环境，也能把一手好牌打得稀巴烂，四面树敌。并非"弱国无外交"，恰恰相反，弱国更需要提升外交力，或者在消解外患，或者在夹缝中求生存；如果能借力打力、以柔克刚，就能极大提升弱国的国际地位。在综合国力其他要素欠缺的情况下，弱国能拥抱的就是外交力了。同样，强国也不能忽视外交。不求事事锦上添花，但糟糕的外交连累整体国力、拖垮国家大政，也不能不防。三国外交便提供了两方面的生动例子，给外交力增添了中国元素、三国特产。

---

① 有关"外交力"的论述请参见：何洪兵：《综合国力的构成要素探讨》，载于《中共四川省委党校学报》2013 年第一期。周俊：《外交力及其在中国外交中的体现》，2007 年外交学院硕士毕业论文。

目　　录

帝国的外交遗产

　　董卓之蠢，在于他白白浪费了历史赐予他的巨大机遇，丧失了东汉王朝拨乱反正的最后希望。于是王朝的大厦轰然倒塌，一个乱世开始了！世道乱了，但总有一些东西是不变的。中国政治文化中蕴藏着的外交思想和王朝的外交制度就是帝国世代相传的宝贵遗产。

中国第一位军阀

开启三国时代乱世大门的人，是董卓。

公元189年，职业军人出身的河东太守董卓，戏剧性地率军进入洛阳，诛杀宦官和大臣，掌握了朝政。他所面临着的是一个矛盾重重、政弊缠身的朝廷。东汉政治正处于或者拨乱反正或者全盘崩溃的十字路口。董卓的无知、鲁莽和他麾下凉州兵团的残暴，使得矛盾冲突如洪水般决堤而出，加速了乱世的到来。

董卓这个人，不是什么好人，但也不像后人描述的那么不堪。他这类人物在之前的中国历史上尚未出现，在之后的中国历史上倒是经常出现。后人专门造了一个名词，来形容董卓这样的政治角色——军阀。

作为中国军阀的先辈，董卓为这个群体的后来者树立了许多典范。

首先是在体态上，董卓极胖。他兵败被杀后，横尸街头。据说有人在他的肚脐眼上插了根灯芯。董卓肚中的脂肪足足燃烧了三天三夜。后来的唐代著名大军阀安禄山也是肚子极大，据说需要五匹马才能载起他。

其次是在个人履历上，董卓始终与军队（凉州军团）牢固地联系在一起，亲自掌握队伍。之后历代的大军阀，无不牢牢掌控军队、崛起于行伍。军队私人化成了军阀的标配。

古代，俗语有云"好男不当兵"，行伍出身的人通常家世不显。董卓是凉州陇西郡临洮（今甘肃省岷县）人，出身不高，父亲董君雅是县里的一个小官，最高做到了颍川郡纶氏县的县尉。董卓成年后也在老家郡衙门中谋了个监领盗贼的差事。

凉州地区主体在今甘肃省中部，在汉朝是边陲地区，气候常年寒冷，因此得名"凉州"。当地少数民族众多，出产当时中国最优质的战马和最彪悍的战士，骑兵素质甲天下。也许正是这种环境塑造了董卓彪悍、残暴的性格。董卓小的时候就与少数民族豪帅结识,这为他日后在凉州军团的崛起奠定了扎实的基础。

汉桓帝末年(大约公元160年左右),凉州地区的少数民族羌人的反叛行动日益高涨,东汉朝廷为安定边陲,提拔了一批当地豪强来平叛。董卓就以"良家子"的身份被提拔为羽林郎(中级军官)。董卓本就性格粗猛,体格健硕,到了战场上更是如鱼得水。史载他可以在飞奔的战马上左右开弓射箭。

凭借着过人的武力和多次征伐作战中累积的战功,董卓一路升迁,历任军司马、广武令、蜀郡北部都尉、西域戊己校尉、并州刺史、河东太守,终于晋升为高级将领。

董卓势力的日益坐大引起了朝廷的担心。中平六年(189),朝廷命令董卓交出部队,去上任并州牧。有兵有权又有野心的董卓岂肯就命,他上书说:"臣在行伍中十多年了,与军中上下的士卒日久情深。士卒们也都依恋臣的畜养之恩。臣愿意为了国家,率军到并州去,效力边陲。"他也不等朝廷同意,就率领军队去上任了。

一个军阀的身影开始出现了!

羸弱的东汉王朝当时已经无力对董卓采取任何实质性的惩罚措施了。

汉灵帝的东汉,此时朝廷立国已久,像是个痼疾缠身的老人,各种矛盾和问题日积月累,百姓怨声载道,最终在公元184年以农民起义的形式生了一场暴病,这就是历史上著名的黄巾起义。

朝廷虽然成功镇压了起义,但是实际统治已经动摇了。世族大家的势力恶性膨胀,地方政权分崩离析,中央政府内部宦官和外戚明争暗斗。汉灵帝在最危急的时刻出朝与群臣面议朝政,之后又回到深宫,与宦官相伴。

不久,汉灵帝驾崩,汉少帝即位。志士仁人想要澄清政治,黎民百姓也都盼着朝廷清明。洛阳城内的知识分子、朝臣和外戚们酝酿发动"尽诛阉宦"的计划。皇权专制衍生出了宦官专权的现象。宦官专权在道德上和实质上削弱了皇权,的确是导致东汉末期政治黑暗的原因之一,也是人们攻击的主要矛头。大将军何进和许多大臣都支持这一清除宦官专权的行动,以达到重尊皇权的目的。

朝臣们和知识分子要清除宦官专权是好的,但当时的做法却犯了几个致命的错误。首先,主导此事的是外戚。何进是国舅,掌握外朝实权,即使行动成功了,最后也难免只是以外戚专权代替了宦官专权,并不见得是好事。

其次,何进的能力太差,靠裙带关系上台,不仅办事不密,而且优柔寡断。在调兵遣将完毕后,他觉得必须征得妹妹也就是皇太后的同意。但是皇太后终日需要宦官伺候,自然不同意诛灭宦官。昏庸的何进和朝臣们竟然另辟蹊径,想出了调外省军队入京"兵谏逼宫"的馊主意。这不仅在实质上削弱了皇权,还向天下明确宣告神圣的皇权不能解除身边的顽疾,而只能依靠外人的力量。

曹操此时在京担任禁军校尉,参与预谋。他极力反对征调外兵来诛杀宦官。他认为诛杀宦官让几个狱吏去办就行了,如果大张旗鼓地进行反而暴露了皇帝和朝廷的无能,是要引起天下骚动的。曹操最为担忧的是引狼入室,可能会造成军阀独霸朝政、削弱皇权。

但是曹操的看法在当时并没有什么影响力,外省军队依旧被调入京。董卓的部队就是被征调的兵谏队伍之一。

天下没有不透风的墙,更何况是这么大的行动。宦官们早已得知了消息,趁外兵未到,就先下手为强,将何进骗到宫中,砍了他的脑袋。

何进的属下们闻此噩耗立刻红了眼,奋起神威,冲入宫中,大肆诛杀宦官。皇宫内一片血雨腥风。据说,当时还误杀了许多面部无须的男人。洛阳陷入了大乱。

鹬蚌相争,渔翁得利。这时,董卓赶到了滑向混乱的洛阳。

董卓来的时机正好,可是带的兵并不多,开始时只有步骑三千人,实力远低于何进余部和洛阳周围其他军队。董卓也害怕自己兵少,不能镇服远近,但多年的军事经验教会了他使用计谋。在之后的四五天中,董卓让军队每天夜里悄悄潜出军营,第二天再大张旌旗播鼓而还。洛阳城中各派和周边地区都以为董卓的军队源源不断而来,纷纷表示归附。就这样,董卓凭借着一个本朝前所未有的机遇,踏着宦官和外戚两派势力的尸体,征服了洛阳。

从东汉中期开始,宦官外戚交替掌权是中央朝廷最大的弊端。如今,中央朝廷既没有了宦官专权,也没有了主事的外戚集团,民心思定,何等清爽。另外,东汉政权是依靠世族大家的支持建立的,肇建之时就种下了豪强世族恶性膨胀的恶果。上百年来各个大家族累世公卿,把持朝政,让寒门士人和百姓寒心。而东汉末期豪强大族经历过起义、造反和内乱的打击后,势力衰落;董卓以平民出身入主朝政,得到了普通人的欢迎。

不称职的掌舵人

历史给予了董卓莫大的机遇,同时也提出了巨大的挑战。原本漏洞百出的东汉大船经过何进这一折腾,正在缓慢下沉。如果掌控不好,掌舵人将和船只一起没入海底。我们来看看董卓是怎么做的吧。

董卓此时已是相国,是东汉王朝实际的掌权者。他有机会也有足够的实力挽大厦于将倾。但是董卓虽然夺得了权力,却不懂得如何运用权力来促进国家的发展。

虽然他也做了一些积极的事,比如清理"党锢案",拨乱反正[1];改革中央和地方人事[2];同时他继续推行地方上的州牧制改革[3]。董卓的这几项政策使得之前被幽禁、没有机会出仕的人和长期得不到提拔的人受到了重用,赢得了好评。后世的史家也不得不承认董卓"虽行无道,而犹忍性矫情,擢用

---

[1] 东汉末年的两次党锢沉重打击了清议朝臣和知识分子们的政治热情与组织力量,闹得天下沸腾。现在董卓领衔追理陈蕃、窦武和其他党人,平息民愤。朝廷恢复了陈蕃等人的爵位,补偿他们的子孙。皇帝还专门遣使祭祀陈蕃、窦武等人。

[2] 他任命了吏部尚书汉阳周毖、侍中汝南伍琼、尚书郑公业、长史何颙等人,并且平地一声雷似的提拔毫无官历的荀爽为司空。这些人不是当时天下的名士,就是受到党锢牵连的人。

[3] 他任命尚书韩馥为冀州刺史,侍中刘岱为兖州刺史,陈留孔伷为豫州刺史,颍川张咨为南阳太守,尽管这些人后来都站到了董卓的对立面。董卓自己的亲信和爱将,虽然都受到了提拔,但主要还是担任军职,职务都不高。

群士"。

遗憾的是,对于困难重重、处于风烛残年的东汉王朝来说,拨乱反正已经满足不了发展的需要。它需要的是庞杂的、客观可行的全面改革。然而,占据天时、地利、人和的董卓集团既没有做好全面改革的准备,也没有这样的能力。之后除了废除五铢钱、更铸小钱,希望改革业已崩溃的国家财政(结果因为钱品恶劣,导致物价飞涨)外,董卓集团的朝廷毫无其他作为。相反,军阀的残暴不法逐渐显露出来。

公元190年二月,董卓军队到阳城时赶上当地居民迎赛土神的集会。四方居民都聚在一起看热闹。董卓军竟然对手无寸铁的百姓发起进攻,杀死了所有的男子,夺取车牛装载妇女和财物。部队将斩获的男子头颅系在车辕轴上,浩浩荡荡地返回洛阳,宣称攻贼大胜。进入城门后,部队将所有头颅堆积起来焚烧,将妇女分给士兵作为婢妾。史载董卓法令苛酷,用刑很重,冤死者数以千计。"百姓嗷嗷,道路以目。"甚至还有董卓本人强奸宫女、公主的记载。

在进行拨乱反正的同时,董卓主导了东汉王朝的最后一次皇位更迭。当时在位的是汉灵帝的长子——汉少帝刘辩。他尚未成年,是何进的外甥。董卓以少帝无能为由,逼迫群臣同意更换皇帝,改立汉灵帝的幼子陈留王刘协为帝。刘协就是汉王朝的最后一位皇帝——汉献帝。不久,逊帝刘辩即被董卓毒死。更换傀儡只不过是为了巩固权势、操持朝政,对汉王朝的复兴起不到任何作用,反而瓦解了本来拥护皇权的士人阶层对董卓的支持(他们原本是在重尊皇权的旗帜下聚拢在董卓周围的)。其结果就是,在拨乱反正之初选择支持董卓的士人阶层,经历皇位更迭后,马上转到了董卓的对立面。董卓的举措尽管为自己获得了入朝不趋、剑履上殿的特权,却只是无端地授人口实,推人树敌而已。

与扶立汉献帝的举措一样费力不讨好的是迁都长安的决策。

董卓尽徙洛阳人口百万前往长安。一路上百姓们在步骑兵的驱赶下,互相踩踏,加上饥饿、疾病和寇掠,积尸盈路。董卓自己则留驻洛阳,指挥对首都洛阳的焚烧工作,使洛阳城方圆二百里成为一片废墟。董卓的爱将吕布则挖掘了东汉各座帝陵和公卿们的冢墓,掠夺珍宝。

董卓为什么要迁都？当时关东十八镇诸侯联军讨伐董卓，对洛阳形成包抄之势。以袁绍为首的关东诸侯虽然人多势众，但是整天高谈阔论，饮酒作乐。他们讨伐权臣是假，割据牟利是真。董卓完全不用怕他们，他也没有受到任何实质性的军事威胁。董卓退居关中，可能是想放弃四处难守的洛阳，全力经营易守难攻的关中地区；可能是想西退接近凉州老家；也可能是想守着自己的封地过安乐的日子(董卓的封地郿距长安 250 里)。他在封地建筑了巨大的坞堡，高厚有七丈，号曰"万岁坞"。囤积的谷物可以食用三十年之多，还藏有数不胜数的珍宝①。董卓志得意满地对亲信们说："事成，雄踞天下；不成，守此足以毕老。"

　　这句话充分暴露了董卓是一个"有术无学"的军阀。他一生的追求就是拥有封地、粮食和珍宝，过安逸享乐的生活，至于控制朝政、号令天下都是附加要求而已。他所思考的更多的是微观的个人得失和争权夺势的技巧，根本就没有思考过国家发展的大政方针。东汉王朝在即将没顶的时候，将命运寄托在这样的一个军阀手中，这实在是历史的悲剧。

　　退居关中后，董卓自以为权势牢固，天下威服，残暴本性表现得越来越明显。最后在公元 192 年，被亲信王允和吕布杀死在长安。

　　董卓死后几年，他手下的凉州军团，包括李傕、郭汜、张济、段煨、董承等人，继续为乱关中地区，致使两三年后关中无复人迹。原本人烟稠密的经济中心变成了人间地狱。

　　董卓之乱直接引发了军阀大混战。在董卓入洛阳的第二年，也就是公元 190 年，关东各镇诸侯就以诛董卓为名开始了兴兵讨伐。这些各怀鬼胎的诸侯大多堕落成了军阀。他们骄奢淫逸、祸害地方，成了割据动荡的主角。百姓在饥馑、烽火和恐惧中备受煎熬。女诗人蔡琰(蔡文姬)的《悲愤诗》写道："斩截无孑遗，尸骸相撑拒。马边悬男头，马后载妇女。"这是汉末军阀混战的最直接反映。这群军阀，站在乱世的门口，共同打开了乱世的大门。中

---

　　① 北宋苏轼作《郿坞》诗："衣中甲厚行何惧，坞里金多退足凭。毕竟英雄谁得似，脐脂自照不须灯。"苏辙也著有同名诗："董公平昔甚纵横，晚岁藏金欲避兵。当日英雄智相似，燕南赵北亦为京。"

国历史迎来了著名的割据混战时代,从东汉末一直到隋唐重新统一为止,长达 400 年之久。

董卓之乱最大的消极影响在于意识形态的巨大改变。公元 184 年爆发的黄巾起义得到了广泛响应,说明百姓对汉朝出现了"忠诚危机"。之后曾出现了少数人意图谋立合肥侯为皇帝的谋逆事件。但是当时绝大多数人对汉朝是抱有感情的。朝廷的权威低落,但还没有扫地。董卓原本拥有重尊皇权、中兴中央集权的巨大机遇,但是他失败了。结果皇冠再次受到了奚落,中央集权也成为枉然。如果说在董卓入洛阳的时候,天下百姓对享国四百年的刘汉王朝还有眷恋拥戴之情,希冀拥护在汉朝的旗帜下实现国家统一和复兴的话,那么现在,天下百姓对刘汉王朝已经撤回了忠诚。

大文豪蔡邕就是其中的代表。他出身于"三世不分财"的名门,气节和文章受人推崇。蔡邕年轻的时候激情澎湃、指点江山,在黑暗政治下一再被贬斥,流浪各地。他曾经在吴会地区过了二十多年贫困艰难的日子。董卓当政的时候,起用蔡邕。蔡邕经过短暂犹豫后,接受了朝廷的征召。虽然他当时已经不再年轻,但是对朝廷的忠诚依然存在,相信经过一次大的革故鼎新,汉朝能够复兴。在董卓之乱中,蔡邕几乎是一日一升迁,最后官至侍中。对于董卓的荒唐举动,他也多有劝谏。董卓死后,蔡邕抚尸痛哭,被当作董卓同党斩首。蔡邕哭董卓,不是因为他是同党。他哭的是自己心中理想的破灭,哭的是汉朝最后复兴希望的丧失。

这,才是乱世大门得以打开的最深层原因。

正如鲁肃见到孙权说的第一句话:"肃窃料之,汉室不可复兴!"

在蔡邕和鲁肃等知识分子心目中,汉朝正在成为过去式。董卓从观念和现实两方面打破了汉朝统一的政治格局。不同的是,蔡邕采取了为曾经统一而强盛的汉朝殉葬的做法,而鲁肃选择的是在乱世中参与群雄割据的做法。

在心中抛却了统一的政治权威后,人们心头积压的欲望和人性中的劣根性纷纷暴露出来。身逢乱世,成为一件微妙的事。当时在京城做官的宗室刘焉是汉末州牧制改革的提倡者。他提出改革地方官制,将监察区变为行政区的建议,其实是想在乱世中为自己谋条出路。刘焉起初希望去做交州牧,"欲避世难"。交州在现在的两广和越南中北部地区,偏远闭塞。刘焉老了,想去那儿养老,全身而终。侍中董扶是四川广汉人,他悄悄劝刘焉说:"京师将乱,益州(今天四川、云南、贵州和陕西汉中地区)分野有天子气。"这是一句典型的大逆不道的话,在皇权鼎盛的时代、在人人拥君报国的年代,完全会为说话者带来诛灭九族的厄运。但刘焉听了董扶的话后,不动声色,心里的小九九上下乱窜,暗中活动起益州牧的职位来,最终如愿以偿成了第一代四川王。

董卓之乱对于改朝换代的历史拐弯处起到了巨大的影响,最直接的就是耗尽了东汉王朝最后一丝力量。内乱、迁都和混战的结果在汉献帝几年后逃回洛阳时就显现了出来。公元196年,刘协逃离战乱连绵的关中地区,来到一片废墟的旧都洛阳。东汉王朝的宫廷只能在一座勉强有四壁的破落院子里临时办公。这座院子据说是之前某个宦官在宫外的私家住宅。当时在其中办公的大臣有数十人,其中尚书郎以下的大臣必须每天自己去城外采摘野菜充饥。他们与饥民、乱兵一样,你争我夺。体弱的人就再也没有回来。既没有朝官队伍,也谈不上什么中央军队,甚至连中央政府的供给都成了问题。这就是董卓之乱最直观的表现。这样的朝廷也就失去了号令天下、管理全国的可能性了。

汉朝的外交遗产

外交必须是在一定的社会背景中展开的。

现代外交将这个背景叫作"国际社会"。通俗地说,外交是受到历史经验、社会观念、规章制度、力量对比和权力结构等社会因素严格约束的。每个国家的外交活动都是在已经布景完毕的舞台上展开的,每一位外交官多多少少都是戴着镣铐跳舞的演员。

在我们用来形容现代国际社会的词语之中,最常见的说法是"非政府状态"。的确,与国内社会不同的是,当今国际社会是一个缺乏统一权威的、无权力金字塔结构的社会。它类似于霍布斯等人所说的"无政府状态",但又不同。这个不同就在于人们其实是设计了许多国际法、国际组织和规章制度,形成了许多外交惯例和关系,是一个"非"政府而不是"无"政府状态。尽管有人想在现在国际社会中形成一定的权威,但是这个结果至今没有出现。

那么三国外交是在什么样的背景中展开的呢?

三国外交的背景的最显著一点就是它是在中国统一王朝崩溃之后衍生出来的。在三国之前的中国历史上,存在过夏、商、周与秦汉王朝这两个长时期的相对统一经历。三国外交是在中国历史的沉淀中起步的。统一的经历为三国外交的展开造就了诸多的特性:既定的世界观念;已经起步的营造东亚国际体系的努力——这两点是统一的历史所遗留下来的最主要的,也是最宝贵的外交遗产。

这个既定的世界观念可以用"天下观念"四个字来概括,这也是统治中国人思想数千年的传统世界观念。譬如先人说:"普天之下,莫非王土;率土之滨,莫非王臣。"[1]孔子曰:"大道之行也,天下为公。选贤与能,讲信修睦……是谓大同。"[2]至今,很大一部分国人依然用"天下"一词代指中国人视野中的全世界。

天下观念起源于我国上古华夏族体的形成时期。居住在黄河流域,特别是黄河中下游地区的华夏诸族同周边的其他族体之间存在经济、社会与文化上的巨大差异。面对这些差异所带来的一系列问题,华夏诸族自信于自身的发展程度与优势,坚持夷夏大防,同时希望以夏变夷,将华夏族的优势向周边辐射,实现天下大同。之后,华夏诸族和之后发展壮大而成的中华民族,相对于周边民族的各方面优势一直保持到了近代,天下观念与"一统华夷"的愿望也一直流淌在中国人的政治思想之中。

中国人所规划的"天下",中国居天下之中,为一国独尊,四周为蛮夷之人,未施王化。中国属内以制夷狄,夷狄属外以奉中国。天下大一统,中心只有一个,那就是中华帝国和天生的圣人——皇帝。皇帝和天朝上国应施

---

① 《诗经·小雅·北山》。

② 《礼记·礼运》。

王化于蛮夷,追求一统华夷。这是一个以中国代世界,相对封闭愚昧的世界观。它包括两个基本要素,一是对自身文明的自信,二是追求天下大同和睦。原始状态的"华夷分野"观念,是在上古时期华夏诸族与其他民族不断对立、冲突但又存在交流的情况下提出的。和许多正在形成的民族一样,当时的华夏族要维护自身血统纯净,强化民族意识,"裔不谋夏,夷不乱华"。在取得了对于周边民族的绝对发展优势后,中华民族并非作茧自缚、消极自保,而是源源不断地向四周传播自身的先进文明,有的朝代还强调"天下一家""中外一体"的统治思想。

公元前221年,秦帝国统一中国。中央集权的大一统政治现实为天下观念的强化提供了政治上的保障。汉武帝独尊儒术,罢黜百家,儒家思想由此统治中国人的思想两千多年。改造后的儒家思想,特别是"天人合一"的思想,将天下观念与"天"的概念紧密联系在一起。儒家思想里的"天"是封建统治者权力的来源,是世间道德的仲裁者,是至高无上的神灵,是中国人的精神寄托。"天"强大到了排挤宗教、道德、文化和政治在社会上存在空间的地步。"天下观念"从"天"的概念里演化而来,也被后者赋予了强大的生命力。大一统的中央集权政治和备受尊崇的儒家思想确保了天下观念的实践。

三国时期,天下观念依然牢固占据着中国人的思想,成为统一的世界观。

与天下观念相伴随,中国人很早就开始了对古代东亚国际体系的营造。天下观念中的"华夷之辨""夷夏大防"和"一统华夷"的思想对中国古代外交产生了直接的影响。历代中央王朝试图在"天下"营造华夷一统的国际秩序:建立中华王朝的绝对国际权威,以国内政治中的君君臣臣、父父子子的儒礼作为国际交往原则,以儒家思想教化万邦,一统华夷。

那么中国先民的外交努力有没有在古代东亚产生一个固定的国际体系呢?答案是肯定的。叶自成教授认为:"在欧洲体系形成之前,存在着另外一个比它要早得多的地区性国际体系。首先是华夏体系的存在,然后是东亚体系的存在。这两个体系是存在的。"春秋战国时期,各诸侯国拥有固定的疆域、政权和军队等国家要素,相互征伐;周王朝维持着一个松散的国际体系,摇曳着空泛的观念、制度和道德的旗帜。尽管东亚地区成型的国际体系并没有在这个时期出现,但是中国内部围绕着周朝形成了类似于后代的微型的"联合国体系"。更为重要的是,封建宗法制度、外交礼仪和制度这些对后世产生巨大影响的因子是在春秋战国的乱世中萌生的。秦汉的统一继承了春秋战国的外交遗产,奠定了以封贡为核心的古代东亚体系的雏形。它类似于以中原王朝为核心,藩属、外国和周边民族围绕周围,以册封赏赐和朝贡为纽带的东亚国家同心圆系统。这样的国际体系是真切存在的。三国时期开始直至隋唐的漫长历史中,中国的外交内核被牢固继承,并通过继续交往不断得到强化。各个分裂政权都相互承认为独立国家,都以继续发展外交、力图恢复统一王朝时的外交格局为己任。客观上,该体系的范围和内容都获得了拓展。黎虎教授就认为"正是在汉唐时期才奠定了中国古代与外国的基本外交格局"。①

古代世界因为客观条件的限制,各个地域性国际体系独立发展。中国自秦汉开始主导的东亚国际体系就是其中历史最悠久、最完善巩固的地域性国际体系。

作为中国古代外交的有机组成部分,三国外交也是在帝国外交遗产的基础上展开的,之后又成了整个古代外交遗产的宝贵组成部分。

三国外交开始的时候,庞大的汉王朝刚刚倒塌。各个新兴的国家是如何在尘埃逐渐飘散的过程中处理外交的呢?

首先可以肯定的是,各个国家的身份认同是明确的。各个国家相互承认为独立国家。

在外交场合中,国家之间可能会有高低强弱之分,但是都相互承认互为一国。在三国鼎立时期,曹魏与蜀汉互称为"贼";曹魏称东吴为"南国"、"吴",蜀汉称东吴为"东吴"、"吴";东吴称曹魏为"北国"、"魏",称蜀汉为"西国"、"蜀"或"汉"。各国官员也都是把对方作为国家来对待,以相互间的官职等级确定交往原则。陆抗与羊祜分别是东吴和西晋在荆州地区的军事首长,两人往来频繁,关系密切。他们完全是按照国家间大将往来的礼仪进行的。

东吴和蜀汉在229年签订的平分天下的盟约更可以看作是各割据政权

　　　① 黎虎:《汉唐外交制度史》,第8页。

相互平等承认的证据。蜀汉使臣陈震以祝贺孙权登基称帝为名来到武昌。孙权与陈震升坛歃盟,正式订立交分天下的盟约。吴蜀两国相约共击曹魏,平分天下。这个三国时期异常重要的基础性条约只有一句话:"以徐、豫、幽、青属吴,并、凉、冀、兖属蜀,其司州之土,以函谷关为界。"按照现代的行政区划,等消灭曹魏后,江苏全部、山东和河南大部、京津唐及周边地区、辽宁大部都归东吴所有。蜀汉得到的是现在的陕甘宁、山西大部、河北中南部、山东西北和河南东北一带。这个条约得到了吴、蜀两国的严格遵守。蜀汉为此调整了国内的封爵,避免将日后吴国的土地事先封给臣民;孙权越到晚年也越重视两国之间的这一根本性文件。交分天下的这份盟约可能是世界外交史上少数自始至终得到严格遵守的条约之一。

其次,尽管每个国家都相互明确为国家,但各国都以统一全国、南向称帝为最终目标。

秦汉以来,大一统的高度集权的政治格局已经形成确定的模式。统一逐渐成为人民拥有的心理常态。特别是在经历严重的战乱之后,统一往往是全社会上下一致的强烈愿望。"魏、蜀、吴三国统治集团相同的政治目标,都是要以自己为中心,建立大一统的新王朝。"①三国在意识形态宣传上,更是念念不忘处于"水深火热"之中的敌国臣民,以天下共主自居。作为天下统治者的重要象征,登基称帝是必不可少的。魏、蜀、吴三国的君主即使没有统一全国,也都南向称帝,形式上号令天下。即使是地处偏僻的辽东公孙政权,在势力鼎盛、志得意满的时候也频频用祥瑞为称帝做舆论准备。

这样的做法其实也迎合了普通百姓对天下统一的渴望情绪。"建安七子"之一的王粲年轻时在悲伤中逃离战乱中的长安,作《七哀诗》一首。其中有句:"南登霸陵岸,回首望长安。"长安作为统一的辉煌帝国的古都,在一代知识分子心中占有重要的地位。王粲在荆州的生活还算舒适。但在曹操开始进军荆州尝试国家统一的时候,王粲成了荆州内部坚定的投降派之一。对天下重新统一的期盼可能是他做出这种选择的重要原因。

---

① 张岂之:《中国历史·秦汉魏晋南北朝卷》,高等教育出版社 2001 年 7 月版,第149 页。

吕蒙白衣渡江占领荆州后,蜀、吴同盟一度破裂。刘备挟称帝之威、倾全国之力发动对东吴的讨伐。赵云和诸葛瑾对他的劝谏也反映了民心所向。赵云谏曰:"国贼是曹操,不是孙权。我们先灭了魏国,那么吴国自然就臣服了。虽然曹操现在死了,但是他的儿子曹丕篡位盗国。我们应该顺应民心,早图关中,占领河渭上流讨伐凶逆曹氏。那样的话,关东义士一定会裹粮策马,迎接王师。我们不应搁置魏国,而先与东吴交战。"赵云的理由是蜀汉是汉朝正统。现在曹丕篡夺了汉朝皇位,蜀汉讨伐魏国,恢复汉朝,那才是首要的任务。这也是符合天下百姓心思的,一定会获得"沦陷区"百姓的欢迎和支持。

诸葛瑾作为东吴的大臣,以私人身份给刘备写了封信。他说:"我听说陛下大张旗鼓来到了白帝城。有人说吴王侵取荆州,杀害关羽,怨深祸大,不应该和东吴讲和。这是用心于小处,没有留意大者的表现。请让我来为陛下分析一下天下大势的轻重和大小。论亲疏,关羽和先帝①两人对于陛下来说,谁更亲?论大小,荆州和天下,哪个大,哪个小?自己的仇人和自己怨恨的人,谁当先后?如果这样想的话,整件事情的处理就易如反掌了。"诸葛瑾的劝告是将荆州问题放在整个天下局势中来谈论。他认为已经登基为汉朝皇帝的刘备,应该以天下为念,不应该被荆州的仇恨迷惑了头脑。刘备最终还是没有听取两人的劝告,发动了讨伐战争,对吴、蜀两国都造成极大的削弱,也断送了自己天下统一的事业。

对于后来订立盟约、共分天下的东吴、蜀汉两国来说,怎么处理盟约和统一天下的目标呢?盟约的签订是否就意味着两国放弃了统一目标、满足于日后犬牙交错的领土划分呢?答案是否定的。

当年盟约签订后,孙权非常高兴,曾经对蜀汉使臣邓芝说:"如果天下太平了,二主分治,不亦乐乎!"邓芝回答道:"天无二日,土无二王。如果吞并魏国之后,大王您还不能深识天命归顺汉朝的话,那么两位君主只能施展各自的道德,我们做大臣的各尽其忠,将提枹鼓,战争还刚刚开始呢。"孙权哈

---

① 先帝:指汉献帝。曹丕代汉自立,南方一度盛传汉献帝已经遇害,所以诸葛瑾称之为先帝。

哈大笑,说:"你竟然诚实到这样的地步!"在正式的外交场合中,邓芝的回答是相当没有礼貌的。他说,两国按照盟约实现天下平分的时候,也正是新的统一战争开始的时候。这样赤裸裸的、对国家最终目标毫不掩饰的回答,却得到了孙权的高度赞赏。因为统一天下原本就是东吴、蜀汉两国心照不宣的最终战略。邓芝的诚实体现了外交官难得的坦率和真诚,因此得到了孙权的赞赏。

最后,各个国家都继承了先辈对古代东亚国际体系的营建,为朝贡体系的成熟添砖加瓦。

《三国志》将中国与周边国家和民族的关系列为专门一卷,归在《魏书》末尾。开头第一句话就是:"书载'蛮夷猾夏',诗称'玁狁孔炽',久矣其为中国患也。"全卷先简要回顾了秦汉时期中央王朝与周边的关系,再详细介绍了三国时期中原地区对中原之外的世界的认识,记载了中外交往的历史。其中有许多现代人读来哑然失笑的内容,但更多的是掩藏在文字后面的宝贵的史料价值。

即使是在动荡的环境中,中原各国都没有放弃对周边国家和民族保持"华夷有别"的观念和态度,继续前朝的朝贡制度。一旦时机成熟或者力量充分,中国就会涉足中外交往。当环境安定下来后,逐步恢复的中原文明也会散发出诱人的光芒,辐射周边。三国时期,北部和西部少数民族的汉化过程没有停止;各国探索未知世界的脚步也没有停止。曹魏加强了对匈奴等北方游牧民族的管理,尽力恢复了对西域的影响力。辽东地区在中国与朝鲜半岛、日本诸国的交往中起到了重要作用。日本诸国在三国时期和曹魏有正式的外交往来。蜀汉对西北少数民族的态度多少与北伐事业有关,其对南中地区的治理使中原文化对西南地区的影响达到了新的高度。东吴在参与对南方少数民族影响的同时,利用高度发达的航海业,北通三韩和大和国,东渡夷洲(今台湾),南部则到达了现在的泰国湾地区。西南地区外交活动的活跃,促成了罗马帝国的客人与东吴的难得接触。

在整个朝贡体系的历史过程中,在整个中国古代外交的长河中,三国外交都只是短暂的一瞬。但就是在这个孕育着中国文化新高潮的乱世中,中国外交的脚步一直在前进。

二

天下尘埃落定时

　　曹操的战略起点是乱世群雄中最差的，但却在你方唱罢我登场的混战中脱颖而出。是天意，更是人谋使然。袁绍的战略起点很高，势力最强，但落得只身从官渡脱逃，最终身亡国灭，传为千古谈资。不是天意，而是人谋不足。一时间，北方初定，天下风云转向荆扬之间。历史留给孙权和刘备的时间不多了。

崛起于四战之地

天道真的要变了，各方势力蠢蠢欲动。

当时的皇帝汉灵帝还活得好好的，有些人就开始谋划废除灵帝，扶持新皇。① 司马彪的《九州春秋》说发起人其实是陈逸，他是大名鼎鼎的党锢派领袖陈蕃的儿子。他和王芬、许攸计划在汉灵帝北巡的时候起兵发难。事先，许攸计划拉拢老同学曹操一起干。

曹操却认为此事并不会像他们想得那么容易，于是发表了鸿篇大论予以拒绝："废立天子是天下最不祥的事情了。古人往往要权衡成败、计算轻重，三思而行。伊尹、霍光两位就是如此。伊尹、霍光不是据宰臣之势，处官司之上，就是受托国之任，藉宗臣之位。所以他们能进退废置，取得成功。现在你们几个人只看到前人废立的容易，却没看到现在已经不具备废立的条件啊！这事太危险，我不干。"

曹操的理由很现实：你们这群人不具备废立皇帝的实力，我不入伙。从曹操拒绝的理由中暴露出一个异常危险的讯号：他不是不愿意干，而是没把握干。他已经把皇权置于脚下了。

叛乱的结果果然如曹操所料，因实力不够而失败。

但是乱世的大门已经打开，世族大家的势力恶性膨胀，各路军阀崛起。其中最有实力的当属出身于四世三公②门第的袁绍。他被讨伐董卓的十八镇诸侯推举为盟主。

董卓没有被联军消灭，联军却开始内讧，相互厮杀。袁绍这个盟主是最

---

① 主事的几个人是冀州刺史王芬、沛国周旌、南阳许攸。

② 四世三公说的是袁家四代人都做到了"三公"这样的高官。东汉是世族大家兴起、把持仕途的时代。袁家就是"门生故吏，遍布天下"的世族大家。

大的受益者,他先是夺取了冀州牧韩馥的地盘,自领冀州牧,之后又夺得青州、并州。经过与公孙瓒的多年战争,袁绍于建安四年(199)消灭了后者,兼并幽州。至此袁绍占据黄河以北四州,领众数十万,成为实力最强的诸侯。

其他各路军阀借着讨伐董卓的名义,摆脱了中央王朝在名义和实质上的约束,开始了割据混战的时期。袁术先盘踞豫州中南部,后占据扬州北部;张绣占据南阳;陶谦、刘备、吕布先后占据徐州;刘表占据荆州,刘璋占据益州,闭关自守,未参与争夺天下;张鲁占据汉中,不思进取;公孙度占据辽东,马腾占据凉州,远离中原;公孙瓒占据幽州;孙策起步晚,占据江东。至于像严白虎、张燕、王朗、张杨、士燮这样的小势力就难以确数了。

曹操看到袁绍带领的讨伐董卓的十八镇诸侯天天宴会高歌,丝毫没有进取之心,就和热血青年孙坚发起了自己的远征,结果被董卓分兵击败。

曹操领兵回大本营。此时,盟主袁绍正在谋立幽州牧刘虞为新皇帝,就来拉拢曹操一起干。曹操再一次拒绝了拥立新皇的事。袁绍不死心,又叫人去游说曹操:"现在袁公势盛兵强,两个儿子又很成材。天下群英,谁能比得过他?"曹操还是不答应,心里倒起了消灭袁绍这只出头鸟的决心。史载:"由是益不直绍,图诛灭之。"这埋下了后来官渡之战的伏笔。只是当时曹操还不具备这种实力。袁绍的亲弟弟袁术也拒绝了哥哥的拉拢。袁术的理由冠冕堂皇:"我心里只有现在的圣上,不知道有其他人。"袁绍讨了个没趣,走了。不久,袁术自己在淮南登基做起了皇帝来。当时的天下,像袁绍、曹操、袁术这样称王称霸的人很多。在乱世萌芽的时候,只有有野心、不守常规的人才能崛起,成为之后历史的主角。

让我们先来了解一下曹操是如何发展壮大的。曹操在诸侯讨伐董卓时,变卖家产并得到豪强资助,招募了数千兵马。因为缺乏显赫的门第和声望,甚至有"赘阉遗丑"的负资产,曹操无法在家乡谯立足,只得北上依附好友袁绍。与董卓作战一败涂地后,曹操南下扬州募兵,再辗转返回中原,途中士卒叛逃,最终只收拢兵马千余人,勉强作为袁绍的一支偏师,驻扎在黄河岸边。

曹操最初的根据地是东郡,得来颇为幸运。原东郡太守乔瑁与兖州刺史刘岱交恶,为后者所杀。屯兵附近的曹操趁势占领东郡。袁绍支持曹操就任东郡太守。东郡地理重要,位于今河南省东北部和山东省的西部的黄河两岸,处于中原核心地区;又东西绵延五百里,南北宽不过数十里,是袁绍冀州的南方屏障。袁绍需要曹操驻守南方防线。

曹操环顾根据地,"地平土沃,无大川名山之阻,而转输所经,常为南北孔道。且西连相、魏,居天下之胸腹,北走德、景,当畿辅之咽喉,战国时诸侯往往争衡于此"。① 以东郡为代表的河南大部和山东西部是典型的"四战之地",地域辽阔,地势平坦,除黄河天堑外无险可守;又随时面临着北方的游牧民族、建政关中和江南的割据政权对关东的军事行动。要想向四周扩展,则面临着黄河、长江、关隘和山脉丘陵的阻碍。简单地说,处于四战之地的曹操容易挨打,却难以还手。

在争霸的各个集团中,曹操集团的地缘条件是最差的。曹操最终能够统一北方,都是他战略得当、上下用心、苦心经营的结果。

在从公元190年起兵到208年统一黄河中下游的18年争霸过程中,曹操集团的外交战略主要是五条。

第一,先弱后强,重视壮大自身的务实战略。曹操集团北方是占据冀、青、并三州的袁绍;西方是割据关中的韩遂、马腾集团;张绣割据西南方向的宛;袁术盘踞东南方向的淮南;东边是先后拥有徐州的陶谦、刘备、吕布三集团。外圈还有辽东的公孙度、幽州的公孙瓒、幽北的乌桓、河套长城沿线的匈奴、汉中的张鲁、益州的刘璋、荆州的刘表和江东的孙策。河内张杨和关东诸贼游弋其间。其中与曹军接壤的袁绍集团实力最强,逼视河南。曹袁二人虽为发小,却都是志在天下,不愿屈居人下,战争迟早难免。

相对弱势的曹操集团却"傍"了袁绍相当长一段时间。袁绍视曹操,也有一个从少年密友、同盟偏师、南方党羽、势力盟友,直到敌人的认知过程。

曹操在实力壮大前一直向袁绍妥协,避免直接冲突。曹操占据东郡,扼守黄河要津,协助袁绍消灭割据河内的王匡,共同与公孙瓒、黑山贼张燕等人作战。袁绍则充当了曹操的后盾,使得曹操无后顾之忧,一心向南。不数年,青州黄巾军入兖州,兖州刺史刘岱迎战阵亡。兖州豪强拥戴曹操继任,

---

　　① 顾祖禹:《读史方舆纪要》卷三十四《山东五·东昌府》。

不能说这背后没有袁绍支持的身影。

征讨徐州时,曹操后方起火,被吕布偷袭了根据地兖州,只剩东阿、鄄城、范三座孤城,形势危急。袁绍建议曹操残部向河北靠拢,接受补给。曹操阵营内部起了投奔袁绍的呼声,但曹操最终保持了独立,依托剩余城池与吕布硬扛。他深知,身逢乱世,鼎足一方,实力是根本。正是凭着这份务实与坚持,曹操或险中求胜,或趁势而为,先后歼灭了张绣、吕布、袁术、张杨等弱小势力后,终于具备了向袁绍摊牌的实力。

第二,稳定外圈,集中力量消灭近敌的远交近攻战略。以豫州为核心的东汉末年政局,类似一个同心圆结构。曹操恰好居中,并未与外圈交恶,而是稳扎稳打,一定时间内集中精力处理一个敌人。比如,早期依托袁绍为后盾,全力镇压了青州黄巾军,收编余部,练成曹魏基本部队"青州兵";占领兖州后,又全力东征徐州;及至驱逐偷袭的吕布势力,消灭兖州内部反对派张邈等人后,曹操没有继续东征徐州,而是及时调整战略,全力南下占领汝南、颍川等豫中平原。曹操始终将主力用于一个方向,避免两面出击。

东汉末年后,西凉集团一直占据关中地区,对关东曹操集团构成战略威胁。西凉集团战斗力虽强,却内争不断。曹操于是拉拢一派打压一派,维持西部稳定。在袁绍北取幽州、无暇南顾时,曹操派遣钟繇西行入关,说动韩遂、马腾效忠自己控制的朝廷。当官渡之战前夕,西凉董承宣称受汉献帝"衣带诏",发动兵变时,曹操毅然回兵镇压董承,再派遣卫觊入关稳定韩遂、马腾集团,分化了敌人。同样,对于刘璋、公孙度、张鲁等外圈势力,曹操也通过汉献帝维持着和好的关系。

第三,分化外敌、以敌克敌的战略。其中最典型的就是利用江南孙氏集团牵制湖广刘表集团。刘表、孙策集团对曹军构成南部的直接威胁。曹操与袁绍准备决战之时,雄心勃勃的孙策统一江东,正伺机北上,而刘表集团蛇鼠两端,也正待价而沽。好在刘表怯懦,孙策又遇刺身亡,而孙、刘两集团既有杀父之仇在前,又有荆州之争在后,一直冲突不断。孙权继位后,曹操以汉献帝名义优抚刘表;又授予孙权讨虏将军、领会稽太守,支持孙权西征刘表,以敌制敌。曹操还通过任命书将势力深入南方的交州①地区,对四川和湖广地区都形成战略威胁。

曹操在18年的苦心经营中,还采取了其他两项在中国历史上影响深远的战略。这两项战略大大推动了曹操的统一大业,也对曹魏的外交思想产生了重要影响。

这第四项就是"挟天子以令诸侯",取得意识形态上的优势。公元196年,汉献帝逃离关中地区,脱离关中董卓余部的控制,孤身来到洛阳,改元建安。曹操及时迎奉天子到许县。从此,许县成了汉朝朝廷最后20多年的避居地。

挟天子以令诸侯的第一个好处就是占据了意识形态的高地,为自己树立起了鲜明的道德旗帜。最直接的优势就是获得了民众的支持。汉朝400年的统治,在民众心中留下了一时难以磨灭的影响。天下大乱,唯独曹操迎奉汉献帝,这令曹操立即获得了汉朝保留在天下的精神财产,支持率上升。

汉末大儒孔融的《六言诗三首》其二说道:

> 郭李分争为非,迁都长安思归。
>
> 瞻望关东可哀,梦想曹公归来。

孔融的诗写于自身与曹操的蜜月期,难免有夸大的成分,但也反映了当时一般知识分子和民众对曹操迎奉皇帝的支持程度。曹操集团日后以皇帝名义征召人才往往能够成功,多多少少是因为朝廷名义在这些人才心中依然存在影响,人们还有那么一丝复兴汉室的情绪。

"挟天子以令诸侯"的第二个好处是可以带来实质的行政效果。曹操在发展壮大的过程中,以天子的名义轻而易举地接收了许多势力空白地区(主要是在河南地区),使关中等地保持名义上的服从;同时动辄以朝廷为幌子,推行曹氏自己的政策主张。这在统一过程中,是非常有利的。

以交州为例。曹操任命南阳张津为交州刺史。一纸委任状就使曹操集

---

① 交州地区在今天广东、广西和越南北部地区。东汉设立交州,领有苍梧、南海、合浦、交趾、日南、九真、桂林七郡,治所在苍梧郡广信县。三国吴时以东西分为交州和广州两部。

团的势力深入了南方。"张津与荆州牧刘表为隙,兵弱敌强,岁岁兴军",极大地牵制了刘表集团的行动。虽然张津驭下无能,最后被部将区景杀死,但曹操集团也并没有付出什么实质的代价。曹操失去张津这个代理人后,转而任命交州实力派士燮家族担任地方官,在绝远之地扶持新的代理人。士燮继续为曹操抵御刘表和孙权,防止他们染指交州,还"遣吏张旻奉贡诣京都。是时天下丧乱,道路断绝,而燮不废贡职"。士燮的进贡给足了曹操面子。朝廷"特复下诏拜安远将军,封龙亭侯"。

但是,凡事有利必有弊。曹操辛辛苦苦打下的江山,在名义上却是汉朝的。如果曹氏家族要夺天下,那就是篡位。等到曹操势力壮大后,关于曹操有不臣之心的传言就一直没有断过。对于自己与朝廷的关系,曹操在建安十五年(210)十二月公开发表了一篇《让县自明本志令》,集中解释了自己与汉室的关系。曹操先解释了自己的志向:

> 故以四时归乡里,于谯东五十里筑精舍,欲秋夏读书,冬春射猎,求底下之地,欲以泥水自蔽,绝宾客往来之望,然不能得如意。
>
> 后征为都尉,迁典军校尉,意遂更欲为国家讨贼立功,欲望封侯作征西将军,然后题墓道言"汉故征西将军曹侯之墓",此其志也。

曹操说自己年轻的时候只想为国奉献,建功立业。如果自己死后,天下还有人能记得他这个"征西将军曹侯爷",他就很高兴了。但是天意作人,历史却把他推上了政治的风口浪尖,纵横天下。曹操毫不谦虚地概括自己的功绩:"设使国家无有孤,不知当几人称帝,几人称王。"曹操的确为汉朝做出了巨大的贡献,为汉朝延续了二十多年国祚。

后来又有人就说了:现在曹操你功成名就了,应该退休归政了。曹操于是说道:"然欲孤便尔委捐所典兵众,以还执事,归就武平侯国,实不可也。何者?诚恐己离兵为人所祸也。既为子孙计,又己败则国家倾危,是以不得慕虚名而处实祸,此所不得为也。"他的意思是,自己不能回到封地武平县去。因为自己的仇人太多了,为了自己的安全和子孙的利益着想,曹操不能放弃兵权和政权回家闲居。这可能是每个权臣共同的困境:权臣最后不得不通过加强集权来保障自己的利益,甚至是最基础的人身安全。功成名就、退隐山林的做法往往是曹操说的"得慕虚名而处实祸"。

在整篇文章中,曹操的说法的确在情理之中。他承认自己是权臣,承认自己的功绩,也明确说自己不会放权。有人说是他在向群臣暗示自己不会放弃军政大权,并且要世代相传的决心,是对天下的变相试探。① 然而笔者认为,这恰恰反映了一代枭雄晚年的困境。

第二个弊端是在朝廷的旗帜里(实际上就是在曹操阵营中)一直隐藏着一批忠心于汉室、反对曹操的势力。汉献帝并不是一个简单的儿皇帝,他是一位渴望有所作为的血气方刚的皇帝。汉献帝不断传出衣带诏,诏诏要置曹操于死地:下毒事件、马腾反叛事件、五大臣纵火谋叛等一系列暗算事件使得曹操应接不暇。最可怕的内乱事件发生在建安二十三年(218)春,正月,太医令吉本与少府耿纪、司直韦晃等人谋反,发兵攻打许县,烧毁丞相长史王必的营地。这些内部反叛虽然都被曹操残酷地镇压了(曹操杀戮了包括汉朝皇后伏氏、重臣董承等人在内的家族),但在很大程度上黯淡了曹操的道德光芒。

这些阵营内部的隐患,也很大程度上束缚了曹操的手脚。比如,依汉例,群臣觐见皇帝,必有持兵甲士环列四周。曹操晚年疑心重,十数年拒绝上朝,以避可能的刺杀。

曹操集团崛起的第五项战略是在内政上推行屯田制。在迎奉皇帝到许县的当年,曹操就认识到:"夫定国之术,在于强兵足食,秦人以急农兼天下,孝武以屯田定西域,此先代之良式也。"积累粮草、强壮士卒是前代验证的定国之术。从建安元年(196)开始,曹操集团开始招募流民屯田许县,当年得谷物百万斛。取得成功后,曹操集团在州郡设置屯田官,务农积谷。强大的屯田事业使曹操集团征伐四方,无运粮之劳。

东汉末年的农民起义、诸侯混乱和民族冲突使得天下荒乱,饥馑遍地。各个势力都缺粮谷。"诸军并起,无终岁之计,饥则寇略,饱则弃余,瓦解流离,无敌自破者不可胜数。"很多军队的存粮不足一年,后因缺粮解散。袁绍在河北的时候,军队一度吃桑葚过活。袁术在江淮的时候,取蒲蠃做食物。在局部军队拉锯的地区,州里萧条,甚至出现吃人惨剧。屯田得来的充足粮

---

　　① 马植杰:《三国史》。第96页。

食在曹操"兼灭群贼,克平天下"的事业中发挥了重要作用。

孔融的《六言诗三首》第三首写道:

> 从洛到许巍巍,曹公忧国无私,减去厨膳甘肥。
>
> 群僚率从祁祁,虽得俸禄常饥,念我苦寒心悲。

知识分子对屯田事业的推崇,开始在曹魏政权中产生了一个坚定的观念:重视内政,积累实力。在平定河北后,曹操曾说:"有国有家者,不患寡而患不均,不患贫而患不安。"在这句脍炙人口的名言指导下,曹魏势力抑制豪强大族的势力膨胀,保障相当数量的国有土地,大力推广屯田。屯田事业陆续推广到各国,但在曹魏境内发展得最为成功。曹魏后来产生重综合国力的内敛外交思想与屯田不无关系。在曹魏外交战略一章中,我们将详细探讨屯田事业,这里就不多说了。

回顾曹操崛起于四战之地的过程,我们发现了许多似曾相识的外交战略。远交近攻的战略是秦国的范雎提出的,先弱后强的外交战略也被一再应用。中国的外交思想带有很强的连续性,曹操只是其中的一环。屯田也早在西汉的边地就已经出现了,曹操也只是将这一制度推广到了全国。

"挟天子以令诸侯"体现了中国政治对意识形态的一贯重视。意识形态在中国政治运作中具有崇高而重要的地位。曹操对这一战略的运用告诉我们,意识形态并不是驯服的绵羊,一旦调试不当就是把双刃剑。在外交战场上,老有人想抢占意识形态的高峰或者树立所谓的道德标准,殊不知意识形态这样的敏感武器不是一般小外交官所能操控的。

官渡没发生奇迹

迎奉皇帝后短短5年间,曹操势力迅速崛起。袁绍就老大不高兴了。

汉献帝当初从关中逃离的时候,取道河东去洛阳。河东在黄河北,与袁绍的势力范围近在咫尺。皇帝到了家门口,袁绍派遣谋士郭图(颍川人)去觐见皇帝。郭图回来后,劝说袁绍迎奉天子到袁绍的大本营邺县。袁绍不同意。他的理由有两个:第一是当初汉献帝的废立并不符合袁绍的心意,而袁绍参与了对刘虞的劝进,心里总觉得有那么点别扭;第二是袁绍顾虑皇帝到了大本营之后,大小事务都得通过皇帝这一关,请示汇报,太麻烦了。

裴松之的注解说谋士沮授也建议过袁绍:"将军累叶辅弼,世济忠义。如今朝廷正处于困境,现在河北州城粗定,您应该迎接圣驾,安宫邺都,挟天子而令诸侯,畜士马以讨不庭。到时候谁还能抵御你啊!"袁绍终究不听。相反,倒是远在山东的曹操,风尘仆仆地派遣曹洪率军迎接汉献帝。如果你是当时的天下百姓,你会觉得袁绍和曹操谁是忠君爱国之人呢?

曹操迎接天子到许后,轻易收了河南各地,关中等地也在名义上归附了。袁绍这时候才知道后悔。他要了个小花招,写信告诉曹操,建议迁徙汉献帝到鄄城去,以鄄城为都城。袁绍的理由是想"密近"天子。曹操心里明白,袁绍密近天子是假,方便袁军抢夺汉献帝是真,于是断然拒绝。

汉献帝都许后,封曹操为大将军、武平侯,封袁绍为太尉、邺侯(这也是曹操的意思)。诏书发到河北,袁绍不甘心位置在曹操之下,非常愤怒,公开说:"曹操都死过好几次了,每次是我救存他的。现在曹操背恩,挟天子命令起我来了啊!"曹操听说后,就将大将军的位置让给袁绍。袁绍嘟嘟囔囔地接受了大将军的官职,但拒不接受邺侯爵位。曹操自己担任司空,代理车骑将军。

下一步就是逐鹿中原争霸了。袁绍是怎么策划的呢?

建安五年(200),袁绍初步统一了河北地区。有实力与其争夺北方霸权的就是隔黄河相望的曹操了。于是袁绍整军向南,直指曹操。

当时沮授劝阻袁绍说:"河北残破,但底子好,您何不先加强内政,整备军队,同时派遣支队不断骚扰河南地区。曹操正陷入中原混战之中,底子薄,又遭受我们的不断骚扰,肯定不是我们的对手。到时候您再率大军一战定中原。"袁绍不同意,坚持要率得胜之师马上进行主力决战。

沮授的建议不失为老成持重的战略,是基于对黄河南北两派势力对比的考虑。袁绍占领的北方三州和青州大部,相比十室九空的河南地区来说,受战火毁坏较小;袁军扫荡河北,不论数量、战斗力、经验和士气都超过曹军;袁绍本人家族鼎盛,声望贯于南北,吸引了大批文人武将聚拢在周围。袁绍就是从如此的实力优势中获得了立即决战的勇气。而沮授认为可以凭借这样的优势不战而屈人之兵。其方法:一是整顿内政,在实力上给曹操巨大压力,二是派兵骚扰。

在决策之初,我们很难说袁沮两人谁对谁错。但是袁绍本人素质之低让他的决战战略走向了失败。

再看准备迎战的曹操这一边。

"四战之地"的特殊地缘给曹军带来了巨大束缚。首先遇到的问题是怎么防守。中原一马平川,处处都可能是敌人的突破点。曹操判定袁军的主攻方向是越黄河,扑向许县,于是采取了重点防御的对策。为争取战略上的主动,曹操抢先派遣臧霸率近万人入青州,占领齐、北海、东安等地,巩固右翼,防止袁军从东面袭击许昌;又派人镇抚关中,稳定凉州,巩固左翼。

曹操自己率兵防守正面,总兵力一万出头。其中于禁率兵驻扎黄河南岸的重要渡口延津,东郡太守刘延进驻另一个重要渡口白马,阻滞袁军渡河和长驱南下;曹军主力在官渡(今河南中牟东北)一带筑垒固守,构筑第二道防线。恰好在这时,张杨被部将杀死,河内陷入内乱。曹操派遣徐晃、史涣出兵渡过黄河,拉拢一派,打击一派,在黄河北岸建筑了据点,使自身的防守局面得到改观。

正月,袁绍发布讨曹檄文,二月10万将士进军黎阳。黄河中游形成了十比一的主力决战态势。

袁绍在决战前后也没闲着,展开了密集的外交穿梭。他的外交对象就是分布在曹操四周的大小势力,希望能够形成四周夹击河南的形势。

袁绍外交工作的第一个对象是盘踞在南阳地区的张绣。

张绣势力是西凉军团的分支。张绣的叔叔是董卓的部将,在关中大乱的时候"就食"南阳。张绣继位后,与刘表结盟,与曹操为敌。曹操与张绣展开多年的拉锯战,损失了自己的爱子、侄子和爱将典韦,还是奈何不得张绣,张曹两派结下了仇。

所以当袁绍在战前派人给张绣和谋主贾诩送去书信、相约结援、共击曹操时,张绣是愿意与袁绍同盟对抗曹操的。但就在正要签约的时候,贾诩却对袁绍的来使说:"你回去谢谢袁绍。告诉他,袁家兄弟都不能相容①,还怎么能容天下呢?"袁绍的使节被赶跑了,双方的外交大门也关闭了。

张绣吃惊地问贾诩:"何至于如此呢? 那现在怎么办?"贾诩建议张绣归降曹操,并列出了选择曹操的三大理由:"曹公奉天子以令天下,其宜从一也。袁绍强盛,我们以少从之,最多就是个小伙计,不会受到袁军的重视。曹军众弱,得到我们这支力量一定很高兴,很重视,就是第二个理由。有霸王之志者,肯定会释私怨,以明德于四海,其宜从三也。"张绣听从贾诩,率众归降曹军。曹操喜出望外,不仅尽释前嫌,还对张绣等人加官晋爵,委以重任。② 袁绍的第一项外交工作宣告失败。

袁绍外交工作的第二个对象是刬据湖广大地、兵强马壮的刘表。

刘表满口答应了,表示一定与袁绍一起灭曹,发兵北伐。袁绍那个高兴啊,谁知道等了好几个月,毫无湖广方向的消息,才知道刘表其实是口惠而实不至,按兵不动,坐观成败。正如郭嘉对刘表的评价:"表,坐谈客耳。"刘表这个人,指点江山发表意见还行,但真正要落实到行动上,则瞻前顾后,优柔寡断。刘表根本就没有夺取天下的决心和能力。尽管谋士们一再劝告主公要有明确的争霸战略,但直到刘表病死都没有确定争霸的战略。而且刘表当时的精力并不在袁曹之战上。有三件事情牵制了刘表北向的决策:第一是江东的孙策正在觊觎荆州,发兵进攻江夏郡;第二是刘表派遣吴巨南下,正在争夺交州地区;第三是自己娶了小老婆蔡氏,生了小儿子,家事令他烦恼。事情一乱,刘表这个坐谈客头脑也乱了,能够口头答应袁绍,已经很给袁绍面子了。

袁绍外交工作的第三个对象是"江东小霸王"孙策。

孙策听说曹操和袁绍在黄河中流相持,早就谋划偷袭许县了。所以在周围诸股势力中真正能够对曹操构成威胁的是孙策。曹操在发兵前,也特地在东南方向留下李通部,来防范江东方向的进军。谁知,孙策为人不拘小

---

① 袁绍和亲弟弟袁术关系很差,互相攻击。袁绍还曾联合曹操攻击袁术。

② 张绣参加了官渡之战,官至破羌将军,在北征乌桓途中去世。贾诩则步步高升,成为曹魏重臣。

节,在一次打猎中遭到刺客偷袭,伤重而死。江东陷入权力交接,人心摇晃;庐江的李术反过来投降了曹操,偷袭许县的计划早被抛到爪哇国去了。

袁绍的外交努力相继宣告失败。

然而,就在大战一触即发的时候,曹操阵营内部还真出现了变乱。

比袁绍更不成器的弟弟袁术在淮南称帝后,横征暴敛,导致地贫人怨,后来混不下去了,就将帝号让给了哥哥,向哥哥靠拢。曹操派遣投靠自己的"皇叔、宜城亭侯、左将军领豫州牧"刘备去徐州截击袁术。结果,袁术倒是被消灭了,但是刘备也乘机攻杀了徐州刺史车胄,重新占据了徐州,与袁绍遥相呼应。曹操就派遣刘岱、王忠领兵攻打刘备,没有成功。曹操走了一着险棋,他不顾反对,亲自从官渡前线率主力回师东向,进攻刘备。

此时,袁绍的谋士田丰建议袁绍乘曹军主力东征之机,赶紧派大军突袭南进。刘备也向袁绍求援,提出了相同的建议。在关键时刻,袁绍体现出了个人素质对外交决策的关键性影响。袁绍不敢突袭,借口自己的小儿子生病了,拒绝进军。结果曹操大军一举击溃了立足不稳的刘备,收复徐州。刘备只得投奔袁绍而去。袁绍又后悔了,亲自出城迎接刘备,表示歉意。

好了,所有的前期准备和幕后外交对抗都做了。大家该到前台来正儿八经地过招了!

主力决战的序幕在白马拉开。四月,袁绍派颜良进攻白马,计划夺取黄河南岸要点,以保障主力渡河。曹操亲自率兵北上解救白马之围。

曹军兵少,难以直接接招。曹操先引兵至延津,伪装要渡河攻袁军后方。袁绍分兵延津,减少了白马主战场的兵力。曹操乘机率轻骑,以张辽、关羽为前锋,急趋白马,短时间内对袁军形成优势。颜良仓促应战,被斩杀,袁军溃败。白马之围解后,曹操主动放弃这个渡口,迁徙白马的百姓沿黄河向西撤退。袁军追击,在延津南抢夺曹军故意散落的辎重财物,阵势大乱。曹军突然回身反攻,击败追军,杀名将文丑,顺利退回官渡。

袁绍初战,虽然占领了黄河沿线渡口,突破了曹操的第一道防线,但损兵折将,消耗了有生力量,尤其是两大名将被杀,严重影响了士气。

之后的战线在官渡固定下来。对袁绍来说,官渡是进军许县的最后一站;对曹操来说,保卫官渡是保卫政权存亡的生命线。曹军当时只有万人左右,只能集中防守几个要点,更要命的是后勤补给困难。袁军当时连营成一线,进逼官渡。曹操几乎没有选择余地,全军动弹不得。

有很多人建议袁绍不要将全部兵力都集中在官渡。袁绍手中的筹码比曹操要多得多。沮授献策说:"北方士兵数量多,但是斗志不及南方士兵;南方粮草少,物资储备比不过北方,所以曹军利在速战,而我军利在鏖战。我们应该进行旷日持久的消耗战。"沮授其实是重复了自己先前的观点,建议主公秣马厉兵,回军河北着力内政,最终以实力取胜。

许攸则建议袁绍说:"主公现在没必要与曹操在一点上相互攻击。应该马上分军,其中一支军队取道他途,进攻许县迎接天子。那样大事就可以成功了。"许攸的策略其实是全面进攻的战略,在将曹操主力牵制在官渡的同时,出奇兵偷袭许县将皇帝抢到手。袁绍不同意,坚持要在官渡和老同学玩老鹰抓小鸡的游戏,"吾要当先围取之"。

田丰也对袁绍说:"曹公善用兵,变化无方,军队虽少,但也不能轻视。"田丰同意沮授的持久战战略,认为袁绍应该"据山河之固,拥四州之众,外结英雄,内修农战"。同时,田丰综合了许攸的观点,认为应该分头进攻,对曹操展开全面攻击,"然后简其精锐,分为奇兵,乘虚迭出,以扰河南,救右则击其左,救左则击其右,使敌疲于奔命,民不得安业"。这样不到两年,北方就能取得对河南的胜利。田丰的观点不失为明智的战略选择,但袁绍还是听不进去。田丰一再恳切劝谏,袁绍生气了,认为田丰不仅公然违背自己的决定,而且打击斗志,便将田丰关押了起来。

在袁绍阵营中的刘备见到这副情景,不禁对袁军的前途失去了信心。他借口要去汝南联合黄巾军残部,开辟第二战场,在取得了袁绍的同意后,带着自己的部队脱离了袁军,又一次自立门户去了。汝南地区的黄巾军刘辟等人响应刘备,和刘备合军,计划攻略许县。曹操再次乘刘备立足未稳,派曹仁率军进攻。刘备抹抹屁股走了,投靠刘表去了。倒霉的刘辟做了替死鬼。

事实上,袁绍多少接受了谋士们的建议,多次派遣精锐轻骑,包抄、切断官渡战线背后的曹军粮道。《三国志·任峻传》载在官渡之战中:"太祖使峻典军器粮运。贼数寇钞绝粮道,乃使千乘为一部,十道方行,为复陈以营卫之,贼不敢近。"可见,袁绍派出了小股部队多次偷袭曹军的粮道,影响了曹军的正常粮草运输。然而遗憾的是,袁绍此举仅仅是"抄粮术"的运用而已,他并没有增派兵力,增加密度,扩大战果。曹操这边负责后勤的任峻被弄得灰头土脸,最后采取集中运输和武装护送的办法,才限制了袁军偷袭部队的骚扰,保证了官渡前线的粮草运输。当然了,曹操也多次派遣轻骑偷袭袁绍的粮道。于禁、乐进等人就多次率军骚扰袁军后方。曹操取得的成果比袁绍要大得多。史载曹操"遣奇兵袭击绍运车,大破之,尽焚其谷"。

偷袭粮道失败后,袁绍只能将希望都寄托在官渡,计划通过强攻取得胜利。袁绍先造起高橹,堆起土山,居高临下向曹营射箭。曹军只能举着盾牌在营中行进,士气低落。曹操造了发石车,从下向上攻击袁绍的高楼,取得胜利。袁绍又造起霹雳车向曹营发火箭、火球。曹操于是用发石车还击巨石。袁绍又挖了地道,想从地下偷袭曹军。曹操就在营地里挖起了长堑,断绝敌人的地道。袁绍在学堂没玩尽兴,现在和老同学玩得不亦乐乎。曹操实力不够,但也只能勉力支撑,陪着玩。

曹操底子太薄,河南地区几乎沦为一片赤地,经过几个月的相持战后,河南百姓疲乏,开始出现叛乱响应袁绍;而曹军也出现了严重的粮草缺乏。[①]袁绍尽管一再被曹军偷袭粮草,但依然可以获得源源不断的供给。这天,淳于琼等人率领一万多人护送上万辆运粮车来到前线。沮授建议袁绍加派军队护卫粮道,避免曹操的偷袭。袁绍对沮授的建议是一概不听。淳于琼等人将粮草囤积在乌巢,距离袁军大本营40里。

这时候发生的一件事给正勉强支撑的曹操带来了关键转机。陈寿只用一句话来记载这件事:"绍谋臣许攸贪财,绍不能足,来奔,因说公击琼等。"

许攸这个人老想乘乱世谋利,结果眼界太高,自律不严,树敌太多,被排挤出了袁绍阵营。许攸深夜来到官渡。曹操正在洗脚,听到老同学来了,光脚就出来迎接。他拍着手笑道:"子远来了,我的事情有转机了!"坐定后,许攸问曹操:"袁氏军盛,你打算怎么对付? 军中还有多少粮草啊?"曹操回答:

"还能支撑一年。"许攸说:"不是吧,再说!"曹操又说:"还可以支持半年。"许攸曰:"你不想打败袁绍了吧,为什么不实话实说呢?"曹操不得不说:"刚才是玩笑而已。其实军中余粮只有一个月了,怎么办?"许攸说:"你孤军独守,外无救援,内无粮谷,现在已经是危急时刻了。"他进而透露了一个重要情报,袁军辎重屯在乌巢,驻军防备不严。许攸建议曹操用轻兵偷袭粮站,焚烧完尽。这样不到三日,袁氏自败。

这时,曹操体现出一位领袖的魄力来。他不顾谋士武将对许攸的怀疑,亲自领军五千连夜偷袭乌巢,一举得手。袁绍看到乌巢的熊熊火光后,还对长子袁谭说:"曹操取我粮道,我就去拔他的大本营。这样他即使偷袭得手,也无家可归了。"袁绍一方面派张郃、高览攻官渡,一方面派军迎战曹操。结果曹操再次击败袁军,而张郃、高览两人却没有击败留守官渡的曹洪,干脆率众投降了。消息传到袁军那儿,军队大溃。袁绍与袁谭父子两人只率领数百骑兵渡河退回河北,其余袁军全部投降。有数据说曹操仅降军就活埋了8万人。《三国志》为了照顾曹操的形象,说这些袁军都是"伪降"的。

官渡一战,袁绍主力被悉数歼灭,人才被扫荡一空。战时,河南各郡动荡不安,部分地区还暗地投降了袁绍;战后,河北各地则纷纷反叛袁绍,向曹操示好。黄河南北的实力对比开始向着有利于曹操的方向转化。史学界承认,官渡之战奠定了曹操统一北方的基础。

人们往往将官渡之战看作是一场以少胜多的奇迹。其实,袁绍的所谓"多"、所谓"强"是一种假象。战前,曹操的战略非常成功,只是尚未转化为现实的物资储备和军队数量而已。袁绍这个人的随性、轻浮和优柔寡断,在坚毅、稳重和谋略过人的曹操面前,显得必输无疑。其实,袁绍从一开始就步步不顺,暗示了失败的命运。所以说,中国历史并没有在官渡上演一场奇迹。

曹操在消灭了袁绍后,占领了幽州、并州、冀州、青州、兖州、豫州、徐州全部和扬州、荆州的北部,并威服关中、凉州和辽东地区,地缘形势大为改观,真的是带甲百万、雄视天下了。下一步向何处去呢?

官渡之战后,曹军继续花了数年时间来完全征服、建设北方地区。在202年的时候,袁谭求降。当时曹营的很多人以为荆州刘表势强,宜先平之。

荀攸指出："天下有事,刘表坐保江、汉之间,不敢展足,其无四方之志矣。袁氏据四州之地,带甲数十万,若二子和睦,共守成业,天下事未可知也;今乘其兄弟相攻,势穷而投我,我提兵先除袁尚,后观其变,并灭袁谭,天下定矣。"荀攸的意见是趁热打铁,彻底消灭袁氏势力。至于天下还存在的其他势力,他只提到了刘表。但因为刘表只是坐保地盘,所以不足为惧。另一个谋士辛毗则认为:"荆州丰乐之地,国和民顺,未可摇动。况四方之患,莫大于河北;河北既平,则霸业成矣。"他认为荆州刘表的势力是强大的,现在应该先易后难,先消灭地盘残破、兄弟相残的袁氏势力。只要河北平定了,称霸就可以成功了。的确,占据了黄河中下流后,曹操的霸业已经确立了。但是曹操着眼的不是霸业,而是统一大业。在取得决定性胜利之后,曹操就将目光集中在了荆州。

风云际会荆扬间

坐保荆州的刘表有相当的实力。史载"表跨蹈汉南,绍鹰扬河朔",将他与北方的袁绍并列。刘表与袁绍相比,的确不输多少。从出身讲,刘表是宗室远亲;从地域讲,刘表占领荆州大部和交州的北部;从实力讲,荆州地区受战乱影响小,相对富庶,支撑刘表建立了数以万计的陆军和全天下数一数二的水军。

刘表据地数千里,带甲十余万,称雄荆江,却不知道身逢乱世,自己应该怎么去维护自己的势力,更不用说去争霸天下了。刘表阵营最大的外交战略就是没有外交战略,他没有参加过任何战事,到荆州上任后就没有出过辖区。郭嘉说他是"坐谈客",曹操说他是"自守之贼",贾诩评价他是"表,平世三公才也;不见事变,多疑无决,无能为也"。的确,刘表在治世中可能会累功积官做到三公,但在乱世中的无所作为却为他自己和整个荆州带来了灾难。

刘表身边不乏有眼光的谋士。从事中郎韩嵩、别驾刘先就劝刘表说："现在的天下是豪杰并争，曹操和袁绍两雄相持。天下之重，在于将军。将军您支持哪一边，哪一边就能取得胜利。您如果想有所作为，可以利用两雄相持的弊端起兵，争夺天下；如若不然，您应该选择向其中一方势力靠拢。将军您现在是拥十万之众，安坐观望。见贤而不能助，请和而不得，此两怨必集于将军。您现在保持了中立的和平局面，但荆州最终要不得安宁了。"

刘表觉得这话有理，狐疑起来，于是派韩嵩去许县朝拜天子，以观虚实。刘表手下的谋士亲曹操的居多。韩嵩回来后就向刘表大谈特谈中原形势和曹操的威德，还游说刘表送儿子到许县去做人质，投靠曹操。刘表怀疑韩嵩做了曹操的说客，大怒，想杀韩嵩。在拷打折磨了韩嵩的随行者后，才知道韩嵩只是不会"说话"，书呆子气重了点，才把举起的屠刀又放了下去。

陈寿感叹道："表虽外貌儒雅，而心多疑忌，皆此类也。"

在荆州北方，原先是刘表支持张绣与曹操对抗，作为自己的屏障。官渡之战期间张绣反倒投降了曹操，这让刘表特着急。就在此时，败军之将刘备来投靠自己的同宗亲戚刘表来了。刘表帮助刘备整顿了一小支部队，让刘备驻扎在新野防曹操。刘备于是代替了张绣的位置。

刘备是在官渡之战中非常活跃的一个角色，事实上在整个东汉末年他都是一个活跃的角色。刘备一出场就自称是皇室宗亲，但已经沦落到以贩履织席为业的地步了。灵帝末年，刘备借镇压黄巾起义踏上政治舞台，任安喜尉，后投靠公孙瓒。徐州牧陶谦为曹操所攻，刘备率兵相救，陶谦死，刘备据其遗命，代为徐州牧，与盘踞寿春的袁术相拒。后来被另一军阀吕布所乘，败归曹操。

曹操很看重刘备，让刘备做了左将军领豫州牧，封侯。刘备却参与了谋杀曹操的"衣带诏事件"。董承、刘备、长水校尉种辑与将军吴子兰、王子服等人在许县结成同谋。事情败露后，董承等人被诛灭满门。就在曹操面临袁绍大军压境之时，刘备偷袭取得了徐州，与袁绍南北呼应公开与曹操叫板。曹操还是非常"重视"刘备的，不顾众人反对，亲自从官渡率主力回师，进攻刘备。曹操的理由是："夫刘备，人杰也，今不击，必为后患。"刘备不敌曹操，干脆逃往河北去了。现在又来到了荆州，投靠他一生中的第四个庇护者——刘表。

刘备大半生居无定所,颠沛流离。究其原因,主要是他一直缺乏明确的战略思想。他的前半生就是一个普通小军阀,你打我一下,我打你一下,有的时候兴起得快,败亡得也快。随着天下局势渐渐清晰下来,寄人篱下的刘备选择余地越来越少了。

刘备在新野驻屯了 8 年。其间,曹操没有南下,新野无战事。刘备闯荡惯了,坐不住,多次跑到襄阳去建议刘表北伐。刘表只是笑笑而已,既不赞成,也不反对。

但曹操终究没有看走眼,刘备毕竟不是池中之物。在他颠沛流离、一无所有的情况下,依然有那么一批人死心塌地地跟随着他。武将有关羽、张飞、赵云等当世名将。谋士就弱了一点,有简雍、孙乾、糜氏兄弟等二流角色。刘备在聚拢人才、使用人才方面非常出色。他与人坦诚相待,非常注意个人的声望和形象。刘备以曹操为对象,吸收曹操的经验教训,"操以急,吾以宽;操以暴,吾以仁;操以谲,吾以忠:每与操反",极力树立自己的道德旗帜,因此在荆州士族和普通民众中具有崇高的声望。

在新野,刘备也没闲着,费尽心思地积累壮大自己的实力。刘备 8 年中最大的收获就是拖着疲惫的身躯,三次赶往隆中乡间拜访一位足足比自己小 20 岁的年轻人,得到了这位年轻人的出山帮助,他名叫诸葛亮。

诸葛亮是三国中后期的关键人物,也是本书的主角之一。在隆中乡间的茅庐中,诸葛亮就凭一篇《隆中对》奠定了自己在中国历史,尤其是中国外交史上的地位。这篇重要文献在相关著作中各有详述,希望读者允许笔者将整篇对转引如下:

> 自董卓已来,豪杰并起,跨州连郡者不可胜数。曹操比于袁绍,则名微而众寡,然操遂能克绍,以弱为强者,非唯天时,抑亦人谋也。今操已拥百万之众,挟天子而令诸侯,此诚不可与争锋。孙权据有江东,已历三世,国险而民附,贤能为之用,此可以为援而不可图也。荆州北据汉、沔,利尽南海,东连吴会,西通巴、蜀,此用武之国,而其主不能守,此殆天所以资将军,将军岂有意乎? 益州险塞,沃野千里,天府之土,高祖因之以成帝业。

刘璋暗弱,张鲁在北,民殷国富而不知存恤,智能之士思得明君。将军既帝室之胄,信义着于四海,总揽英雄,思贤如渴,若跨有荆、益,保其岩阻,西和诸戎,南抚夷越,外结好孙权,内修政理;天下有变,则命一上将将荆州之军以向宛、洛,将军身率益州之众出于秦川,百姓孰敢不箪食壶浆以迎将军者乎?诚如是,则霸业可成,汉室可兴矣。

《隆中对》为刘备集团解答了三大战略问题:是什么?何处去?怎么办?

窗外的政治局势是什么?诸葛亮认为当时是豪杰并起的时代。其中值得注意的有曹操和孙权两大势力。曹操统一了北方,占有天时和人谋。现在曹操已经"拥百万之众,挟天子而令诸侯",刘备不能与他争锋了。而孙权集团在江东的统治已经稳固,"国险而民附,贤能为之用"。孙权集团可以用作援手,却不能打他地盘的主意。诸葛亮一开头就精确地分析了当时的天下局势,看得非常清楚透彻。更难能可贵的是,诸葛亮预测到了曹、孙、刘三大集团鼎立天下的未来局势。

那么,刘备集团应该向何处发展呢?诸葛亮建议刘备占据荆州和益州地区。荆州交通便利,位置重要,而刘表不能守土尽责,这正是刘备首先夺取荆州作为根据地的有利条件。益州地区沃野千里,资源丰富,同时天险环绕,易守难攻,是典型的割据地。益州的主人刘璋的素质比刘表还要差,人心动荡。这又是一块可以攻取的地盘。

关键是刘备集团应该怎么办呢?诸葛亮首先分析了刘备的优势,再为刘备筹划了一个三步走的战略设想。刘备的优势就是他声望高,有信用,占据了道德高地。刘备第一步应该占领荆州和益州,取得立足点;第二步应该勤修内政,积蓄力量。这包括处理好与西部和南部少数民族的关系,与孙权建立友好关系,搞好国内建设等内容。第三步,也是最关键的一步,是等"天下有变"的时候,刘备集团可以兵分两路,进军中原:一路从荆州出发,指向中原地区;一路从四川北上,进攻关中地区。在"兴复汉室,还于旧都"的旗帜下,天下百姓一定会支持刘备集团的。

《隆中对》是诸葛亮对天下局势精心分析、小心规划的杰出作品。其中对政治局势和政治运作的洞察力和操控力令人惊叹。在刘备—诸葛亮执政时期,《隆中对》成了蜀汉政权的纲领性文件。整个国家行为都是在《隆中对》的指引下进行的。

但是《隆中对》最后却没有取得成功。对于"是什么""何处去"两个问题,后世大多同意诸葛亮的分析。但是针对诸葛亮为刘备设计的三步走的策略,后世却有很多批评。首先是刘备能否取得荆州的问题。庞统曾对刘备说:"荆州荒残,人物殚尽,东有吴孙,北有曹氏,鼎足之计,难以得志。而益州国富民强,户口百万,四部兵马,所出必具,宝货无求于外,您可以占领益州以定大事。"庞统的意思非常明确,即贬低荆州的作用,建议占领益州成大事。但是刘备对占领这两个州都有顾虑,毕竟刘表、刘璋和自己都是同宗,关系也不错,无故攻占同宗的地盘在道德上都说不过去。"今以小故而失信义于天下者,吾所不取也。"最后,历史的发展证明,曹操的迅速南下和刘表势力的迅速投降,一开始就打乱了刘备集团的部署。曹操和孙权势力进入荆州,刘备失去了全占荆州的可能性。刘备势力最终占领的只有益州一地。

其次,益州是否具备支撑天下争霸的物质基础? 批评者认为益州不具备支持刘备势力统一中国的物质基础。益州土地肥沃,地域封闭,的确是个割据自保的好地方。但益州人口缺乏,基础薄弱,要它作为远图中原、统一中国的战略根据地,困难重重。更何况,荆州实际上并没有为刘备势力所占领,益州是在以一州之力与天下为敌。

最后,在前两个部署都没有完成的前提下,坚持第三个步骤是否明智? 诸葛亮似乎也意识到了前两个步骤不一定能顺利完成,所以给北伐加了一个前提——"天下有变"。也就是说,诸葛亮设想在北方出现有利于蜀汉的变乱的时候,再趁乱北伐。遗憾的是,曹魏的统治一直非常稳固,没有出现诸葛亮所希望的变乱。至于怎么看待诸葛亮明知不可为而为之的悲壮和执着,我们将会在蜀汉外交里面专门论及。

《隆中对》毕竟只是一个战略设想,现实的变化会影响战略设想的执行。但是我们仅从作品背后所体现出来的清晰的思维、敏锐的洞察和缜密的设计来看,《隆中对》不失为一部杰出的战略巨著,是三国时期最重要的言论之一。

诸葛亮出山之初,因为刘备能够提供的舞台太小,并没有太大的作为。

整个刘备集团都在等待着局势的变化……

前文提到的江东孙权,他的势力到诸葛亮出山的时候已经经历了孙坚、孙策和孙权两代三朝了。富春孙坚,也就是孙策和孙权的父亲,是江东政权的建立者。孙坚和曹操、刘备一样,都是靠镇压黄巾起义起家的。孙坚的运气比刘备要好,因功升为长沙太守,封乌程侯,参加了兴师讨伐董卓的军事行动。但孙坚不独立,长期依附于袁术,替后者办事。公元191年,孙坚率部与刘表交战,击溃刘表部将黄祖,但不幸遭到袭击,中箭身亡。

孙策是孙坚的长子。孙坚死时,孙策正随着母亲避居舒县,与江淮士族周瑜等交游,少有名声。孙策继承了父亲的旧部,在袁术麾下作战,所向披靡。孙策比父亲的眼光长远,中途脱离了袁术进军江东,独立发展。孙策在江东,依靠南北士族力量,攻城略地,很快建立了庞大的割据势力,人称"小霸王"。曹操评价孙策说:"猘儿难与争锋也。"①

孙策后来遇刺身亡,留给弟弟孙权一个庞大的地盘。孙权是三国时期在位时间最长的君主。他执政早期知人善任,积极进取。在即位之初,他也遇到了诸葛亮式的人物:鲁肃。

鲁肃为孙权提出了《榻上策》。史载孙权与鲁肃合榻对饮。孙权问鲁肃:"汉室倾危,四方云扰,我继承了父兄的余业,想创建桓文之功。鲁肃君有什么指教啊?"鲁肃回答说:"肃窃料之,汉室不可复兴,曹操不可卒除。为将军计,唯有鼎足江东,以观天下之衅。规模如此,亦自无嫌。何者?北方诚多务也。因其多务,剿除黄祖,进伐刘表,竟长江所极,据而有之,然后建号帝王以图天下,此高帝之业也。"

鲁肃的《榻上策》分两个层次,先说天下大势,再建议孙权应该怎么办。在对天下大势的评论中,鲁肃既有与诸葛亮相同的判断(曹操势力已成,难以消灭了),也有不同的地方(汉朝算是完了,没办法复兴了)。

在"怎么办"的部分,鲁肃也提出了"三步走"的战略。第一步是鼎足江

---

① 东吴建立的过程相对简单。孙策渡江,迅速击溃了以扬州刺史刘繇为代表的东汉地方政权,占领丹阳、吴、会稽、豫章等郡(今苏南、浙江、江西)。东吴的问题是江东士族的敌视与内部山越少数民族的骚扰。所以,东吴奉行"江东化"的战略,是三国中称帝最晚的。

东,以已有的地盘作为根据地,再逐渐发展。第二步是向西发展,消灭黄祖和刘表,"竟长江所极,据而有之"。这第二步是鲁肃天下战略的关键步骤,简单地说,就是占领荆州。因为占领荆州就能掌握整个长江天险。而长江天险是南方政权对付经济实力和军事实力都占有绝对优势的北方政权①的最重要的筹码。在这里,荆州就成了关键中的关键。也正是因为这一点,鲁肃的《榻上策》和诸葛亮的《隆中对》具有天然的排斥性。当孙权将《榻上策》作为东吴的国家战略贯彻推行的时候,东吴和蜀汉的国家战略矛盾就难以避免了。鲁肃战略的第三步是争霸天下,建议孙权建号称帝。诸葛亮没有明确提出建号称帝的建议,因为对于皇叔刘备来说,这并不是突出的问题。但是对于孙权来说,这是一个意识形态上的重大突破。在三国之前的历史上,还从来没有来自江东的皇帝。江东在之前中国历史上还是南方蛮夷之地。

孙权听到这儿,摇摇头说:"我应该尽力一方,希望能够辅助汉室。你所说的,我的力量不一定做得到啊。"但孙权说的并不是真心话,而只是表示谦虚而已。公元 229 年,孙权正式登基称帝。当时,鲁肃已死,但他的战略早已经贯彻到东吴的国家血液中了,已经进展到了第三步。孙权在登基典礼上不无伤感地对左右大臣说:"鲁肃早年就预料到了今天啊!"

孙权接受了鲁肃的战略后,加紧对荆州东大门江夏郡(今武汉周边地区)的进攻。荆州的降将甘宁也向孙权提出了与鲁肃相类似的建议:"现在汉室国祚日微,曹操篡夺汉室是迟早的事情了。南荆之地,山陵形便,江川流通,是吴国的西势。我观察刘表这个人,眼光狭窄,儿子又无能,不是能承业传基的人。将军您应该早点规划荆州,不能落在曹操的后头啊!"强盗出身的甘宁在政治观察上远远超越了一般的谋士。他的建议包含两点非常重要的理论创新:第一是他判断了曹操家族迟早要篡夺天下;第二是他准确判断出曹操已经将目光转向荆州,东吴需要与北方展开争夺荆州的赛跑。应该说,这两个判断都是正确的。

---

① 东汉末年的南北方对比与现在的情况完全不同。当时中国的经济中心、政治中心、文化中心、交通中心都在北方。南方人口稀少、经济基础薄弱,多数地方是荒凉的山林和没有开发的沼泽。中国经济中心转移到南方是 400 年后的隋唐时期的事情了。

作为武将,甘宁提出了具体的策略:"进取荆州要先取黄祖。黄祖年老昏庸;江夏郡财谷缺乏,战具不修;吏士心怨,军无法伍。将军进军,必破无疑。消灭黄祖后,将军再乘胜向西,占领楚关,大势就成了。接下去就可以逐渐吞并巴蜀了。"在以甘宁为代表的武将中,大多也都认为东吴要尽占荆州。但他们没有将目光仅仅局限在荆州,还向西放在了益州(巴蜀)上。与鲁肃不同的是,甘宁代表了东吴内部另外一派势力。在对待刘备集团和益州问题上,这两派的观点和实践都是相左的。

防守江夏的黄祖果然多次被孙权所击败,但孙权每每不是因为内部有事,就是因为山越反叛,一直没有真正占领江夏地区。荆扬之间的局势是,刘表安坐襄阳,不思进取;孙权猛攻江夏,但直到曹操来到了赤壁,东吴都没有占领这个郡。

然而我们不能说曹操就对荆扬地区占有优势。荆扬地区正风云激荡。刘备和孙权都已经为天下三分做好了准备,他们所缺乏的就是历史机遇了。

北方的曹操已经在邺城操练起水军来了。

有人批评说,曹操应该先进一步稳定北方,再进攻南方,不能操之过急。然而,曹操先取荆州自有他的道理。首先,荆州是进攻南方的最佳突破点。荆州处于南方中段,占领荆州就能将南方隔成东西两段;另一方面益州有崇山峻岭,东吴有浩浩长江,荆州北部的平原相对容易突破。其次,灭刘表、断长江,可以将军锋指向最有远略、实力的孙权。共有长江、大兵压境,可以对孙权造成巨大压力。之后的历史发展表明,在这样的大军压境之下,东吴内部果然投降之声四起。最后,关中不敢轻举妄动。关中和凉州地区一直没有形成稳固而强大的主导军阀,难以形成合力。曹操以中央政府名义对关中地区的镇抚是有效的。事实上,张鲁自保,刘璋在刘琮投降后主动归顺也都证明了曹操先取荆州是正确的。

曹操可能想先占领中原,再南下,最后才西进关中和益州,统一全国。曹操先取荆州决策正确性的佐证是当年的刘秀。刘秀就是由东向西,统一全国的。

曹操在荆州的失败,不是南下战略的失败,而是他低估了对手的实力,再加上一系列的战术失误导致的。

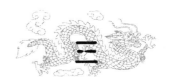

三

寻找平衡的联盟

　　两国结盟并不比两人结婚简单多少。大兵压境之下的结盟，著名战略家的极力促成，最终使中国在公元208年这一年开始了将近400年的南北分裂。曹操在赤壁的惨败，不是战略上的失败，而是战术上的连续失误造成的。对于得胜的孙刘联盟来说，荆州问题成了双方的核心矛盾，加上外交信用的不断挥霍，势力对比的倾斜，联盟走向了血战。从孙刘联盟的历史中，我们可以归纳出保持同盟平衡的三大关系。

兵临城下的结盟

建安十三年(208)是一个重要的年份。

这一年,中国失去了统一的机会。人们再一次见到大一统王朝是 373 年以后的隋朝了。

这一年,曹操率领大军南下荆州。刘备放弃新野南逃,曹军直扑襄阳。大军还没到襄阳,刘表病死了。即位的小儿子刘琮在亲曹派的鼓动下,派人求降。逃到樊城的刘备面临被夹击的危险,再次向荆州物资基地江陵方向撤退,沿途携带了许多百姓和物资。曹操再次显露出政治家本色,不按常规出招,亲自率领 5000 轻骑兵追赶刘备。曹操连夜狂赶 300 多里路(他还真是一如既往地重视刘备),在当阳长坂坡追上并歼灭了刘备主力。刘备、诸葛亮率领一眼就能数清楚的残军摆脱追兵,改道退向夏口(今武汉市)。曹军占领江陵后,大军密密麻麻地沿江向东推进,在长江中流地区形成了巨大的军事阴云。

曹操收编了荆州部队,尤其是数一数二的水军后,总兵力达到 30 万到 40 万人,其中用于第一线的主力部队接近 20 万人。刘备在夏口汇合刘表长子刘琦的驻军后,拥有将近 1 万军队。这 1 万乌合之众就是抵抗 20 万曹军的全部军队。

曹操显然认为自己已经取得了荆州战役的胜利。他的目光超越了夏口,投向了江东。

贾诩进言说:"主公昔日破袁氏家族,现在收服江汉地区,威名远著,军势盛大。如果我们现在利用荆州的富饶,整顿吏士,安抚百姓,使大家安居乐业,不用劳师动众就能征服江东了。"

曹操听从了他的进言,在荆州开始了骄傲的等待。他相信完全可以凭借破荆州的余威不战而使江东屈服。曹操在荆州采取了双管齐下的战术。

一方面他以大军压境，对江东形成巨大的军事压力；一方面派出使者到江东，希望能够和孙权会猎于吴会①。《江表传》记载了曹操给孙权的书信："近者奉辞伐罪，旄麾南指，刘琮束手。今治水军八十万众，方与将军会猎于吴。"孙权将书信给群臣看，群臣没有不震惊失色的。江东内部投降声四起。

在曹操攻破荆州的时候，鲁肃就意识到这是一次染指荆州的好机会。鲁肃建议孙权与荆州的抵抗力量联合共同抗拒曹操，同时扩大江东在荆州的影响力。鲁肃说："若刘备与刘琮协心，上下齐同，那我们就安抚他们，与他们连结盟好；如果他们双方离心离德，我们就做另外的打算，扩大我们在荆州的利益。"于是，鲁肃以给刘表奔丧的名义前往荆州。

可鲁肃还在路上的时候，刘琮不战而降，刘备在长坂坡全军覆没。形势变化太快了，鲁肃当机立断，临时决定将刘备作为结盟的对象。鲁肃于是径直赶去当阳长坂地区，见到了刘备。他向刘备说明江东希望联合抗曹的意向。为了增加刘备的信心，鲁肃纵论天下大势，陈述了江东的强固，劝刘备与孙权并力北向。

这可以看作是孙刘结盟的萌芽。

结盟的萌芽是鲁肃在形势危如累卵的情况下，断然做出的个人决策。裴松之就认为"刘备与权并力，共拒中国，皆肃之本谋"。鲁肃当机立断的决策，一方面如表面所说是共同抗击曹军南侵的需要，在东吴面临曹军威胁的情况下建立军事政治联盟；另一方面的目的鲁肃没有说，那就是乘机染指荆州，趁乱占领荆州。当然，即使鲁肃不说，聪明的刘备和诸葛亮也知道其中的利害。

所有的同盟都是出于特定的目标而建立的，通常是出于对付共同的敌人的需要。孙刘的结盟就是在曹操大军压境的情况下迅速萌生的。但是对于牢固的同盟来说，仅仅有共同的目标是远远不够的。要造就一个成功的同盟，同盟者必须平衡好三大关系：

第一个关系就是在结盟利益和其他国家利益之间寻找平衡。结盟符合

---

① 吴会：吴郡和会稽郡，在今江苏南部和浙江大部。这一地区是孙权势力的核心支持地区。

盟国特定的国家利益,我们可以称之为结盟利益。但结盟利益不可能是一个国家的国家利益的全部,它仅仅是一国的局部利益。比如不同社会形态的国家可以为抵抗共同的侵略者而结成同盟,但这不能消除双方在社会形态上的矛盾。每个国家即使在同盟期间,也要维护甚至扩大其他国家利益。如何处理结盟利益和其他国家利益,是一国必须面对的现实问题。具体到孙刘结盟,曹操是共同的敌人,但荆州又是双方的矛盾地区,谁都想占领这个地区,怎么办呢?

国家利益的不同部分在不同的领域和不同的时间里有轻重和缓急之分。同盟者可以根据不同时期在不同领域内国家矛盾的主次之分,来处理这些国家利益的关系。但这只是极抽象的一般原则,落实到具体的外交操作上依然需要极大的政治技巧。

第二个关系就是要平衡双方的实力对比关系。世界上不存在实力完全相等的外交同盟者,但是同盟者的实力对比不能相差悬殊。如果其中一个同盟者实力始终微弱,需要仰仗其他同盟者的支持甚至保护,这样的同盟肯定不会持续多长。结盟初期,个别同盟者可能非常弱小,其他同盟者应该给予必要的支持和保护。那个弱者则需要通过结盟尽快发展自己的实力。同时,弱者必须带有其他同盟者所看重的某项东西,能够给联盟整体带来利益。

客观上的实力对比关系相对容易计算,但同盟者心理的实力对比关系就难以计算了。也就是说,当某个同盟者的实力取得了突飞猛进的发展,那么其他同盟者在心里也必须承认这样的实力改变,不能老用先前的、固定不变的眼光去看待这个同盟者。可惜的是,行为体的心理变化老是滞后于现实实力的改变。孙刘的结盟就存在这样的问题。同盟初期,刘备就是那个开始的弱者,而孙权等人心中对蜀汉老是有一种居高临下的固定看法。

第三个关系就是在同盟执行时,同盟者必须构建好诚信守约、相互信任的关系。当然了,要同盟者做到肝胆相照、推心置腹,那是奢望。所以一开始,同盟者就应该将目标、权利和义务都规定在白纸黑字上。这就是盟约的起源和效力源泉。盟约是处理同盟者相互关系的文本,是约束各自关系的法律。退一步说,盟约也是各个同盟者的行为底线。所有的同盟者必须恪守盟约,尽可能透明地执行,共同打击、消灭违约的行为,除非有人不想继续同盟了。

同盟者对三大关系的平衡过程就是同盟执行的过程,平衡的好坏决定了同盟质量的好坏。

再说刘备一行逃到夏口后,诸葛亮对刘备说:"事情紧急了,请让我向东吴孙将军求救。"这时孙权拥兵在柴桑,在巨大的军事压力和内部投降派的包围下,犹豫观望。

诸葛亮到了柴桑后游说孙权说:"海内大乱,孙将军您起兵据有江东,刘豫州①也在汉水之南收敛部队,与曹操并争天下。现在曹操已经平定北方,攻破荆州,威震四海。刘豫州是英雄无用武之地,遁逃到夏口。孙将军您量力处之:如果能以吴越之众与曹军抗衡,不如早点与曹操断绝外交;如果不能抵挡,您不如放下武器,向曹操称臣服侍! 现在您表面上向曹操服从,内心里犹豫不定。遇事当断不断,祸害马上就要到了!"

孙权正是血气方刚的年龄,反问诸葛亮说:"如果像你说的这样,刘豫州为什么不投降曹操呢?"诸葛亮说:"刘豫州是王室贵胄,英才盖世。大家对他的景仰就像那滔滔江水,绵延不绝。刘豫州坚决要抵抗曹军,如果事情失败,这是天意,怎么能甘居曹操之下呢!"

孙权被诸葛亮一激,勃然大怒:"我不能将全吴之地,十万之众,受制于人。我决定了。不是只有刘豫州才能抵挡曹操。但是刘豫州刚刚全军覆没,怎么抵抗曹操的大军呢?"

诸葛亮进一步说:"我军虽然在长坂战败了,但生还的战士和关羽水军还有上万人,刘琦的江夏驻军也不下万人。"诸葛亮向孙权详细分析了曹操的劣势,坚定了孙权的抵抗决心:"曹操大军远来疲敝。听说在追赶我军的时候,曹军轻骑兵一天一夜赶三百余里地。'强弩之末,势不能穿鲁缟。'曹军已经犯了兵家大忌了。而且北方人不擅长水战;而曹操的水军都是荆州新投降的刘表部队,都是迫于兵势暂时投降,并非心服。现在孙将军您命令猛将统兵数万,与刘豫州协规同力,必定能够击败曹军。曹操被打败后,必

---

① 刘备当时的实职是曹操给他的豫州牧,所以可以被叫作刘豫州。

须北还,那么荆吴势力强盛,天下鼎足形势就形成了。成败之机,就在当下了!"

孙权下定决心,派遣周瑜、程普和鲁肃率水军三万,西进与刘备合兵,与东进的曹军接战。孙刘同盟正式形成,直到蜀汉灭亡为止。孙刘同盟的目的是抗曹,是一个政治军事同盟。

还在荆州等待孙权来投降的曹军很早就得到了刘备向东吴靠拢的情报。过分乐观的人认为孙权会顺便将刘备杀了来投降。谋士程昱却不这么认为,说:"孙权新即位,没有威望。现在曹公天下无敌,威震江表。孙权虽然有主见,也不能独挡大军。刘备有英名,关羽、张飞都是当世名将。孙权必定联合他们来抵御我军。"孙刘结盟的消息传到江陵后,曹军一片失望的声音。但是曹军并没有对这次结盟给予多大的重视,开始了真正的东进,准备以武力解决刘备和孙权。

公元208年十一月,曹军进驻江北的乌林,孙刘联军在江南的赤壁与曹军对峙。曹操错误地将战船首尾相连,结为一体,方便水军操练,伺机攻战。周瑜和部将黄盖决定使用火攻计。黄盖先是用苦肉计,与周瑜两个人一个人愿打,一个人愿挨,取得了曹操的信任。黄盖紧接着致书曹操诈降,到约定时刻率艨艟斗舰乘风驶入曹军水寨,纵起火来。曹军船阵被烧,火势延及岸上营寨,孙刘联军乘势出击,曹军死伤过半。曹操大军最终被烧败了。

有很多后人批评曹操冒进决战,导致了赤壁大败。其实曹操南进的战略并没有错,他在赤壁的失败更多的是一场战术的失败。

战后仔细分析,有读者会相信曹操主力都被一场大火烧死了吗?黄盖放的火、水土不服和传染病的袭击、看形势不妙逃散的刘表降军这三大原因使曹军的减员即使有20万人,但曹操在第二线的军队依然在数量上占有绝对优势,加上曹军的人才资源保存完好(曹操阵营多数重要将领都没有参加赤壁之战,分守各处),因此曹操依然占有对孙刘联军的优势。但是竟然如诸葛亮说的一样,曹操在赤壁失败后,主动率部北退,只留征南将军曹仁固守江陵①。

赤壁失败后,曹操为什么放弃原先南进征服江东的战略了呢?那是因为赤壁之战的失败让曹操发现了原先掩饰着的问题,同时战败又触发了许多新的问题。首先是曹操发现自身战线太长。曹军主力滞留荆州的时候,孙权在得到前线胜利的消息后,亲自率大军进攻合肥②;关中各豪强听说曹操在前线的败绩,也开始不安分了。这就决定了曹军必须分兵他处。其次,赤壁水战暴露出曹军在水军和水战思想建设方面的落后。这也促使曹操暂缓与江东的直接交战,而精心经营荆州已有的地盘,训练水军。最后,曹操个人也进入了晚年,心态不复当年了。他急着回北方逼宫去了。刘备就不赞同一些人认为曹操力量穷尽的观点,认为他只是"无复远志也"。林林总总,最终决定了曹操做出了撤军北还的决策。

就是曹操的略一迟疑,孙刘势力就迅速发展壮大了。尤其是孙权势力全力攻占江陵,打败曹仁,又使曹操的决策效果大打了折扣。曹操想再定前计,也无可能了。中国统一的希望就这样丧失了。

战后,刘备推荐刘琦为荆州刺史,以他为傀儡南征荆州南部四郡。武陵太守金旋、长沙太守韩玄、桂阳太守赵范、零陵太守刘度都向刘备投降。刘备新任命了诸郡太守,比如零陵太守郝普、桂阳太守赵云、长沙太守廖立等,又让诸葛亮督调荆南赋税,办公地点在临烝。曹操在赤壁之战期间也将势力插入荆南地区,派遣刘巴招纳荆南诸郡。刘巴在曹操撤军后,孤立无援,南逃交州。曹操势力从此退出荆南地区。刘备顺便也接收了刘表原有的交州北部地区,从此有了稳固的根据地。

孙刘联盟在初期取得了辉煌的成功。这个同盟一开始是联合拒曹、共同瓜分荆州的产物。推动孙刘结盟可以说是曹操在赤壁之战中最大的失败。而曹魏势力一直对联盟的双方存在着巨大威胁是导致孙刘联盟被强化、即使破裂也迅速修复的主要原因。这个窘境有点类似于曹操当年在河

---

① 江陵在今湖北宜昌一带。

② 吴魏对峙,战场分荆州、淮南两大块。淮南战场的主要方向便是合肥、寿春一带。吴魏两军长期在这两个方向屯兵相抗。

北对付袁谭、袁尚两兄弟的情形。

在初期的同盟中,刘备势力获得了更大的利益。鲁肃后来曾回忆自己第一次见到刘备的情景:"始与豫州观于长坂,豫州之众不当一校,计穷虑极,志势摧弱,图欲远窜。"面对这个只有百来个人的落魄同盟者,孙权做出了巨大让步,以平等的身份与刘备结盟。在赤壁之战中,孙权势力承担了主要的兵力和物资,贡献大于刘备。可是战后,刘备趁乱占领的荆州地盘最大。

荆州在东汉时有七郡,分别是南阳郡(治所在宛)、南郡(治所在江陵)、江夏郡(治所在西陵)、长沙郡、桂阳郡、武陵郡、零陵郡。刘表时期又在襄阳新设了章陵郡,所以荆州一共有八个郡。现在刘备占有了南方四郡;孙权占领了梦寐以求的江夏郡,并从曹军手中夺取了南郡的南部;曹军势力被限制在南阳郡、章陵郡的全部和南郡的北部、江夏郡的一部分①。结果,三方谁都没有实现占领荆州的战略意图。对于曹操来说,他毕竟将势力范围延伸到了长江北岸;但对于刘备来说,《隆中对》的第一步没有完成。更为糟糕的是,刘备的势力被限制在了长江以南。孙权占领的南郡和江夏郡刚好横在南北的刘备和曹操之间,且堵住了刘备西进巴蜀的入口。

孙权占领的狭长地形一来使他与曹操直接全面为敌,承担荆州方面曹军的全部压力,二来使得刘备方面非常不满。刘备被局限在长江以南地区,东面和北面被孙权包围,南部和西部是今贵州、广西等蛮荒之地,英雄无用武之地。对于同盟来说,刘备势力其实是被包围在了孙权势力内部,长此以往,难以发展,只能永为孙权的附庸。

这样的局面引起了孙刘双方的思考,最先要求打破现有实力对比的是刘备。公元210年十二月,刘备渡江去京口见孙权,要求同盟双方调整防区。具体而言,刘备要求孙权将江陵划入他的防区。

刘备选择江陵作为解困的突破口是因为江陵这座城市具有战略意义。

---

① 江夏郡的这一小部分非常令人费解。但曹操的确设置了自己的江夏郡,还曾拆分出江夏南部,设置江夏南部都尉。曹魏任命文聘(原来刘表的部下)为江夏太守。据说,文聘在这个江夏郡干得还很不错。

第一,占领了江陵后,刘备势力就突破了孙权势力对他的包围,直接面向曹操势力了。江陵就好像是刘备进军中原的一扇窗口,可以对整个江汉地区甚至中原构成威胁。第二,江陵周边地势险要,是扼守长江中流的重镇。占领江陵等于占领了一半的长江天险,并居高临下对江东形成俯视、压迫的态势。第三,江陵地区是荆州进出巴蜀的必经地。刘备可以将江陵建设为进军西部的基地,为日后占据巴蜀、汉中打好基础。

孙权也很清楚江陵的五千重要性。对于江东来说,失去了作为荆州西大门的江陵就意味着尚未占领整个荆州。尤其是江陵落入他人手中后,江东就受到了上游的威胁。这是孙权答应刘备要求的弊端。但是孙权权衡利弊后,还是答应了刘备的要求。第一,没有江陵的刘备势力被永远限制在江南地区,有力无处使。这就使同盟处于一种不平等、不和谐的危险状态。第二,占领江陵的孙权势力承担了整个荆州方向的军事压力,而孙权在淮南、徐州方向也正在承担着东部曹军的军事压力。更糟糕的是,江东内部的山越民族尚未被孙权势力征服。孙权势力缺乏全面、独立对抗曹军的实力和决心。把江陵转移给刘备就可以缓解自身承担的部分压力,同时将刘备的军锋指向曹操,"多操之敌而自为树党"。

江东内部以周瑜为首的强硬派反对退出江陵。强硬派更多地将刘备视为争夺荆州的敌人,虽然他曾是赤壁之战的盟友。强硬派还有一个以江陵为据点进攻巴蜀的宏伟计划。周瑜就建议孙权趁此机会扣留刘备,以绝后患。但是,以孙权和鲁肃为首的和平派抵制了强硬派的计划。

孙刘同盟最后达成协议:孙权势力退出江陵周边地区,将该地区转交给刘备。这就是演义小说和民间传说中的刘备"借荆州"。荆州原本就不是孙权所拥有的,"借荆州"之说从何谈起?而且刘备从孙权处得到的只有南郡南部的江陵周边地区。"借江陵"之说更接近历史原貌。

作为一国之主的刘备,亲自去他国为本国的军事政治利益展开外交冒险,这是自古至今少有的。刘备的决心和勇气堪与17世纪出游西欧的彼得一世媲美。

刘备在京口期间还推动孙权进行了重大的战略调整。当时孙权暂时驻扎在京口,江东尚未确定自己的都城①。都城的确立关系到一国的战略方向。刘备在京口就对孙权说:"吴郡距离长江有数百里远,一旦出现警急,将军率军赴救很难。将军您无意驻屯京口吗?"孙权显然已经考虑过建立新都的问题。他说:"秣陵②有小江百余里,可以游弋大船。我正在大力操练水军,建造水军基地,计划移据到秣陵。"刘备说:"芜湖离贵国的水军要塞濡须(今安徽无为东南)很近,也是个不错的选择。"孙权说:"我国正想出兵徐州方向,秣陵在芜湖东边,更方便对徐州方向进军。"

孙权之后在秣陵建造了城池,设置了建业郡。建业不仅成了东吴的首都,也成了古代中国的六朝古都。但是孙权对徐州方向用兵方略的调整,是对《榻上策》的调整(在没有占据整个荆州的情况下用兵北方)。这样的调整只是暂时的。孙权建都长江下游建业,客观上将荆州事务的主导权转移给了刘备。

年底,强硬派首领周瑜病死,程普代理南郡太守。鲁肃接替周瑜负责荆州事务,奉行对刘备友好政策。程普从江陵退至江夏,鲁肃退至陆口,将自公安以西的荆州长江沿岸,包括江陵至夷陵一线的防务移交给了刘备。

曹操在北方听到孙权将江陵转移给刘备的时候,正在写书信,吃惊地落笔在地。

与其说曹操是惧怕刘备得势,毋宁说是诧异孙权的战略远见与决策魄力。孙权毅然放弃江陵,收缩兵力,既可以集中力量防守长江东段防线,取得战略先机,又极大巩固了孙刘联盟,取得了政治优势。

后人总以为在"借江陵"事件中,刘备方面捡了个便宜。其实不然。诸多历史研究证明③:刘备在东吴期间与孙权达成了用交州换南郡的交易。在一定程度上,刘备的安然回归,以及之后东吴步骘仅以 400 人从刘备占领区进占交州都是佐证。

---

① 孙策和孙权早期立都在吴,孙权后来驻扎过京口、柴桑和武昌。

② 孙权在该地建造了石头城,成了今天南京城的前身。

③ 梁雁庵:《汉代交州州治沿革》,载于《广东史志》1996 年第二期;凌文超:《论三国时期的交州争夺》,载于《成都大学学报(社会科学版)》2006 年第 2 期;胡晓明:《三定交州与孙吴国运》,载于《南京晓庄学院学报》2007 年 1 月第一期。

赤壁战后,势力版图已定。东吴轻松扩张疆土的唯一选择就是交州。当时,通往交州最顺便的道路尚且是从湘江经灵渠进入珠江流域(福建、江西与广东交界地区为山越族人控制,危险重重,且道路不通)。而这条通道,恰在刘备控制之下。东吴如想并吞交州,必须越过刘备。

刘备借得南郡后,主动为孙权南下交州让出道路。次年(建安十五年),东吴分豫章郡新立鄱阳郡,任命步骘为太守。步骘赴任不久,即转为交州刺史。他带领武射吏 400 人(一说千余人,总之兵力薄弱)从刘备占领的荆南地区进入交州北部。交州最北一郡为苍梧郡,苍梧亦是交州重心。刘表所置的苍梧太守吴巨,本与刘备有旧交,赤壁战后投靠了刘备。步骘应该是得到了刘备的帮助,从而取得了吴巨的支持。吴巨亲自到零陵南界去迎接步骘。步骘却先发制人,诱杀吴巨及其部将区景,一举占领交州北方。交州南部的士燮兄弟开始向孙权称臣。南海之滨从此成了孙权的稳固领土。步骘在交州任职十年,开发了以番禺(今广州)为中心的珠江三角洲地区,并移州治于此。他离任时,率吏民上万人北返。由此可见,交州得到了大发展。同时,士燮兄弟招降了永昌郡(在今云南西部)投向东吴。孙权以交州为包抄西南的据点,战略获益巨大。孙刘两家这笔交易,盈亏如何,难以明言。

从这个意思上来说,刘备"借江陵"的说法也不准确,"换江陵"的说法更为恰当。

刘备在江东的另一个收获是娶了比自己小 30 岁的孙权妹妹做妻子,通过政治联姻来巩固同盟。在中外外交史中,联姻是常见的政治手段。

在孙刘结盟的第一个阶段里,在曹操的巨大压力下,同盟获得了巨大的政治、军事成功。刘备完成了与孙权的联姻,从孙权手中换得江陵。刘备利益的获得是孙权做出让步的结果。"当时致力于巩固联盟的是孙权,而不是刘备。在外交上,孙权的谋划要比刘备深远得多。"[1]

局势稳定后,来自曹操方面的压力不像以前那般严重了,孙刘联盟进入了争夺荆州的第二阶段。

---

① 陈金凤:《孙吴益州战略论析》,载于《军事历史研究》2005 年第 4 期。

围绕荆州的是非

早在刘备去京口的时候，负责荆州事务、驻扎在江陵的周瑜也去京口觐见了孙权。周瑜带来了一个进攻益州的宏大计划。孙权同意了这个计划。周瑜坚定地反对将进攻益州的据点——江陵转交给刘备。刘备还在京口的时候，周瑜就返回江陵，准备整顿军队进攻益州，以实际行动阻碍刘备夺取江陵。但是周瑜还没回到防区，就在途中的巴丘病逝了。孙权势力进攻益州的第一次尝试失败了。

刘备换来江陵后，并没有将主力指向荆州北部的曹军，他开始按部就班地实现《隆中对》中占领益州的计划来。

当时的益州牧是刘璋。刘焉、刘璋父子经营益州大部已经两代人了；益州北部的汉中地区则由五斗米教的张鲁占领。益州牧刘璋是个懦弱平庸的人，在他的治理下，巴蜀地区纲维颓弛，人心涣散，军事薄弱，不能抵御外敌进攻。然而益州地区可算是乱世中的桃源，富庶完整。史载："蜀土富实，时俗奢侈，货殖之家，侯服玉食，婚姻葬送，倾家竭产。"曹、刘、孙三方都觊觎此地。

甘宁、周瑜都先后劝孙权西取巴蜀。据说孙权还以此咨询过刘备，并建议共同西进。东吴的使节对刘备说："米贼张鲁在巴汉之间称王称霸，成为曹操耳目，觊觎益州。刘璋软弱无力，难以自守。如果曹操得到巴蜀，荆州就危险了。现在我想先攻取刘璋，再进讨张鲁，首尾相连，一统吴楚。等我们占领了全部南方，那就算有十个曹操，也不需要害怕了。"

刘备早已经下定决心自己进取巴蜀，但还是得将孙权联合取蜀的建议放在阵营内部讨论。有些人认为刘备可以表面赞同孙权的建议，因为东吴终究不能越过荆州而拥有巴蜀，巴蜀迟早是刘备的。但是荆州主簿殷观却认为："如果我们作为东吴的先驱，进未必能克蜀，败退则为东吴所乘，到时候大势就去了。我们可以赞同东吴伐蜀的建议,但要说明我们刚占领南方诸郡,未可兴动。没有我们的支持,东吴肯定不敢越过我军地盘单独去进攻巴蜀。如此进退之计,可以收吴、蜀之利。"刘备非常赞赏殷观的观点。

刘备于是回复孙权说:"益州国富民强,地形险要。刘璋虽弱,但还足以自守。张鲁是个虚伪小人,未必会尽忠于曹操。现在如果我们暴师在蜀汉,后勤转运于万里之间,即使是吴起和孙武再生,也不能保证一定能取得成功啊。曹操虽有无君之心,而有奉主之名,力量依旧。现在他三分天下已有其二,肯定会饮马沧海,观兵吴会,怎么甘心于坐等老死呢?现在我们大军出外攻伐,是给曹操创造了机会,并非长远之计。"

刘备拒绝孙权的理由主要是三点。首先,刘璋的势力相当强大,孙刘联军并没有必胜的把握。其次,曹操正在威胁着荆州和江东,联军大兵远征,可能给曹军可乘之机。最后,刘备说自己地盘刚占领,还不稳固,没有能力与孙权联军向西。刘备的前两点理由都是能够成立的。贸然进攻益州的确存在巨大风险。刘备不像孙权,他在等待有利时机发动伐蜀之战。

孙权没有听刘备的。建安十六年(211年),孙权派遣孙瑜率水军进驻夏口,准备进军益州。刘备不让孙军借道江陵。他对孙瑜说:"我刘备与刘璋同为宗室,都以匡扶汉朝为己任。如果刘璋有得罪东吴的地方,我不敢过问,但请原谅我的同宗。如果贵方坚持取蜀,我就披发自我放逐,终老山林。"刘备不仅态度异常坚决,而且部署关羽屯江陵,张飞屯秭归,诸葛亮驻扎南郡南部,刘备亲自驻兵孱陵,摆出一副撕破脸相争的态势。

孙权知道盟友的态度异常坚决,不想撕破脸皮,同时仔细考虑了刘备的理由,也尚有道理,就召还了孙瑜。东吴进军益州的第二次行动因为刘备的反对阻挠而自动放弃了。

当然,孙权方面并没有放弃对巴蜀方面的野心。同年,吴将吕岱率领尹异等人,领兵2000人向西引诱汉中的张鲁到汉兴城。这可以看作是东吴染指汉中的一次尝试。张鲁对东吴的这支奇兵不闻不问。孙权最后召还了吕岱。

孙权的几次尝试都失败了,但不久,刘备却等到了进军益州的绝妙机遇。这个机遇其实是曹操为他创造的。退回北方的曹操大力经营关中和凉州地区,并计划进军汉中。益州大部受到严重威胁。已经成为内奸的张松、法正等人趁机劝刘璋向荆州刘备借兵助守,防卫曹军。刘璋于是敞开大门迎进刘备,并给刘备供给兵力和粮草。刘备在益州多年,不仅没有北上防卫,反而在四川地区收买人心,几年后反向成都进军。公元214年,刘备进入成都,自称益州牧。短短6年间,刘备没费多大劲就占据了荆州、益州各郡,成了足以与孙权相抗衡的势力。

孙权听到刘备征服益州后,大骂刘备:"猾虏乃敢挟诈!"

孙权的愤怒是因为他觉得刘备欺骗了自己。刘备之前信誓旦旦地大谈自己和刘璋的同宗情谊,坚决反对盟友进攻巴蜀。现在刘备自己用诡计占领了同宗兄弟的地盘,把刘璋迁移到荆南的公安县安置。这怎么能不让年轻的孙权愤怒呢?而更深层次的原因是,刘备原本是仰仗孙权的出力才占领了荆南和江陵这块根据地,现在却成了跨地千里的大军阀。而在刘备扩军拓地的时候,孙权却在江北防线与曹军激战,替他承担曹军压力。孙权一时适应不了这样的实力对比变化。

孙权这时向正春风得意的刘备要求平分荆州,即要求刘备割让长沙、零陵、桂阳三个郡给东吴。孙权没有要求整个荆州,而是希望把刘备的势力限制在南郡南部和武陵郡,就是现在的湖北西南部和湖南西北部。这样既可以让刘备协同承担曹军的压力,又可以将刘备势力压迫在荆州西部。孙权的要求有些过分。同盟初期的扶持帮助不是贷款,受助者并不需要支付利息。

东吴负责荆州事务的鲁肃与蜀汉方面镇守荆州的关羽会面。鲁肃责备关羽说:"我国之前之所以将土地借给贵国,是因为看到你们从远方大败而来,没有立足之地。现在你们已经占领了益州,还没有归还所借土地的意思。我们只要求三个郡,你们也不肯答应。这太不应该了!"蜀汉方面回答说:"道德高尚和力量强大的人应占领土地。土地又不是固定为某个人所有的。"蜀汉的回答让东吴方面更加生气了。

刘备自然不同意东吴的要求。南方三个郡的割让不但会让刘备失去大片土地和人口,而且也会对夹击中原的第三步战略造成巨大损害。孙权向三郡任命了官吏,结果都被留守荆州的关羽给赶跑了。公元215年,孙权派遣吕蒙率领东吴主力进取荆州,展开全面进攻部署。吕蒙招降了长沙和桂阳,并攻下了零陵郡。关羽也起兵相抗。刘备风尘仆仆地从成都率领得胜之师杀向荆州,驻扎在公安,与孙权针锋相对地争夺起三郡来。

大战一触即发,但没真正打起来。

因为曹操看到孙刘僵持的机会,自己带兵来攻了。建安十八年(213)曹操征伐孙吴,进攻濡须坞。孙权也遣将进围皖城。曹孙在江北战线展开激烈。孙权胜少败多,承受着巨大的压力。

公元 215 年曹操乘孙刘交恶,率军攻取了汉中。张鲁逃入大巴山区,曹军留夏侯渊、张郃屯守汉中。巴地七姓夷王朴胡等都向曹操归附。曹操以皇帝的名义在巴地设置郡县。司马懿于是建议趁胜进攻益州南部,成都平原一日数惊,益州危急。

消息传到荆州,刘备唯恐益州难保,要求与孙权讲和。孙权也侦察到曹军主力东移,合肥、濡须的压力增大,也同意和谈。在共同抵御曹魏势力的利益下,孙刘双方完成协商。刘备做出让步,双方以湘水为界中分荆州:“长沙、江夏、桂阳以东属权;南郡、零陵、武陵以西属备。”孙权的要求大部分获得了满足。两派于是罢军,依然是好盟友。

这次围绕荆州领土的妥协,孙刘双方都不是赢家,双方在荆州问题上的矛盾依然存在。相反,曹操却充分利用了孙刘矛盾,左右布局,不仅缓解了左右支绌的窘迫局面,还攻占了汉中地区,建立了征战南方的新据点。担任过长沙太守的廖立事后曾说:“(在占领益州后)刘备不乘机进取汉中,却移主力去和东吴争荆南。最后南方两个郡还是给了东吴,军队徒劳无功地回来了。相反汉中落入了北方手中,夏侯渊、张郃驻守汉中,并深入大巴山区和益州东部,几乎使益州陷入了灭亡的危局。”刘备因为这一次荆州之争,失去了占领益州后攻取汉中的最佳时机。之后,刘备集团倾全力才攻占了汉中,而且得到的只是一片空地,对整个国家的长远发展造成了消极影响。这不能不说是孙刘第一次荆州之争对刘备方面造成的最坏影响。

刘备回军益州后紧锣密鼓地开始了对汉中的征伐作战。汉中是汉高祖夺取天下的根据地,也属于《隆中对》规划的范围之内。法正评价汉中的重要性道:“占领汉中后,我们可以广农积谷,观衅伺隙。有了汉中这块根据地后,上可以倾覆寇敌,尊奖王室;中可以蚕食雍凉地区,广拓境土;最坏也可以固守要害,与北方相持。这是上天赐予我们的宝地啊。"

经过4年准备,刘备势力在公元219年倾全力发动了汉中战役。刘备阵营准备充分,用兵得当,阵斩了守将夏侯渊。曹操不得不亲自领兵与刘备相抗。在僵持了几个月后,曹操发出了"汉中是鸡肋"的感叹,放弃汉中撤军了。刘备占据汉中后,抽调荆州宜都①太守孟达领本部兵马北上进攻房陵,派遣养子刘封自汉中顺水东下,合攻"东三郡"地区(上庸、房陵、西城)。刘封受权统孟达军。东三郡的降伏,使刘备疆域达到最大,势力发展到达顶峰。不久,刘备称汉中王。

遗憾的是,光芒中也存在黑点。孟达本部是驻守宜都、作为荆州军事第二线的部队。刘备调孟达北攻房陵,抽空了荆州后援。刘备又用人不专,令年轻的刘封统领孟达军,埋下了隐患。而东三郡地区又是连接荆北和汉中的重地。更为重要的是,曹操在占领汉中后,就有计划地将居民迁徙到关中地区。刘备得到的只是一块空地,物资匮乏,失去了作为北伐根据地的基础。汉中与巴蜀之间就像汉中与关中之间一样,崇山峻岭高耸,羊肠小道崎岖难行。军民物资多数需要汉中本地自筹。蜀汉因此不能在短时间内将汉中作为进攻北方的前沿基地。汉中的作用,一是守卫,一是攻击。现在虽有了防守作用,但是失去了攻击的作用。日后诸葛亮的北伐常常粮饷不继,通过屯田汉中进行筹集,不仅费时,而且成本很高。如果刘备在占领益州后趁胜夺取汉中,获得汉中民众和张鲁积蓄的物资,形势就不同了。

与汉中战役相配合,孙权在东线发动了合肥战役。这一时期,东吴在客观上配合了蜀汉的军事行动,多次出兵吸引曹操主力。刘备进攻益州期间,孙权在东部向淮南地区发动了持续进攻,迫使曹操将注意力集中在东方。刘备集团在经营荆州和益州的十余年时间里,完全没有受到曹操直接的军事威胁。东吴独立迎战曹军,使刘备能顺利地展开自己的战略。

除了孙刘第一次荆州之争外,孙权一直将主力集中在淮南地区。孙权经营的长江防线对北方构成了威胁。公元213年正月,曹操亲率10万大军

---

　　①　宜都是刘备分荆州最西部新设置的郡。

进攻孙权,爆发了濡须口战役。曹操先是攻破孙权军江西营寨,俘虏都督公孙阳。孙权也统领约 10 万主力抗御曹操。曹操遥望孙权的军队阵容威严,布防严密,猛将如云,不敢轻易冒进。这时,曹操肯定发觉自己 5 年前主动从赤壁撤退的决策是错误的了。如果曹操当时咬咬牙,在荆州地区再坚持几年,孙刘双方就没有稳定发展的时间,也不会发展到拥有与曹操一对一单挑的实力了。不久,长江春汛到了。孙权写信劝曹操撤兵,曹操审时度势,主动撤军而回。曹孙双方在淮南地区展开了半个多世纪的胶着战。

从公元 208 年赤壁大战到 219 年的汉中—合肥战役,孙刘十年同盟。曹操始终来回招架,主力东奔西跑。赤壁战后初期,天下政治力量对比的优势在北方,在曹操手里。但是由于曹操在赤壁败后主动撤退,养虎为患;再加上北方不稳牵制了曹军的动作,以及孙刘同盟的良性运作,使北方的优势在公元 219 年的时候已经消失了。当汉中和合肥的烽火燃起之时,没有人能判定天下大势的走向。曹操的北方和孙刘的南方对峙的局面正式形成。奇怪的是,在此后的 300 多年中,这样的南北对峙似乎成了历史的常态。

公元 219 年夏天,曹军大部队都调到淮南防备吴军。镇守荆州的关羽抓住战机,率主力北攻襄樊,意图河南。这是《隆中对》筹划的第三步战略中的右路军的行动。但是关羽跳过了诸葛亮设计的第二步,过早地发动了战争。这么大的军事行动,肯定是得到刘备准许的。也许,刘备和关羽只是想借汉中战役的余威,占领荆州北部,与东三郡和汉中连成一线,改善对峙态势而已。刘备方面尽起荆州精兵,只留南郡太守糜芳守江陵,将军傅士仁守公安。

不想,关羽的出兵成了刘备势力的巅峰绝响。

关羽大军从南郡出发,一路取得胜利。当时北方镇守荆州的是行征南将军①曹仁,驻屯樊城。当时曹仁正忙于镇压南阳郡的叛乱。南阳郡守将侯音造反了,劫持了南阳太守,占据宛城,聚众数千人在曹操势力的核心地区和曹仁的后方劫掠州县。曹仁不顾关羽的北伐,集中军力攻破侯音,升任征南将军。曹仁再回师樊城,不想被关羽一战击败,仅剩数千败兵退守城池。

---

① 行征南将军中的"行"是代理、暂行的意思。

关羽将曹仁团团围在城中动弹不得。

秋天,曹操抽调七支部队,由左将军于禁统率,南下给曹仁解围。这年秋天,荆州连日暴雨,贯穿荆州北部的汉水泛滥成灾。关羽利用地形优势,水淹于禁七军,再联合水师水陆夹击,援军全军覆没。于禁投降,曹军步骑 3 万多人被俘虏。关羽得胜后,又引水围困樊城,加紧进攻,并包围了襄阳。镇守襄阳的是曹军将领吕常。史载当时关羽乘船围绕着樊城督战。樊城被重重围困,外内断绝,粮食将尽,危在旦夕。

关羽在荆北的巨大胜利,震动了中原大地。力量的天平似乎向着刘备方向倾斜了。曹操统治地区随即出现了政治动荡的痕迹。"梁、郏、陆浑群盗或遥受羽印号,为之支党。羽威震华夏。"这里所谓的"梁、郏、陆浑群盗",有的是郡县反抗兵役的百姓,有的是来自正规军的散兵游勇,有的可能是职业强盗,也不排除部分关羽派遣北上的"敌后武工队"。他们人数在几百到几千之间,游荡在曹魏境内,一旦关羽攻破樊城挥师北上,这些武装就是前驱向导和强有力的盟友。

曹操统治区散布着不少柴草硫黄。只等关羽在樊城的引信一点燃,中原地区就会陷入烈火之中。北方最严重的一次动乱是魏讽之乱,发生在河北重镇邺城。魏讽是沛人,很有口才,能鼓动群众,名声倾动邺城。相国钟繇征辟他作了自己的西曹掾。刘备在汉中、孙权在淮南的进展,尤其是关羽在荆北的胜利消息传到河北后,魏讽暗地里联络徒党,与长乐卫尉陈祎阴谋袭取邺城叛乱。眼看就要发动了,但是陈祎突然感到害怕了,向镇守邺城的魏国①太子曹丕告密。曹丕迅速诛杀魏讽,连坐数十人。钟繇也因此被免职。

晚年的曹操已经丧失了锐气。他认为名义上的国家首都许县离荆州太近,处于关羽军锋的威胁之下,于是计划将汉献帝和汉朝政府迁徙到河北去。正在千钧一发的时候,司马懿劝谏曹操说:"于禁大军是被洪水淹没的,并非战守失败,况且并没有损害国家根基啊。现在因为暂时的失败而迁都,

_____

① 曹操当时已经胁迫汉献帝封自己为魏王(216 年),划河北核心地区为魏国,都城在邺,以曹丕为太子、钟繇为相国。这是曹氏家族篡位的过渡步骤。

既是示敌以弱,又会使淮河流域和河南的郡县陷入不安之中。那样才会真的撼动国家的根基啊。"司马懿敏锐地注意到:孙权和刘备,外亲内疏。关羽的胜利和得意并不是孙权愿意看到的。曹操可以联络孙权偷袭关羽后方,那么荆北的困局就自然解决了。

年老的曹操在年轻的司马懿的劝说下,决定抽调军队与关羽再次决战。曹操派遣徐晃率领第二批援军,南下为曹仁解围。当援军到达宛的时候,曹操知道自己胜券在握了。因为他收到了孙权送来的归顺书信。

史载:"孙权遣使上书,以讨关羽自效。"

昨日在淮南混战不休的敌人,突然在自己陷入困境的时候归顺了,同时还请求讨伐盟友表达归顺之心。这真是天大的好事啊!问题是,它是怎么发生的呢?

孙权对关羽进行釜底抽薪式的偷袭并非突发奇想。在孙刘表面和好的同盟底下,东吴一直压抑着偷袭荆州的意图。关羽的北伐以及取得的迅速成功给东吴提供了偷袭的良机。

荆州实在是太重要了。"曹操、孙权、刘备都有统一天下之志,所以他们各自的战略方针都有一个共同点,就是都把夺取荆州列为首要的战略目标。三国形成时期的军事、外交斗争,可以说是曹孙刘三方对荆州的争夺。三方战略正是由于有争夺荆州这一共同点而互不相容。"① 荆州对三方的意义在前文都已涉及。现在我们再着重看看荆州对东吴的巨大意义。如同汉中是巴蜀的北方门户一样,荆州是东吴的西方屏障、上游门户。只有全据荆州,东吴才算掌握了整个长江天堑,进可攻,退可守。现在,荆州西部的南郡、武陵和零陵三个郡在刘备手中。这使得东吴对蜀汉老有心理劣势,老觉得自己的安全受到威胁。关羽在荆州北部的不断成功可能加强了东吴的这种不安全感。

唐朝刘禹锡的《西塞山怀古》诗可以为中游的荆州对下游江东的重要意义作注释:

---

① 张大可:《三国史》,第 210 页。

王濬楼船下益州，金陵王气黯然收。

千寻铁锁沉江底，一片降幡出石头。

人世几回伤往事，山形依旧枕寒流。

从今四海为家日，故垒萧萧芦荻秋。

攻略荆州一直是东吴的国家战略，没有全据荆州一直是东吴的一块心病。而刘备方面的一些外交失误促使东吴将攻略行动付诸实施。刘备阻挠孙权进军益州而自己却用不光彩手段占领益州就是一个最大的外交失误。刘备在这件事情上欺骗了盟友。

关羽这个人是不错的武将，但不是合格的政治家。荆州驻军新得数万兵将，粮食匮乏。关羽为解燃眉之急，竟强占东吴贮藏在湘关的粮食。抢粮事件表明关羽根本就没有将东吴看作是平等的外交伙伴。也许在关羽心中，蜀汉是汉朝正统、天下希望，而东吴至多是一个地方军阀。

而孙权本来是想与关羽修复关系的。他曾经主动提议与关羽联姻，希望迎娶关羽的女儿做自己的儿媳妇。关羽不愿意，讲了句很伤人的话："虎女怎么能配犬子呢！"然后把江东使节给赶跑了，连最起码的外交礼仪都不懂。刘备方面粗糙、骄傲的外交，让东吴觉得"刘备君臣，以狡诈和霸力为骄傲，反复无常。这样的人是不可以推心置腹相待的"。

演义小说和民间传说中还有关于刘备方面与东吴订立过诺言的资料。说当初刘备和诸葛亮平分荆州的时候，答应过东吴在占领整个益州后会将荆州完全移交给江东。因此江东在刘备进军益州的问题上采取了支持态度，并在东方展开军事行动牵制曹操。《三国志》中确切记载的是，刘备得到益州后，孙权派诸葛瑾去索取荆州诸郡。刘备不答应，承诺说："我正在图取凉州，等凉州平定后就会把整个荆州都交给东吴。"孙权当时就很生气："刘备虚假承诺而不会交付荆州，只是想用虚辞拖延时间罢了。"如果传说的承诺属实的话，刘备势力不仅严重违反了盟约，而且是在透支盟友的外交信任。

公元219年，刘备这边的形势一片大好，比在淮南胜少败多的孙权的境况要好多了。孙刘同盟原本是孙强刘弱，现在已经转换成了刘强孙弱。刘备进位为汉中王,地域广阔,军队士气高涨。孙权在心理上对同盟内部实力对比的快速变化适应不了。

东吴内部的人事也发生了变化。对刘备亲善、主持荆州事务的鲁肃英年早逝。出身行伍的吕蒙接替了鲁肃的位置。正是这个吕蒙促成了东吴的军事矛头从淮南-徐州转移到了荆州。孙权在吕蒙的劝说下,下定决心进攻荆州。

吕蒙在濡须口战役后密陈孙权说:"如果东吴占领南郡、白帝、襄阳,再有水军万人游弋在长江之上,循江上下,应敌所在,那么我们还怕什么曹操,还依赖什么关羽啊?"孙权认为吕蒙的话很有道理,但在取徐州和取荆州之间还有犹豫。吕蒙说:"徐州地势平坦,交通发达,无险可守,是骑兵作战的主战场。您今日得到了徐州,曹操马上就来争夺。我们即使以七八万人守徐州,也还是令人担忧的。倒不如取荆州,全据长江,缓和东吴形势。"就这样,孙权与吕蒙就攻取荆州达成了共识。

孙权终于失去了对蜀汉的耐心,放弃了同盟政策。

流向同盟的鲜血

吕蒙是个伪装高手。

吕蒙心里一直以关羽为假想敌。但当他接任鲁肃的职务后,却将真实意图深深隐藏起来。吕蒙履新后,表面上比鲁肃更加宽厚,与荆州更加友好。吕蒙还极力结好关羽。吕蒙将自己装扮成标准的盟友,尽管心里根本就没把关羽当作盟友。

在关羽北伐荆北之初,吕蒙就意识到机遇来了。他上书孙权说:"关羽北伐后在荆州还留有许多防备部队。这是在防范我们偷袭他的后方。我经常生病,主公可以以治病为名,让我带领部分军队回到建业。关羽听说了,肯定会抽调后备部队赶赴襄阳前线。到时候,我们大军浮江而上,昼伏夜出,偷袭关羽空虚的后方。这样肯定能夺取南郡,擒拿关羽。"

上书后,吕蒙就声称自己病重。孙权于是公开下达文书,召他回建业。关羽闻讯果然放松警惕,逐渐把守备兵力调往樊城。吕蒙奉召返回建业的途中经过芜湖。定威校尉陆逊前来拜见他,提出了趁关羽北伐,出其不意,占领荆州的方案。吕蒙感叹英雄所见略同,回到建业后建议孙权假意提拔陆逊代替自己,参与偷袭计划。

陆逊平地一声雷地被提拔为方面大员。他到了陆口后,以自己资历浅、能力低为由,向关羽写了一封谦卑请教的见面信。关羽听说东吴任命了名不见经传的陆逊作自己的对手,又看了陆逊的来信后,愈发大意。

陆逊将情报都传递到了建业,东吴认为时机已经成熟。十一月,孙权便任命吕蒙为大都督,率军隐蔽前出,进至浔阳。在这里,吕蒙将精锐士卒埋伏在伪装的商船中,令将士身穿白衣,化装成商人,募百姓摇橹划桨,溯江而上,直向江陵进袭。蜀汉江防士兵原本就兵力不足,现在猝不及防,一经接触就溃散投降。吕蒙招降了驻守公安的傅士仁,傅士仁又引吴军迫降守江陵的南郡太守糜芳。吕蒙迅速接收了原属刘备的荆州各郡县。

吕蒙在荆州整军守纪,对关羽家属厚加抚慰。关羽军队得到消息后,军心涣散。在徐晃援军和曹仁守军的联合进攻下,关羽大败。

陆逊也参加了偷袭行动。但他没有进入江陵城,而是径直率领本部兵马向西进军,进攻宜都。蜀汉宜都太守樊友弃城而逃。荆州西部诸城长吏和本地的蛮夷君长都向陆逊投降。陆逊迅速招降了宜都地区,这就截断了关羽西逃和巴蜀军队东援的要道。关羽向驻扎在上庸的刘封和孟达求援,遭到拒绝。关羽进退失据,腹背受敌,最后败走麦城,被擒获斩首。

这是孙刘第二次荆州之争。结果是孙权占领了整个荆州,同盟破裂。

孙权胜在蓄谋已久,关羽败在内政不修、举止失措。关羽个性的问题导致了内部官员离心离德,再加上蜀汉原先积累的矛盾,最终失去了荆州。关羽争强好胜,个性不适,却被寄托方面重任,刘备不能不为此承担责任。

在刘备的整体战略中,荆州是很重要的一环。《隆中对》说:"天下有变,则命一上将将荆州之军以向宛、洛。"荆州的丢失不仅意味着刘备集团在经济上大受损失,而且让《隆中对》里提出的钳形攻势也化为泡影。正因为如此,刘备集团要想统一天下,必须夺回荆州。

荆州是刘备集团腾飞的起点,刘备集团中诸多骨干人物都来自荆州。荆州派是蜀汉阵营的主要派系,他们支持发起重新夺回荆州的战争。而攻打荆州则意味着彻底将孙刘同盟推向毁灭的深渊。这计划中的第三次荆州之争必定会进一步削弱孙刘两派的实力,使曹操有机可乘。刘备陷入了一个两难的抉择。

这里存在一个外交学理论上的重大难题。利益互惠是合作基础。但当两国利益存在根本性冲突的时候,同盟或者合作是否还可能存在?对于已经建立的同盟来说,对于必需的同盟来说,当国家利益出现冲突的时候,应该怎么办?孙刘的荆州问题为外交学理论在该课题上的研究提供了绝好的案例。

蜀汉集团丢失荆州所受的损失固然严重,但还保存有大部分实力。是反攻孙权还是承认孙权占据荆州呢?刘备很快就做出了反攻荆州的决策。主要原因有三:东吴偷袭的成功,给正志得意满的刘备以心理上的巨大打击;以及荆州地区对统一天下事业的客观重要性;再加上情同手足的爱将关羽被枭首的惨剧刺激了刘备的情绪,使刘备在个人感情上对东吴增加了憎恨之情。当然了,上文提到的阵营内部来自荆州的派系力量的强烈要求也是反攻决策的推动因素。

公元221年,刘备登基称帝,继承汉朝国祚,建立蜀汉政权,定年号为章武。同年,刘备尽起全国兵马,御驾亲征东吴,发动了第三次荆州之争。

这时吕蒙已经逝世,陆逊正式接替了吕蒙的职位。面对气势汹汹、志在必得的蜀汉大军,东吴的首要选择是和谈,希望能够与刘备停战讲和。东吴送还了杀害张飞的凶手;孙权还亲自卑辞请和。这样的选择对东吴来说是最优选择,但对蜀汉来说却是自打嘴巴的选择。结果,孙权遣使求和,遭到了刘备的拒绝。

和谈大门关闭后,战争不可避免。刘备的进军非常顺利,顺流而下,突破了东吴的几道防线,前进至湖北宜昌地区(这也恰恰证明了上游对下游的军事优势)。东吴的荆西主将孙恒被紧紧围困在夷道城。大军压境,孙权再次提升陆逊为大将,也尽起全国之兵督军应战。

双方都倾全力角逐,这给三国中的最强者曹魏提供了坐收渔人之利的有利时机。刘备在东征前任命魏延全权负责汉中防务,再加上蜀汉有崇山峻岭的天险,易守难攻,相对不用担心曹魏的进攻。而对孙权来说,东吴的主力现在都集中在荆州地区,漫长的魏吴边界上就出现了多处软肋。曹魏对东吴的军事威胁直接而巨大。为了避免两面受敌,东吴迫切需要处理与曹魏的关系。

东吴再次主动与曹魏修好。孙权派使者向曹丕称臣归顺,请求曹丕出兵进攻蜀汉。公元219年,东吴的主动修好为吴魏关系打下了一定的基础。但曹操当时对孙权完全是能利用则利用的态度,随手就将孙权拍马屁的信投射到了关羽的营垒中。到了公元221年,我们没理由相信曹操那小心眼的儿子曹丕就能与东吴和平相处,配合东吴的荆州战役。

曹丕虽然没有出兵配合孙权,但同意了东吴的修好。曹丕在孙刘第三次荆州之争期间纹丝不动,没能乘刘备讨伐东吴的时候,南下直捣吴国江东心脏地区。这是他一生最大的外交失策。曹丕"仅满足于孙权称臣纳贡的表面胜利,致使孙权安然渡过受蜀、魏夹攻的危机。后来曹丕两次兴兵伐吴,均徒劳而返"①。

刘晔就反对曹丕的决策:"孙权无故求降,肯定内部有急事。他先前袭杀关羽,夺取荆州四郡,刘备现在兴师伐罪了。东吴现在是外有强寇,内部人心不安。孙权怕我们承衅讨伐他,所以委屈求降。目的有二:一是退却中原大军,防止我们进攻;二是假借中原的援手,给自己壮胆并疑惑蜀汉军队。现在天下三分,我们拥有十分之八。吴、蜀各保有一州,阻山依水。对他们这两个小国来说,必须有急相救,相互支援。现在他们两相互攻伐,正是天亡孙刘。"刘晔的建议是:"我们应该兴师伐吴,直接渡江袭击东吴内部。蜀汉攻其外,我们袭其内,东吴的灭亡指日可待。东吴灭亡后,蜀汉就孤立无援了,不会久存。"

曹丕书生意气,说:"人家称臣归降,我们却兴师讨伐。这样就伤了天下有心归降人的心,就不会再有人来了。这个方法绝对不行!我们何不先暂

---

　　① 马植杰:《三国史》,第159页。

且接受东吴归降,再袭击蜀国后方呢?"

刘晔回答说:"蜀远吴近,一听到我们出兵巴蜀,刘备就会马上还军。我们是占不到便宜的。现在刘备已经发怒了,所以兴兵伐吴。如果刘备知道我们也一起讨伐东吴,就会知道东吴必亡,肯定会与我们一起争割吴地,肯定不会改变主意抑制愤怒情绪搭救东吴的。这是必然之势。"刘晔的建议极有道理。如果按照他的建议执行,中国再次统一的曙光就若隐若现了。

曹丕不听,还是接受了孙权的投降,拜孙权为吴王。曹丕兴致勃勃地看着孙刘混战,不断向东吴要求进贡玳瑁、大象、孔雀和珍珠玛瑙等奇珍宝物,满足于孙权的恭顺态度和进献的贡品。曹丕也不是傻子,一再要求孙权送儿子到洛阳来作为人质。孙权则拖延派遣质子,先是说自己的儿子年纪都太小,怕服侍不了圣上;后来又以不断满足北方的要求来拖延。公元 219 年到 222 年(第二次和第三次荆州之争)的三年间,孙权始终没有让儿子去做人质,曹丕也没有用兵东吴。孙权假装事魏,避免了两线作战,得以全力对付刘备。

陆逊见蜀军势盛、求胜心切,决定主动撤退,相机寻找战机。吴军退至夷陵、猇亭一带,屯守有利地形。公元 222 年二月,刘备大军在夷陵、夷道的山区连营数百里。马良受命联结武陵蛮等土著部落,参加对东吴作战。尽管蜀军频繁挑战,陆逊就是严令坚守不出。两军一直相持到盛夏。这时,蜀军疲惫、斗志松懈,为了避暑移入密林结营。陆逊迅速利用火攻,火烧连营,并封锁江面,扼守夷陵道,全线出击,克营 40 余。蜀军"舟船、器械,水、步军资,一时略尽,尸骸塞江而下",败得一塌糊涂。刘备对东吴的攻势在夷陵就被遏止了。

刘备狼狈逃至白帝城,一病不起,最后死在了那里,为第三次荆州之争付出了生命的代价;蜀汉的代价是正规军全军覆没,文臣武将或死或降,人才凋敝。内部的汉嘉太守黄元趁乱发起叛乱,南中各郡民族矛盾也激化了,整个益州政局开始动荡。

孙刘三次荆州之争的结果是粮秣毁于战火、鲜血盈于江水,造成了恶劣的后果。孙刘双方为此失去了多次机会,付出了沉重的物资和军事代价。在公元 219 年之前,孙刘同盟比较良好的互动遏制了曹操的优势,确立了南北对峙的局面。一度,形势甚至朝着有利于南方的方向发展。夷陵血战后,力量的天平不仅恢复了平衡，而且历史老人似乎又重新开始青睐北方了。

为了追求成功的同盟，同盟者必须平衡好前文所说的三大关系。孙权和刘备就没有处理好这三大关系，荆州问题只是其中的矛盾爆发点。荆州地区攸关蜀吴双方的战略利益和发展方向，这是与结盟利益不同的其他国家利益。同时孙权势力念念不忘自己在同盟早期对刘备势力的帮助和对同盟的付出，还对刘备势力的迅速崛起耿耿于怀。而刘备势力粗糙、不讲策略的外交举措也导致了同盟朝着消极的方向发展。我们不能批评双方的"自私"，那是理想主义者的字眼；我们也不能批评孙权和刘备的"幼稚"，毕竟每一个人的一生中至多只能遇到一两次参与外交同盟的机会。外交经验本身就是在磕磕绊绊中积累的。我们可惜的是，孙刘同盟从出现裂缝到瓦解再到彻底崩溃，成了一场学费高昂的学习过程。

经历了鲜血的洗礼后，蜀汉和东吴两国都加深了对同盟的认识。更为重要的是，战争终究导致了一个相对较好的结果。那就是东吴凭实力占领了荆州，蜀汉无力再争荆州了，阻碍孙刘恢复同盟的核心问题在战火中得到了解决。这些都是有助于同盟恢复的利好消息。

北方对南方的压力依然存在。在一强两弱的形势下，两弱联盟共抗一强是必然的选择。战后不久，东吴和蜀汉都开始尝试恢复同盟。

公元222年九月，曹丕迟迟见不到东吴的质子，孙权的态度也不再谦恭。曹丕转而希望趁东吴大战后精疲力竭之机伐吴，就命令曹休、张辽、臧霸出洞口，曹仁出濡须，曹真、夏侯尚、张郃、徐晃围南郡。孙权派遣吕范等督率水军抗拒曹休等人，诸葛瑾等救南郡，朱桓驻守濡须口抵抗曹仁。东吴的临江拒守虽然成功，但经受了巨大的压力。

第二年，刘备病逝，为蜀汉－东吴两国关系的修复提供了机会。先是孙权派遣一名中级官员——立信都尉冯熙带着礼物赶往蜀汉，给刘备吊丧。执掌蜀汉大权的诸葛亮非常重视冯熙的到来。蜀汉当时的局势比东吴要困难得多，更迫切需要恢复结盟。于是中郎将（级别要比冯熙高得多）邓芝回聘东吴。蜀汉带去了马二百匹、锦千端和其他方物。东吴也回赠了江东方物。从此，长江上下游的聘使在江面上穿梭往来，习以为常。

东吴和蜀汉的同盟在破裂了一年之后，重新恢复了。

国富兵强者胜出

有个艾奇逊式的论断阴影一直萦绕在曹魏的上空,那就是北方肯定治理不好,迟早会出现变乱。蜀汉和东吴说:那时候我们就一起北伐,平分天下吧!曹魏的破解之道是"富国强兵"。结果艾奇逊式的论断始终没有应验。北方最后凭借强大的综合国力统一了天下,只是这时天下变了颜色,不姓曹,改姓司马了。

根深蒂固治天下

有个预言一直萦绕在曹魏的上空。

那就是鲁肃在《榻上策》中指出的"北方诚多务也"，诸葛亮在《隆中对》里也说，一旦"天下有变"，南方就可以兵分多路，北伐曹魏。到时候，曹魏被内部事务所困扰，南方一定能够取得战争的最后胜利。东吴和蜀汉对天下形势的估计大致相同，期待着北方曹魏出现内乱，便利南方进攻。

"北方迟早有变"，这成了当时各方的共同认识。

诸葛亮和东吴是根据东汉末期的乱象做出的判断。中国历史之河流淌到三国初期的时候，天下大乱都起于北方。北方是天下矛盾积累和冲突爆发的舞台，是国家乱局的发源地。而蜀汉所在的西南和东吴所在的江南则是世外的桃源。历史发展证明了这一点。

曹魏刚刚立国的时候，北方荒凉混乱的景象也让人们有理由相信，这块地区是不会得到长治久安的。

《晋书·地理志》记载汉桓帝永寿三年（157年）汉朝的户口数目是：10677960户，56486856人。这是文献记载的东汉户籍人口的顶点。此后灾荒频仍、疾疫流行，加上农民起义、军阀混战，导致人口锐减。尤其是东汉末年的残杀，致使两汉的人口中心黄河流域出现了"名都空而不居，百里绝而无民者，不可胜数"的惨景。三国初期的编户数量减少到汉唐间最低点。①侥幸生存下来的中原百姓也要继续与民族仇杀、遍地饥馑和赋税徭役做艰苦的斗争，尽力避免被杀死、饿死、渴死，甚至是被其他人吃掉的命运。

曹魏因为人口稀少、经济衰退、民心慌乱，会引发政治恐慌非常正常。因为在还处于冷兵器时代的三国，人口是国家实力的基础要素。没有人口，

---

　　① 陶文牛：《三国户口考》，载于《首都师范大学学报（社会科学版）》2005年第4期。

就没有赋税、徭役和军队的来源，土地再广也没用。当时三国征战的一项重要内容就是掠夺人口。早期有曹操将汉中的人口迁徙到关中，去填充因为关中十几年战乱所荒芜的土地。诸葛亮第一次出祁山的时候，又迁徙西县上千户人家去充实汉中地区。东吴屡次出兵也都以掳掠人口为重要目标，孙权甚至派船队去东北地区掠夺人口。司马懿平定辽东后，"中国人欲还旧乡恣听之"，鼓励原来逃难到辽东的中原人口回迁；灭蜀后，曹魏也"劝募蜀人能内移者，给廪二年，复除二十岁"，公开招募巴蜀人口去中原地区；司马炎灭吴后，"将吏渡江复十年，百姓及百工复二十年"，形成一场罕见的人口大回迁的浪潮。① 因此可以说，曹魏虽然占领了一半的国土，但是极其稀少的人口和遭受严重破坏的经济并没有使它在最初的政治对峙中占据优势。

曹魏立国之初的形势是严峻的。首先，曹魏是以疲敝之地、消极之民来抵抗相对完整、士气高昂的蜀汉和东吴。蜀汉和东吴是"国险民附"，结成联盟，跃跃欲试要瓜分曹魏。曹魏则面临老百姓吃饭的问题、社会治安恶化的问题、人口不足的问题、政府没钱的问题和国防形势紧张的问题。曹魏就像是艘粗大笨重、锈迹斑斑的旧船；敌人则是两条短小精悍、轻装上阵的快舰。

其次，三国初期的功防态势利于蜀、吴，而不利于曹魏。我们且不说蜀汉和东吴联盟后，对曹魏发动的东西配合进攻，陷曹魏于两线作战的困境，就说蜀汉和东吴抢在曹魏前面占领了得天独厚的战略要地和军事重镇。蜀汉占领的是易守难攻的巴蜀和汉中地区。绵延在西南崇山峻岭中的羊肠小路和栈道，真的是"一夫当关，万夫莫开"。东吴则全据长江所极，在强大的水师配合下，经营长江南北各要点，形成难以撼动的坚固防线。蜀、吴尽得天下之险要，置曹魏于几乎无险可守的开阔平原地区。曹魏无力对南方发动真正的进攻，只能防守。地势对比，决定了曹魏的防守必定是成本高昂的防守。

起于四战之地的曹魏政权一开始就思考到如何经营中原、称霸天下的问题。为了避免成为漫漫黄沙之上的浮草，曹魏政权十分注意深植根基。

---

① 人口就是财富。贵族官吏的尊贵与否和生活好坏就体现在朝廷赏赐的封邑人口数量多少。三国政府纷纷以加封大臣的人口来作为奖励。

对于任何政权来说，根深才能叶茂。处境不妙的曹魏政权更是如此。

立政之初，毛玠就对曹操说："现在天下分崩离析，皇帝迁移不定，百姓们荒废了产业，饥馑流亡。官府连一年的物资储蓄都没有，百姓们无安邦固业的决心。建立在这样基础上的任何政权都是难以持久的。出师要有名，防守需要物资，我们应该奉天子以令不臣，修耕植，畜军资，这样才能成就霸王之业。"在这里，毛玠提出了影响曹魏立国几十年的重大国策：奉天子以令不臣；修耕植以蓄军资。前者是指在意识形态上，应该尊奉朝廷正统来提升阵营的声望，其最直接的表现是曹操出兵迎接汉献帝，形成了"挟天子以令诸侯"的局面。后者是指内政建设上，应该发展经济，储备军事物资，其最直接的反映是曹魏开始大规模屯田及内政建设。

毛玠在意识形态上的政策因为曹丕、刘备、孙权纷纷登基称帝，而自动消亡。但修耕植以蓄军资的政策一直被国家延续下去，发展成了曹魏"富国强兵"的基本国策。曹魏的兴起、发展和巩固就是因为经济发展、资源丰富，才得以根深叶茂。

富国强兵的政策逐渐被曹魏统治阶层放在了首要位置。内政的安定和国家经济的恢复发展被放在了统一天下的前面，成了官员们的首要选择。比如建安十九年（214）秋七月，曹操筹划东征孙权。参军傅干劝谏说："治理天下有两大武器，文武两道。用武力需要先有威，用文化需要先有德，威德相济才是王道。之前天下大乱，上下失序，主公您以武力襄助天子，平定了天下的十分之九。违背王命的只有东吴和蜀汉了。东吴有长江之险，蜀汉有崇山之阻，都是武力难以威服的，但容易用道德感化。我认为可以暂时按甲寝兵，息军养士，分土定封，论功行赏，这样内外大臣和百姓的心就可以安定下来了，有功劳者得到了报酬，天下也有制度可以遵循了。然后再兴办学校，使百姓具有善良的性情和爱国重义的品质。主公的神武已经威震四海，如果修文济之，那么全天下就没有人不服从您了。"正是对安定内政、积累国力的优先考虑，傅干才反对曹操以十万之众，远涉长江之滨，认为即使可以取得战争的胜利，东吴也不一定能够归附。但曹操没有听从，坚持出兵，结果无功而返。

富国强兵的思路一直贯穿于整个曹魏政治之中。邓艾是曹魏后期的重臣。他对国家战略的观点是这样的："国之所急,只有农业和军事两项。国富则兵强,兵强则能战胜。农,是胜利的根本。孔子曰:'足食足兵。'吃饭问题在军事问题前面。"因此邓艾政治生涯的前半期都在大兴屯田,为国家积蓄财力。他将"积粟富民"作为考核官员的主要标准,对交游浮华的人和行为深恶痛绝。

富国强兵战略的主要表现是曹魏大兴屯田,恢复并发展农业经济。

从建安元年(196)开始,曹操采纳枣祗、韩浩等人的建议,在许县一带招募流民进行屯田。"建安元年……用枣祗、韩浩等议,始兴屯田。"这是曹魏日后大规模屯田的开始。当年许县收获粮谷达到百万斛,初步缓解了曹军连年征战但一直饿着肚子打仗的军事危机。

《魏书》记载:"自遭荒乱,率乏粮谷。诸军并起,无终岁之计,饥则寇略,饱则弃余,瓦解流离,无敌自破者不可胜数。"东汉末年,"民人相食,州里萧条"。很多人参与天下争霸,拉起几千人就参与军阀混战了。他们中的许多人不是因为在军事上被打败了,而是因为缺乏粮食,聚拢不了部队而失败。当时袁绍在河北,部队主要吃桑葚。袁术在江、淮,靠蒲蠃补给。而曹操屯田数年积累的粮食,不仅屯满了仓库,还源源不断地供给曹军粮草,为曹操长期南征北战提供了物质基础。

曹操认为:"定国之术在于强兵足食。秦国因为重视农业最后兼并天下,汉武帝因为屯田平定了西域,这些都是历史上的正面例子啊。"于是他在州郡设置专门的屯田官,负责农业生产和物资积蓄。曹操任命任峻为典农中郎将,这是三国屯田官制的正式开始。中郎将是高于都尉、校尉的军衔。曹魏一开始就给地区屯田官员高位,显示了对屯田事业的高度重视。之后,屯田官制逐渐完善,与地方官制逐渐平行。如,每个郡设典农中郎将,与郡太守同级。独立的屯田体系为曹魏征伐四方免除了粮草忧患。史载曹魏"遂兼灭群贼,克平天下"。

曹魏初期实行的是招募流民开垦荒地的"民屯",后来又发展出了"军屯"。所谓的军屯就是组织士兵进行屯垦。军屯最著名的是邓艾所建立的淮河两岸的屯田。曹魏想积蓄攻灭南方的物资,就派遣邓艾到陈、项以东至寿春一带考察。邓艾看到淮河沿岸地区良田多而水少,农业没有用好地利,就建议朝廷开河渠,引水浇溉,扩大军粮积蓄;又疏浚运漕河道。

当时曹魏和东吴的淮南战事正酣。每次曹魏大军征调与出发,几乎都牵涉全国一半的军队,耗费巨大。邓艾建议朝廷利用陈、蔡之间的良田,节省许县左右的稻田,在淮北屯田2万军队,淮南屯田3万军队,保持4万人的常备屯田兵,边屯田边防守。邓艾认为淮水资源丰富,屯田可以获得3倍于淮河以西地区的粮食。扣除掉屯田成本,每年可以获得500万斛粮食补充军资;六七年就可以在淮河地区积蓄3000万斛粮食,相当于10万军队5年的粮食供给。这笔宝贵的财富刚好可以用作攻吴的军备。司马懿非常赞同邓艾的意见,开始推行淮河军屯。邓艾主持的淮河屯田有屯田兵5万人,垦地多达两三万顷,不仅开辟了荒野,而且实现了军民的共赢。

曹魏还开通了广漕渠。每次东南发生战事,曹魏大军就泛舟顺流而下,很快到达江淮地区,利用当地储备的军资粮食,从容自如。

屯田为曹魏造就了大批有作为的军政人才。精心挑选的屯田官比地方官更关心农垦。先后参与屯田的枣袛、任峻、国渊、梁习、刘馥、仓慈、司马孚、邓艾、石苞、胡质等人都是魏国的卓越人才。早先,屯田官制虽然独立,但被传统官制所轻视排斥,屯田系统官员升迁不易。裴潜担任魏郡、颍川两地典农中郎将的时候,上奏要求使屯田系统也可以像地方一样进行人事选拔,屯田官与地方官员一样升迁调转。此后,屯田系统官员的仕途也广了起来。这可以作为曹魏屯田日益成熟和重要的佐证。

曹魏末期,因为国有土地的缩小和屯田系统的僵化,屯田的利润锐减,困难重重。何晏等人专权的时候,私自分割洛阳野王地区屯田的桑田数百顷,将其占为己有。官僚侵占屯田土地进一步加速了屯田制度的解体。魏亡前一年,朝廷正式罢屯田官,各典农中郎将转任太守,屯田都尉转任县长。曹魏屯田正式结束。

伴随屯田经济发展的是曹魏自耕农经济的迅速恢复与发展。

这里说个小故事。公元250年前后,皇甫隆(安定人)担任敦煌太守。当时敦煌百姓还不知道如何耕种。他们常常用潴水灌溉土地,等土地有点湿润了,再进行耕种;耕种时既不会使用耧犁,对用水、劳作等内容也不甚了解。这样既浪费人力和畜力,而且收获的谷物也少。皇甫隆到任后,教百姓制作耧犁,又教大家灌溉耕种。岁末统计,百姓们可以节约一半的劳力,也增加了五成的谷物收成。

这是曹魏以先进的耕作技术与农具推广于落后地区,从而提高了劳动效率和单位面积产量的典型例子。

再说个小故事。卫觊出使益州时,因为道路不通,到了长安就前进不了,只能留在关中地区等待。当时的关中刚刚遭受了西凉集团拉锯战的蹂躏,很多之前逃避战乱流浪他乡的百姓纷纷返回平定后的家园。关中的豪强、将领们则招引吸纳这些百姓,发展自己的部队。卫觊看到这种情况,写书信给荀彧说:"关中是天下的膏腴之地。之前因为战乱而荒芜,流入荆州的人口就超过十万户。现在人们听说家乡开始安宁了,都希望返回老家。但是回来的人又得不到政府的帮助,无以为业。关中的各派军队纷纷招纳这些百姓,作为兵员,扩充实力。郡县官府贫弱无力,不能制止这样的行为,导致关中出现了许多强大的豪强势力。一旦出现变动,他们将会成为国家的忧患。同时,盐是国家的重要物资。天下大乱以后,食盐的生产和买卖都没人管理了。我建议朝廷应该像以前那样设置使者监卖食盐,用食盐的利润来购买犁和耕牛。如果有逃亡的百姓回来,官府就供给他们这些农具和耕牛。百姓们勤劳耕种,积累粮食,关中就会开始富足。远方的人们听到关中复兴的消息,肯定会争相前来。朝廷再派司隶校尉留治关中,作为主官。那样关中的各派豪强势力就会日益削弱,官府和百姓则会日益强盛。这是强本弱敌的好方法啊。"

荀彧将意见转给曹操。曹操遵照实施,开始派遣谒者仆射作为关中监盐官,又重新设置司隶校尉,驻扎在弘农郡。关中地区果然如卫觊所言,逐渐改变了荒芜的景象,社会秩序开始安定。尽管曹魏没有直接军事占领关中,但是在长期战争中,尤其是在官渡和赤壁两次关键战役中,关中都没有发生骚乱。

这个故事也表明曹魏在草创时期就注意扶持百姓,恢复和发展自耕农经济。与关中地区一样,在政府的鼓励和扶持下,曹魏各地的经济都得到恢复,并取得不同的发展。

重视手工业的发展也是曹魏富国强兵政策的重要内容。手工业之前为统治阶层所轻视。但是曹魏却重视手工业的发展,尤其重视研制武器,以求战斗时克敌制胜。北方的手工业在曹魏时期得到发展,推动了农业和军事的进步。

以冶金业为例子。韩暨担任负责冶金的监冶谒者。当时北方的冶金马排(估计是以马匹作为动力的排风装置)鼓风吹炭助燃。单位熟石冶炼需要上百马匹。如果换作人力排风,又太费人员。韩暨制造了以水为动力的水排,使冶金鼓风的效率提高了三倍。

曹操还曾经亲自参加锻造刀具。他鼓励官职素来为人轻视的司金中郎将,留下了一段佳话。王修担任司金中郎将长达7年,他上奏说:"荆棘灌木没有顶梁柱的质地;涓涓细留,没有波涛的气势。7年来,我的忠心和功业都不为外人知晓。但我却常常寝食难安。为什么?因为我为自己的力量小、任务重而深感忧虑,怕完成不了任务。"曹操知道后,给王修回了封信:"国家设立司金中郎将,不是要委屈你,而是除了你之外就没有合适的人选了。桑弘羊不就是从类似的岗位上被提拔为三公的吗?朝廷上每当有显要的官职需要补缺,你常常都是第一人选。但是我认为司金中郎将的职责太重要了,所以没有调用你。先贤们都认为盐铁的利润足可以补给军国用度。你掌管的就是国家的盐铁、工艺啊,建功立业并不亚于军师。"不久,王修就被调任显耀的魏郡太守。

在富国强兵战略的主导下,曹魏的国力迅速提升。《通典·食货七·历代盛衰户口》记载公元263年三国的人口情况。其中魏国有663423户,计4432881人;吴国有53万户,约230万人;蜀汉只有28万户,大约94万人。①曹魏在人口上远远超过了南方两国的总和。在西至敦煌,东到大海,北起长城,南达长江的庞大帝国内,曹魏建立了牢固的统治。那个"北方大乱"的预言始终没有应验。而且随着时间的推移、国力的积蓄,吴国和蜀汉在与曹魏的综合国力竞争中被远远甩在了后面,差距日益拉大。

北方统一南方的历史趋势再次出现。

孙权之后主政的诸葛恪显然看到了这样的趋势。他之所以不顾朝野上

　　① 转引自黎虎《魏晋南北朝史论》,学苑出版社1999年7月版,第8页。

下的反对,倾全国之力北伐,一个很重要的原因就是畏惧曹魏国力的快速恢复。

诸葛恪在出兵前发表文章表达自己的观点:"从古到今,没有不热衷于兼并天下的王者。战国的时候,六国诸侯以为互为救援就可以传世保存了。在无所作为的相持中,西边的秦国迅速强大,兼并了天下。近的看荆州的刘表。他有部众十万,财谷如山,在曹操力量微弱的时候不与曹操竞争,坐观敌人强大。北方平定后,曹操率三十万军队进攻荆州,刘表的儿子投降,成为囚虏。敌我矛盾是相互仇恨、吞并的矛盾。等到敌人强大了,它就要祸害后人。我们不能没有远虑。现在曹魏拥有九州之地,但尚未恢复元气,力量并不强大,正是我们早灭后患的时候啊!"

诸葛恪的北伐遭到了惨败。他出发前的话是很有道理的,但是他忽视了一点:那就是在他北伐之前,曹魏经过四五十年的富国强兵的耕耘,实力已经超过了东吴。

攻吴伐蜀谁优先

曹魏面对的下一个问题,就是先攻吴还是先伐蜀。

在国力强大后,曹魏到底要把拳头打在哪一个敌人身上呢?曹魏起初的战略是西守东攻、先吴后蜀。公元221年夷陵之战时,刘晔向曹丕建议联合蜀汉并力消灭吴国,明确提出了曹魏先吴后蜀的战略步骤。

曹丕就统一的战略问题曾问计于贾诩。贾诩回答说:"吴蜀虽然是蕞尔小国,但拥有山水的险要。刘备有雄才大略,诸葛亮善于治国;孙权明白虚实,陆逊精通兵势,他们不是据守山林,就是陈舟江湖,都难以短期攻灭。陛下贸然以天威临之,也没有胜利的把握。臣以为当今应该先文后武,修文德以服远人。"在这里,贾诩没有正面回答谁先谁后,只是主张先文后武,恢复经济,与吴蜀相持,等待形势的转化。但是从曹丕坚持发动的攻吴战役来看,仍是贯彻先吴后蜀的战略。

为什么曹魏确立先讨伐东吴的战略呢？

我们在上一章的分析中得知,在吴、蜀第一次同盟期间,东吴是抗击曹魏军队的主力。东吴不断在东部战线发动进攻,吸引了曹魏的主要精力。蜀汉对曹魏的威胁也许还有汉中山林的阻隔,但东吴对曹魏构成的威胁是直接的、面对面的。曹军军锋首先指向东吴是很自然的。事实上,除了进军边关、关中、汉中的少数几年时间里,曹军的主力一直停留在中原中南部和东部,很自然地将东吴作为了首要敌人。赤壁之战后曹军收缩至襄阳、樊城一线,并经营大别山区的江夏郡北部和合肥地区,采取"东置合肥,南守襄阳,西固祁山"的先吴后蜀战略。

如果先进攻蜀汉,曹魏怕陷入一场旷日持久的消耗战。曹魏担心自己的主力身陷巴蜀的崇山峻岭和羊肠小道之中,难以脱身。这样就可能耗费太多,动摇曹魏在东方的江北防线。毕竟在公元 220 年前后,曹魏的实力还没有强大到可以同时应付东西两场主力决战。

夷陵之战后,东吴强而蜀汉弱。东吴是同盟内战的胜利方,实力超越了蜀汉。曹魏面临的战略选择就好像是一位猎人看到两虎相争后一只老虎重伤、一只老虎轻伤,你是先去打那只轻伤的老虎呢,还是先打那只重伤的老虎呢？后一种选择可以置重伤的老虎于死地,但是之后你要面对那只已经休整恢复的轻伤老虎。因此,在蜀汉暂且不足虑的情况下,曹魏先考虑东吴这只轻伤的老虎。

先吴后蜀战略的表现是曹魏把军队主力集中在东线,营造江北防线,与东吴频繁拉锯。在西线,曹魏只在关中保留不多的部队,陇右也零散布置着一些部队,处于战略防御态势。刘备死后,曹魏的西部战线好几年寂然无声。因为这边一直没出什么事情,所以曹魏也就没有增加军队、加强驻防。这些情报自然都流入了汉中。它可能导致了魏延提出直取长安的冒险计划。最后诸葛亮出陇右,攻曹魏不备,凉州三郡很快就纳土归降。曹魏朝野震惊。最后还是皇帝御驾亲征,西部防线才不至于溃败。

曹魏先伐东吴的政策在东部并没有取得进展。曹魏与东吴在淮南荆北地区形成了胶着对峙的形势。面对东吴坚固的防线,曹魏也转入了防御,构建江北防线,实行以静制动、伺机进攻的策略。

曹魏在与敌人邻接的前沿地区和中原南部构筑纵深防线,点、线、面相结合,军事攻防和经济恢复相结合。江北防线第一道是防线六镇,东起广陵、合肥到襄阳。其中襄阳、合肥为前沿重镇,与孙吴的江陵、皖城相对峙。第二道是防线三镇,南阳、安城、寿春。中原后方的军镇是第三道防线。曹魏在重镇囤积了大量粮草和军队,派驻重要将领指挥。重镇周围,曹魏还进行屯田,作为长久之计。因为江北中部大别山和桐柏山横亘其间,曹魏的整个防线划分为荆州和扬州两大战区,分别由驻扎在襄阳的荆州牧和驻扎在合肥的扬州牧指挥。①

司马昭上台后,曹魏的军事战略扭转为先伐蜀后攻吴。

东部战线的形势变化是战略转变的首要原因。曹魏在东吴那仿佛固若金汤的长江防线面前没有得到太大的便宜。相反,曹魏后期镇守扬州的连续三任藩镇都发生叛乱。司马师和司马昭两兄弟率大军亲自镇压,耗费了大量军力、物力、财力才收复了扬州。扬州每次叛乱获罪者都数以万计,内战动摇了江北防线。尽管战后东吴无力北伐,但曹魏也无力越过江北防线发动南征了。

蜀汉实力的衰落也使其自身进入了曹魏的进攻视野。蜀汉在诸葛亮后期就已经消耗巨大。诸葛亮的接班人无力再发动大规模的军事行动了,只能以部分兵力骚扰陇右。而蜀汉内部的宦官干政、派系之争和意见分歧都使本来就发展不顺的国家雪上加霜。蜀汉在后期甚至不能保持汉中北部与关中连接地区的全面防御,收缩兵力到秦岭南麓的各重要据点。这样就使得曹魏消灭蜀汉的成本大大降低,胜利的希望大大提高了。

司马家族自身的发家过程也是重要原因。司马懿开始掌握兵权就是与曹真一起负责曹魏的西部战线,与诸葛亮斗智斗勇。曹真被诸葛亮斗死了,司马懿活了下来,而且始终掌握着曹魏在西部的军队。西线的不断征战使

---

① 曹魏的江北防御体系与东吴的长江防御体系有异曲同工之妙。长江防御体系在《割据南国第一朝》一章中有详细的介绍,可以作为认识江北防御体系的一个参考资料。

得朝廷重视司马懿,司马懿得以加官晋爵,要兵给兵,要粮给粮。可以说,西部战线是司马家族真正积累军事和政治资本、起家揽政的基地。司马家族熟悉对蜀汉作战,对西部战线有感情。

这些因素的累积,使得蜀汉取代东吴成为曹魏的首攻方向。

为他人作嫁衣裳

曹丕时期是曹魏政治平稳发展的时期。曹丕本人文采出众,落笔成章,也执行了一些利国利民的政策。比如在他刚继承曹操爵位的时候,下令说:"关卡渡口是用来通商旅的,池塘林苑是用来抵御灾荒的。在这些地方设立禁令,课以重税不符合便民的原则。因此要解除池苑的禁令,减轻关卡渡口的税率,全部恢复为什一税率(10％)。"同时他还派遣使者视察各郡国,惩罚那些违法和暴虐的人。

针对汉末的历史教训,曹丕还下诏说:"妇人干政是国家动乱的根本。从今以后,大臣不能向太后奏事。太后和皇后家族的人不能担任辅政的职位,也不能接受裂土分封的爵位。这个制度要流传后世。如果日后有人违背,天下共诛之。"曹魏照章执行,也的确没有出现后宫和外戚干政的情况。

但是曹丕为人轻浮,按照现代干部评议的标准就是做事不够稳重。他想建立自己的武功,就调集主力要发动对东吴的讨伐。大臣们纷纷劝他。其中鲍勋力谏道:"王师屡次征讨南方都没有攻克。这是因为吴蜀两国唇齿相依,他们凭借山水险要难以拔除。现在又劳兵远征,每日消耗千金,会导致中原白白损耗国力。"曹丕听不进去,开始了巡游般的南征,沿途犒赏军民。来到长江边上,曹丕观看江对岸阵仗严整,说了句:"嗯,东吴看起来果然是难以轻易拔除了。我们退军吧。"倒显得有几分可爱。

总的来说,曹丕还是位不错的君主。他既是君王,也是文人。文人气质让曹丕做了些轻浮躁动的事情,好声色享受,但尚能自抑,没有带来大坏处。

曹魏在曹丕时期获得了稳定发展。曹丕死后,曹叡即位,史称魏明帝。

曹叡脾气禀性与曹丕相差不远。他也做了一些好事。比如曹叡常说:"刑狱攸关天下性命",每次朝廷断大狱,曹叡经常亲临旁听。曹叡还写过雄心勃勃的《堂上行》:

> 武夫怀勇毅,勒马于中原。
> 干戈森若林,长剑奋无前。

曹叡在对蜀汉作战中委重任于司马懿,自己也时刻关注,并多有杰作。诸葛亮第一次出祁山的时候,有人以为蜀军缺乏辎重,粮草必然接济不上,蜀汉必然不击自破,朝廷不需要犒劳军队;还有人想收割上邦一带的生麦,以免被诸葛亮收割了。曹叡都不听从,前后多次派兵增加司马懿的军力,又派人保护上邦一带的生麦。司马懿后来与诸葛亮在上邦周边相持,最后还是仰仗那些小麦作为军粮。可见曹叡在军事筹划方面还是非常有眼光的。

诸葛亮最后一次驻屯渭南与司马懿相持。曹叡命令司马懿说:"我军只要坚壁拒守,挫折蜀军的兵锋即可。诸葛亮进军不得,求退又不行,时间一长粮食就耗尽了,又不能就地得到补给,肯定会败退的。我军再以逸待劳全力追击,一定能取得全胜。"果然,前线的形势完全在远在洛阳的曹叡的预料之中。

但是曹叡也有明显的缺点,那就是滥用民力,大兴土木,追求享受。曹叡在洛阳大修宫殿,建造了昭阳、太极等巍峨壮观的宫室。曹叡还在芳林园中造陂池,楫棹越歌;又在后宫建立八坊,在其中储备美女才人,品秩待遇和百官一样。曹叡还挑选知书识字的女子担任女性尚书,处理朝廷的奏折。后宫美女歌伎,多达数千人。曹叡就在这个安乐乡中游戏饮宴,让博士官马均制作司南车,制造水转百戏供后宫娱乐。

百姓为了满足曹叡的兴致,误农时,重徭役。杨阜、高堂隆等大臣多次向曹叡进谏。曹叡对付劝谏者有自己的办法,就是耐心听完,优待进谏的人,但就是不改正自己的缺点。太子舍人张茂认为在吴蜀边界战事不断、将领们不断征战的情况下大兴宫室、热衷于玩饰、赏赐无度会导致府库空虚;又上书劝谏不可抢夺民女充斥后宫。曹叡读完张茂的奏章,夸奖了几句,提升张茂担任散骑常侍的虚职了事。

曹叡为了在芳林园中造土山,让公卿大臣背土造山,种植松竹杂木香草,还捕捉山禽杂兽放在山上。大臣董寻上书劝谏。曹叡这回是真生气了,说:"董寻难道不怕死吗!"相关官员忙奏请逮捕董寻。曹叡下诏说算了,将董寻外调为贝丘县令,眼不见心不烦。

曹叡没有儿子,便收养了曹芳为儿子,由养子继位。曹叡遗命司马懿为太尉,与宗室大臣曹爽共同辅政。

司马懿是河内郡温县著名的士族。这个温县现在还叫温县,属于河南省焦作市。据说温县现在对外的宣传口号就是"司马故里,太极故乡"。可见司马懿的家乡父老还是很以他为荣耀的。

曹操起用了司马懿,但不太喜欢这个小后生,没有重用。曹丕和司马懿却很合得来。司马懿在曹丕时代地位逐渐显要。魏明帝时,司马懿成为负责对蜀汉作战的主将。公元 238 年,他又率兵平定了割据辽东的公孙渊,成为魏国声望甚高的三朝元老。

曹爽是曹真的儿子,为了夺权,表面上推举司马懿为太傅,其实行架空之实。司马懿于是称病,不干预朝政,消除了曹爽集团的戒心。公元 249 年,曹爽陪同曹芳出洛阳城,拜谒魏明帝陵墓。司马懿迅速收集旧部,封城发动政变,诛杀曹爽集团,夺取了朝中大权。

公元 251 年,司马懿病死,长子司马师继续掌权。曹芳日益不满司马家族专权。公元 254 年,司马师废黜曹芳,立东海王曹霖的儿子——高贵乡公曹髦为帝。

司马家族篡逆之心,天下已明。忠于曹魏王朝的力量发动了多次反对司马懿父子的叛乱。先是都督扬州诸军事的王凌发动反对司马懿的叛乱,兵败自杀身亡。镇东将军毌丘俭、扬州刺史文钦再次起兵,联合东吴。司马师正病重,忍痛亲征,斩杀毌丘俭,传首洛阳;文钦逃奔东吴。几年后继任的扬州主将诸葛诞又起兵反对司马家族,杀了扬州刺史乐綝,再次占据淮南一带。司马昭亲征,攻陷寿春城,斩杀诸葛诞。客观说,三国后期内政都不清净,内斗不息。但司马家族通过三次扬州战役,血洗反对派,止住了内争。曹魏的内乱起得急,也消得快,并没有对国家造成太大的消极影响。

相反,司马父子的执政改变了前两代大兴土木、滥用民力和府库积蓄的弊政,继续大力推行富国强兵的战略。可以说,曹魏的旗帜逐渐换了颜色,但国力并未受到影响,反倒是继续增长了。

公元 260 年,不甘心做傀儡的曹髦高喊"司马昭之心,路人皆知",率数百官人仆从向司马昭进攻,途中被杀,年仅 20 岁。司马昭另立曹奂为帝,曹魏政权完全为司马氏所控制。

3 年后,司马昭派钟会、邓艾、诸葛绪率大军分三路攻蜀。姜维当时正避祸陇上沓中,忙晃过诸葛绪之军,率军退回剑阁抵抗钟会军。在东部两路没有进展的情况下,西路的邓艾从陇上轻装出阴平道,冒险越过七百里无人之地,突发奇兵攻下江油、涪城、绵竹等城池,进逼成都。蜀汉后主刘禅出降,蜀亡。

公元 265 年,司马昭的儿子司马炎废曹奂自立为帝,国号"晋",定都洛阳,史称西晋。司马家族最后成了中原的主人。曹魏的富国强兵战略最终使中原地区在三国竞争中胜出,但是江山换了颜色。曹魏给西晋做了嫁衣裳。

巴蜀慷慨北伐行

魏延说，我们直捣长安吧！诸葛亮说，这太冒险
了，"国防部"不会同意的。于是诸葛亮将目光集中
在了陇右。诸葛亮的北伐战略没有取得成功，但却
成功地在蜀汉建立了统一的思想、统一的战争体制
和一人专权的权威统治。这也是小国图存图强的现
实选择之一。

权相与战争体制

历史上,建国巴蜀的割据政权都是安于自守,唯有蜀汉对中原始终保有浓厚的政治野心。

蜀汉能以一州之力连年征战以争天下,是因为它建立了以北伐为目标的战争体制。

战争体制的萌芽出现在永安托孤之时。分散在《三国志》各卷中的只言片语向我们展示了这一重要事件的全貌。《后主传》说:"先主病笃,托孤于丞相亮,尚书令李严为副。夏四月癸巳,先主殂于永安宫,时年六十三。"

《诸葛亮传》说:"章武三年春,先主于永安病笃,召亮于成都,属以后事,谓亮曰:'君才十倍曹丕,必能安国,终定大事。若嗣子可辅,辅之;如其不才,君可自取。'亮涕泣曰:'臣敢竭股肱之力,效忠贞之节,继之以死!'先主又为诏敕后主曰:'汝与丞相从事,事之如父。'"临终时,"呼鲁王与语:'吾亡之后,汝兄弟父事丞相,令卿与丞相共事而已。'"

后人对刘备托孤事件的认识就是以这两段记载为基础的。它告诉我们刘备把军政大权和儿子都托付给了诸葛亮,诸葛亮也立下了鞠躬尽瘁的誓言。然而,这样简单的描述绝对不足以说明白刘备托孤事件对日后蜀汉政权的影响。我们需要从这两段记载出发,仔细品味文字背后的宝贵信息。

条分缕析遇到的第一个问题是:刘备为什么选择诸葛亮作为政治委托人?

刘备政治生涯的前半期颠沛流徙,没有固定的据点。难得的是有一群忠实的人才始终聚集在他的周围。这群人就包括关羽、张飞、简雍、糜竺、糜芳、赵云等人。他们来自北方各地,组成了蜀汉政权的原从派系。但是这一派系人数有限,掌握的军队和政权也非常有限。夷陵大败后,赵云成了原从派系中硕果仅存的"大佬",他率领的江州军也是原从派系掌握的主力军队。

公元200年，刘备得到新野，不仅获得了发展的据点，也获得了与荆州世族增进关系的机会。荆州大的世族势力有蒯家、蔡家、庞家、黄家、马家、习家等。刘备最终取得了多数本地世族的支持，庞德公、庞统、马良、马谡、黄忠、伊籍、诸葛亮、张南、冯习等人都投入了刘备阵营。这些人人多势众，组成了荆州派系，是蜀汉政权的支柱。荆州派系支持刘备进取四川，在关羽失荆州后则支持刘备攻吴。在刘备执政后，位于四川的多数世族也都转而支持蜀汉政权。法正、张松、孟达、黄权、刘巴、李严、吴懿等人组成了四川派系。四川派系居荆州派系之下，二者与原从派系构成了蜀汉政权内部的"三分天下"。

刘备托孤之时必须取得控制军队和政权的荆州派系的支持。诸葛亮是荆州派系的核心人物之一，满足了这个最重要的要求。诸葛亮的叔父诸葛玄是刘表的旧友；沔南名士黄承彦是诸葛亮的岳父；原在荆州主掌行政的蒯家是诸葛亮大姐的婆家，掌握军权的蔡瑁是他的妻舅；庞家是诸葛二姐的婆家。通过这些直接关系的转折，诸葛亮又和马家、习家等牵连上了关系。诸葛亮绝不是什么"躬耕南阳的布衣"，他是荆州派系关系网中牵一发而动全身的人物。

其次，诸葛亮是战后人才凋敝的蜀汉政权中声望、功绩最高者。刘备东征之前，庞统、法正、关羽、张飞、黄忠已经先后亡故。东征失败，张南、冯习战死，马良遇害，黄权被迫投降魏国。战后声望和资历甚高的司徒许靖、尚书令刘巴，以及骠骑将军凉州牧马超和刘备的妻舅、安汉将军糜竺相继去世。蜀国已经没有人可以在功劳和名望上与时任丞相的诸葛亮相匹敌了。

所以刘备面临的不是挑选谁为"辅命大臣"的问题，而是如何让这个人尽心辅助幼儿、延续政权。正史的说法是刘备以情动人。他一方面告诫儿子对诸葛亮要"以父事之"，要像对父亲一样尊重诸葛亮，听从诸葛亮的安排；另一方面，他又当众大大夸了诸葛亮一番（顺便贬低了老对手曹操的儿子），推心置腹地对他说：如果刘禅可以辅佐，你就辅佐他；如果刘禅实在不成器，你就取而代之吧。"君才十倍曹丕，必能安国，终定大事。若嗣子可辅，辅之；如其不才，君可自取。"诸葛亮感激涕零，当场表示要忠心事主。

不管刘备是真心还是假意，白帝托孤都是以退为进的成功战略。日后的政治发展证明了刘备对刘禅的判断、对未来的把握是正确的。刘备"诚心诚意，举国相托"；诸葛亮"忠心为国，鞠躬尽瘁"，树立了千古明君忠臣的典范。

接下来的问题便是，承诺毕竟是苍白无力的，怎么约束权臣的行为呢？刘备临终前设计了复杂的权力结构，希望对诸葛亮进行实质性的限制。他将身后的权力三分给了三个派系。

刘备召见诸葛亮的同时也召见了尚书令李严。在任命诸葛亮为"辅命大臣"的同时也让李严"同为顾命"。李严，是个相当陌生的名字，却是刘备寄予厚望的股肱之臣。

李严，南阳人，先后在荆州、四川任郡吏、县令、护军。办事干练，在各处势力任职都受到器重。建安十三年（208），曹操攻打荆州，时任秭归县令的李严并没有投曹或投刘，而是弃官入蜀投奔刘璋，任成都县令，成为四川势力的代表之一。建安十八年（213），刘备伐蜀，时任护军的李严受命驻守锦竹抵御刘备。但李严率部队投降了刘备，转为刘备阵营的重要人物。

在蜀汉政权中，李严历任裨将军、犍为太守、兴业将军、辅汉将军。在地方官任上，李严的表现极其出色，屡次以少数兵力平定大规模的叛乱；又凿通天社山，修筑沿江大道，大兴土木，短短两年就将郡城整修一新，"吏民悦之"，"观楼壮丽，为一州胜宇"；是历任犍为太守中成绩最好的一位。

李严的政绩和官职都与诸葛亮不相上下。章武二年（222）秋，刘备伐吴败回，征召李严到永安宫，由太守提拔为尚书令①。李严带领蜀汉政权不多的主力之一（川内地方军队）来到川东，实际负责刘备行营的大小事务，显示出强劲的"接班"架势。

刘备最终还是选择了诸葛亮作为头号辅命大臣，让李严"同为辅命大臣"，"中都护、统内外军事"，留镇永安。这样的权力结构正好让诸葛亮和李严互相制衡，防范的对象是照行丞相事的诸葛亮。在短短一年多时间里，刘

---

① 尚书令名义上是皇帝身边办事大臣（尚书）们的首领，但秉承帝命，负责实际行政，往往成为实际上的丞相。如果丞相加尚书令头衔，就是真正的实权丞相；反之，则双方的权力都不是完整的。

备多次笼络提拔李严,并借由其政治地位的上升以及原有的基础,取代去世的老人,为诸葛亮树立了一个强大的对立面。

刘备选择李严与诸葛亮保持制衡,也因为李严本身与诸葛亮是同乡,在荆州和四川两大派系中都有关系。这就为双方的利益协调与合作奠定了基础,以免刘备死后蜀汉政权内讧激烈,难以控制。

刘备最后召见的是原从派系的代表——赵云。刘备的事业因原从派系而起。赵云是反对刘备伐吴的,因此没有参与东征,率领本部兵马驻扎在江州(在今重庆),聚拢着原从派系的最后血脉。战败后,蜀汉政权还全赖这支生力军在川东稳住阵脚。"先主失利于秭归,云进兵至永安,吴军已退。"

各方都非常清楚,随着征伐无常、后继乏人,原从派系的衰落是难以避免的。作为三派中最弱的一支,原从派系非常适合扮演"关键少数"的角色。赵云的威望和控制的军队就是这一角色最好的砝码。

刘备在生命之火即将熄灭的时候,动情地回忆了早年经历的幽州起兵、河北烽火、中原逃难,感激赵云近40年的忠心追随。临了,刘备深情地嘱托赵云继续照看刘禅,关心朝政。这段嘱托给了赵云非正式的"辅命大臣"地位。尽管之后赵云依然低调,从来没有利用这一法宝,但他及其派系始终是隐藏在花丛后的大炮。

笔者不厌其烦地分析托孤事件,是想表明刘备在生命之火即将熄灭的时候,其实相当冷静务实。他既没有念念不忘兴复汉室,高呼"北伐!北伐!"也没有劝告后人积蓄力量,以待时机,争夺天下。相反,他只希望自己辛苦半生建立的事业能够在后人的手里保守住,希望不出现权臣当国、危害儿孙地位的事情。《诸葛亮集》所载刘备遗诏充满了对儿子刘禅的谆谆教诲,涌现出了"勿以恶小而为之,勿以善小而不为""惟贤惟德,能服于人"等名句。

刘禅即位之初,时值蜀汉新败,国力空虚,不可不谓是存亡之秋。当时西北有少数民族作乱,南有以孟获为代表的各族人民造反;中原的魏国在陕南虎视眈眈;而江南东吴作壁上观,敌友不明。政权内部的明争暗斗使得形势更加险恶。

很快,成都的"政事无巨细,咸决于亮"。诸葛亮以首席辅政大臣的身份全权处理军政大事。如此一来,蜀汉军政大权开始逐渐委于个人。实践中,诸葛亮北和羌胡,平南蛮族,联合东吴,北上伐魏,大展英才。这些事虽然平息了蜀汉内部的党派之争,是客观选择,却使诸葛亮成了前所未有的权相。

《诸葛亮传》载:"亮以丞相录尚书事,假节。张飞卒后,领司隶校尉。章武三年春,先主于永安病笃,召亮于成都,属以后事……建兴元年,封亮武乡侯,开府治事。顷之,又领益州牧。"李严在同时也获"封都乡侯,假节,加光禄勋",但在与诸葛亮集团的斗争中逐渐处于劣势。

建兴三年(225),诸葛亮率众南征,几乎征发了各派所有力量。这可以看作是诸葛亮对个人权势的检验。可能是因为平定南方战乱是国之大事,李严集团没有对这个安排表示反对。因此到了第二年,诸葛亮集团就继续采取行动。"以诸葛亮欲出军汉中,严当知后事,移屯江州,留护军陈到驻永安。"江州属于内地,战略地位不如永安。尽管李严的军衔升为前将军,且表面上依然节制陈到,东部事务"皆统属严",但李严的实际地位下降了。同时需要注意的是,诸葛亮以出军汉中为理由,开始以军事行动的优先性来安排政治和人事。

既然如此,李严只好降低姿态,转而全力经营江州,修筑巴郡,希望建立一个能够与成都匹敌的根据地。在此期间,李严采取了两大行动。根据《诸葛亮集》的记载,第一个行动是李严曾"劝亮宜受九锡,进爵称王"。汉制,非刘姓不得封王。这完全是李严对诸葛亮的一次不怀好意的笨拙试探。诸葛亮马上回信拒绝说:"吾与足下相知久矣,可不复相解!足下方诲以光国,戒之以勿拘之道,是以未得默已。吾本东方下士,误用于先帝,位极人臣,禄赐百亿,今讨贼未效,知己未答,而方宠齐、晋,坐自贵大,非其义也。若灭魏斩叡,帝还故居,与诸子并升,虽十命可受,况于九邪!"在回信中,诸葛亮明确说自己对李严这个老朋友的来信深感不解。一方面,诸葛亮许诺灭魏之后当"与诸子并升",意思是说统一北方后我们俩共享富贵,给了李严一张空头支票;另一方面,诸葛亮又说"虽十命可受,况于九邪",暗示李严自己才是头号托孤重臣,提醒李严不得妄动。

李严的第二个行动就是要求在川东自己的势力范围内设立"五郡巴州",自为巴州刺史。蜀汉政权真正控制的只有益州一州,由诸葛亮担任州牧。这样诸葛亮就控制了蜀汉唯一的地方政权。现在李严要求将四川一分为二,自己领有一州,对抗成都诸葛亮的意图非常明显。诸葛亮控制的朝廷自然断然拒绝。在后来弹劾李严罪名的奏折中,诸葛亮将李严的这一主张看作是"穷难纵横"。

应该说,李严集团的这两招都是"臭棋"。李严这个人"腹中有鳞甲"、"性自矜高"、桀骜不驯,还"逞苏张诡靡之说"、"有苏张之事出于不意"。李严缺乏沉稳敏锐的性格,注定了失败的命运。这些都坚定了诸葛亮肃清李严的决心,奈何条件尚未完全成熟而已。

建兴八年(230),李严以资历再升为骠骑将军。同年,蜀魏在汉中战事激烈。诸葛亮率大军坐镇汉中,以此为契机解决李严问题。诸葛亮采取了调虎离山的策略,要求李严率兵两万离开根据地江州到大本营汉中抗魏。这既使李严失去了根基,也减少了江州发生动乱的可能性。大敌当前,李严更是没理由抗命。深知利害关系的李严提出要求,提名自己的儿子李丰担任江州都督,继续掌握川东军队和根据地。这一次,诸葛亮非常爽快,"表严子丰为江州都督督军,典严后事"。李严只得率军北上,他忘记了树倒猢狲散的道理。只要打倒了李严,他的残余集团注定要灰飞烟灭。一年后,诸葛亮弹劾李严的奏折是这样评价这次调动的:"去年臣欲西征,欲令平①主督汉中,平说司马懿等开府辟召。臣知平鄙情,欲因行之际逼臣取利也,是以表平子丰督主江州,隆崇其遇,以取一时之务。"意思是说李严借机要挟,而自己是忍辱负重。

建兴九年(231)春,诸葛亮进军祁山,让李严催督粮食运输。

祁山战役持续了半年。到了夏秋交际的时候,"天霖雨,运粮不继"。《三国志》记载,因为连降大雨导致转运粮草困难(汉中入陕南的山路至今崎岖难行),李严派狐忠、成藩两个人通知正在祁山一带与魏军相持不下的诸葛亮撤军。诸葛亮如约撤军。

李严在诸葛亮回军后采取了两面手法,一方面惊讶地说:"军粮还很充足,为何就撤军呢?"以此来推卸自己没有督运好粮草的责任,同时说明诸葛

---

① 其间李严改名为李平。文中维持李严的称呼。

亮是自己无力推进而撤军;另一方面,李严又向刘禅上表说是:"大军假装后退,以引诱敌人追击再给予打击。"这就给诸葛亮出了一个大大的难题。

诸葛亮的对策非常简单。"亮具出其前后手笔书疏本末,平违错章灼。平辞穷情竭,首谢罪负。"他只是出示了李严前后亲笔手书信函,李严面对铁证,只好认罪受罚。结果,李严彻底出局,"废平为民,徙梓潼郡",彻底退出了政治舞台。他的儿子江州都督李丰在父亲被罢官后,被诸葛亮调到汉中继承李严的工作——督运粮草。李丰最后做官做到了朱提太守。朱提是蜀汉政权在少数民族地区新设立的郡,治所在今云南昭通。

经过层层政治较量,诸葛亮消灭了最大的政治对手,沉重打击了四川本土势力,确立了自己对全国的权威统治。在此之后,诸葛亮就在北伐的大旗下赏罚自专,以"兴复汉室,还于旧都"来统一上下思想。

这方面突出的例子就是廖立的被废黜。

廖立这个人在前文已经出现过了,就是刘备在荆州时期的长沙太守。担任长沙太守时,廖立不到30岁,可谓前途无量。廖立的罪过是当着李邵、蒋琬等诸葛亮亲信的面批评刘备不取汉中而与孙吴争荆州的战略错误。根据"寻找平衡的联盟"一章的分析,廖立作为荆州问题专家做出的判断是正确的,在政府同僚面前谈论政事也没有什么不妥的地方。廖立紧接着批评关羽"怙恃勇名,作军无法",前后数丧师众,又批评诸葛亮亲信向朗、文恭、郭攸之、王连等人都是平庸之辈,都是从人,不足与之谋大事。朝廷重用这些人使百姓疲敝。李邵、蒋琬自然将廖立正确的评论和不恰当的评论都一并报告给了诸葛亮。诸葛亮以"诽谤先帝,疵毁众臣"的罪名将廖立废为平民,发配到偏远的西北汶山郡。

汶山在蜀郡以西高寒地区,气候异常,冬天不适合居住。廖立在发配地亲自带着妻子孩子耕地拓殖。很多年后,姜维率军经过汶山的时候,专门去拜访了这位老前辈、荆州问题专家。姜维见到的廖立还是意气风发、侃侃而谈、高论不断的形象。廖立最后死在了发配地。

蜀汉的战争体制至此建成,它主要体现在三个方面。第一方面,在意识形态上,全国的思想高度统一于"兴复汉室,还于旧都"的目标。蜀汉以汉朝正统自居,一切政府言论和政治宣传都以北伐复国为基调。第二方面,在国家建设方面,蜀汉的主要精力放在北伐中原上。国力的积累是在为战争做准备,外交的目标是为战争创造有利的环境。人口不满百万的蜀国竟然保持了一支将近10万人的常备军队,这不能不说是一个奇怪的现象。战争体制的第三方面是在全国建立了高度集权体制。诸葛亮在战争目标下,确立了对全国的实际掌控。

整个战争体制的渊源可以追溯到刘备集团在中原大地上的颠沛流离。整个集团处于一种高度不稳定、不断受到威胁的迁移过程中,战争几乎成了集团的常态。人们极少进行经济建设,相反倒是适应了三月一小战、五月一大战的生活。获得了荆州南部的四个郡后,刘备集团相对安定了下来,但是流动和战争的基因毕竟植根在血液里,并在之后进攻益州和汉中的战役中得到了延续。

如果说战争基因的产生是集团生存的要求,那么诸葛亮成为托孤大臣后,就将这种基因巩固并且发展了,使之流淌在国家血脉中。特定的形势与诸葛亮个人的能力相配合,就建立了战争体制。

战争体制和诸葛亮的权威统治建立并巩固。曹叡评论蜀汉政局说:"亮外慕立孤之名,而内贪专擅之实。"指出了蜀汉的权威政治现实。不管"兴复汉室,还于旧都"的意识形态说教是否切实可行,战争体制对蜀汉政权来说是必需的。作为弱国,建立高度统一、目标明确的体制有利于集中国家力量,统一合理调配资源,在乱世中图存图强。就像曹魏通过推广屯田、务实内政来为战争积蓄力量一样,蜀汉是通过内部的集权来集中力量。与曹魏相比,在客观上,蜀汉人口稀少,生产力水平低,通过屯田耕殖提升国力的空间有限。战争和灾荒导致蜀吴两国人口稀疏,两国都将招揽人口作为行政重点。蜀汉北伐,常常迁徙占领区百姓入汉中;东吴征讨山越,抓捕越人从军,甚至派船队探访夷洲、亶洲,主要目的也是掳掠人口。先进的生产技术并没有从两国的北部向南部少数民族地区传导,而是政权从南方少数民族中抽调人口填补北方。两国走的是有别曹魏的发展路径,客观使然。其中又以蜀汉为甚。诸葛亮几乎是以巴渝盆地狭小空间的国力与数十倍体量的敌人对抗。

如果没有诸葛亮的铁腕统治,如果没有蜀汉以北伐为目标的战争体制,蜀汉在历史上就不会有这么耀眼的作为,就不会有不错的外部环境,甚至会提早灭亡。如若不消灭内部派系,很可能导致党争,致使内部令出多家,政令不通;如若允许廖立等人有碍团结的言论存在,将导致蜀汉内部人心不齐,在蔓延的猜疑谩骂中消耗力量。

诸葛亮的举动将一切可能性都消灭在萌芽状态。在国家发展战略上,他并没有错;他的失误在于为政苛刻。

结盟的恢复和成熟

"东和孙吴"是诸葛亮《隆中对》设计的基本政策之一。夷陵之战后,诸葛亮就致力于修复蜀汉与东吴的外交关系,重建联盟。双方在联盟问题上的恩怨仇杀也使大家在同盟问题上积累了宝贵的经验。

首先迈出实质性步伐的是东吴。黄武元年(222)十二月,刚刚获胜的孙权派遣太中大夫郑泉去白帝城见刘备,东吴和蜀汉的外交联系得以恢复。

《江表传》记载,孙权首先收到了刘备的书信。在信中,刘备深深认识到自己的错误,希望恢复同盟,还说自己先前之所以立国号为蜀,是因为汉朝皇帝还存在的缘故,现在汉朝已经被废,自己要更名为汉中王。郑泉出使蜀汉,刘备问他:"吴王为什么不回复我的书信?难道认为我的正名不适宜吗?"郑泉回答说:"曹操父子陵轹汉室,最终篡夺了皇位。殿下既为汉朝宗室,有维护国祚之责。您不荷戈执殳讨伐叛逆,为海内率先榜样,却忙于自己的名号,未合天下之议。所以我家君主没有回复您的书信。"刘备听完,感到非常惭愧。

裴松之的注解引用了许多《江表传》《吴书》《魏略》和《汉晋春秋》等典籍的内容,并不表示这些史实的准确性,也不表示注释者对这些材料和观点的赞同,而是为后人提供了一种可能性和新的说法而已。像此处引用的《江表传》《吴书》的内容就不一定准确。当时刘备早已经称帝,不存在改名汉中王的问题。但是它透露出两点信息：一是在外交恢复过程中，刘备可能先发信示好，而孙权抓住机会主动派遣了正式使节；二是在双方的外交交谈过程中，气氛并不太和谐。

郑泉使蜀的意义在于大战之后双方外交联系的恢复，至于具体交涉内容，史实缺载。我们估计在那样的情况下，双方也不可能有什么重大的实质性交涉。当时的孙权还在与魏文帝曹丕保持往来，一面应付曹魏在边界的军事压力，一面应付曹丕不断提出的交纳人质和贡品的要求。

第二年(223)，刘备死在了白帝城。《吴书》说孙权派遣立信都尉冯熙使蜀，给刘备吊丧。同年十一月，蜀汉派遣中郎将邓芝回使东吴。

当时蜀汉幼君新立，局势并不稳定。邓芝去拜访诸葛亮说："现在皇上幼弱，新即位，应该派遣大使向东吴示好，稳定东方局势。"诸葛亮说："我有这个意思已经很久了，但苦于得不到合适的人选，今天终于让我得到了。"邓芝傻乎乎地问这个人是谁，诸葛亮说："就是邓使君你啊。"于是，邓芝就带着二百匹马、千端蜀锦和其他方物去东吴了。

中郎将是相当高级别的官员了，而且邓芝带着蜀汉最高当局的意图前来修好，是非常郑重和重要的外交接触。孙权对要不要真正和蜀汉修好、重塑同盟还在狐疑，避而不见邓芝。邓芝等了一段时间后，主动写了一封表，求见孙权："臣此行不仅仅是为了蜀国，也是为了吴国而来的。"孙权于是正式接见了邓芝。

孙权开诚布公地对邓芝说："我是愿意与蜀汉和亲的。但是怕你们的国君幼弱，国小势逼，为魏所乘，不自保全。因此我还在犹豫要不要与你们这样的小国结盟。"邓芝回答说："吴、蜀二国拥有四州的土地。大王您是盖世的英雄，诸葛亮也是一时的豪杰。我们蜀国有重险之固，你们吴国有三江之阻。只要我们合并各自的长处，共为唇齿，进可以兼并天下，退可以鼎足而立。这是非常自然的道理。现在，大王您如果向曹魏献出人质①，魏国必然要征召大王您入朝，要求您的太子作为魏皇的内侍。如果您不听从曹魏的命令，北方就可以奉辞伐叛。到时候我们蜀汉也必然顺流而下，东进伐吴。

---

① 当时曹丕正在向孙权索取人质。

如果出现这样的情况,江南之地还会是大王您所有吗?"孙权默然良久,才说:"邓使君的话是对的。"孙权向邓芝解释了东吴与曹魏的外交交往:"我国山民作乱,军队主力集中在江边守卫。我们怕曹丕乘空攻战,所以与北方求和。内部也认为东吴内务应付不暇,与曹魏和好与我方有利。我怕蜀汉不明白我的心意,导致嫌疑。"

东吴这才下定决心与曹魏断绝外交关系,重新与蜀国结盟对抗北方。从此之后,东西方聘使往来习以为常。在国内外形势压力下,两国重新结盟是综合考虑各方面利益的结果。共同抗击北方依然是结盟的主要目标。但是不像上一次同盟那样有荆州这个核心问题的羁绊破坏,这一次的吴蜀联盟一直持续到蜀汉灭亡为止,是三国时期时间最长的一次联盟。

黄武三年(224)夏,孙权派遣与邓芝同级别的辅义中郎将张温出使蜀汉。张温也带着许多吴国的方物土特产。蜀汉再次派遣邓芝回访,进一步巩固了东西方的联盟。孙权对邓芝说:"如果天下太平,东西二主分治,不亦乐乎!"邓芝回答说:"天无二日,土无二王。如果我们双方吞灭曹魏之后,大王您还没有深识天命,我们双方只能'君各茂其德,臣各尽其忠',军队整肃,战鼓声声,新的战争才刚开始啊!"邓芝的话非常明白地表示出蜀汉与东吴的结盟只是阶段性战略。最终为了统一天下,蜀汉与东吴还是要兵戎相见的。听到邓芝的回答后,在场的双方外交人员都很紧张。但孙权豁达地大笑,说:"使君的坦率真诚竟然到了这样的地步啊!权与亮书曰:丁厷言语多浮夸艳丽;阴化表达的意思又不完全①;和合我们东吴和蜀汉二国,看来唯有邓芝了。"

诸葛亮南征回来后,为了进一步巩固与东吴的联盟以便发起北伐,派遣了昭信校尉费祎使吴。孙权当时还年轻,言语滑稽,随性而动,喜欢在宴席上处理政务,常常灌得大臣们东倒西歪。孙权也以好酒来招待费祎,琢磨着费祎已经醉了,再问他天下形势和国家政策,其中不乏尖锐刁难的问题。费祎先以自己已经醉了来推脱,实在不行就根据孙权提问的事情,条分缕析地

---

① 丁厷和阴化可能是先前双方往来的外交使臣,但在《三国志》中没有详细的史实记载。

回答,无所遗失。诸葛恪、羊衜等东吴大臣才博果辩,也常常与费祎辩驳。费祎辞顺义笃,据理以答,让对方占不到一点便宜。

孙权非常器重费祎的才干,对费祎说:"你是天下淑德,日后肯定成为蜀汉的股肱重臣。等你回去,恐怕就没有时间多来东吴了啊。"孙权将自己手中经常执带的宝刀赠送给费祎。费祎辞谢说:"我无才无能,怎么配得上这样的宝刀呢?刀是用来讨伐叛乱、震慑暴动的,希望大王一起建功立业,有助于汉室。我即使再懦弱又不明事理,也不会忘记与东吴和好的。"费祎回国不久升迁为侍中,因为出色地完成了出使任务,以后频繁往来于蜀吴之间。孙权的预言没有错,费祎后来成了蒋琬之后的蜀汉主政者,与诸葛亮等人并称为"四相"。

公元 229 年,孙权正式登基称帝。这对以天下正统自居的蜀汉来说,是在意识形态领域的重大打击。当时蜀汉有人提议要断绝与东吴的外交同盟,讨伐孙权这个篡位者。诸葛亮力排众议,不仅坚持与东吴的联盟,而且希望以此为契机,深化双方同盟。具体而言,就是希望双方订立正式的中分天下的盟约,加强对曹魏的军事打击。

六月,蜀汉派遣以卫尉陈震为首的使团,庆祝孙权登基称帝。这是三国时期级别最高的外交使团之一。在中国历史上,一位皇帝向另一位登基的新皇帝派遣庆祝使团,这也是头一回。

蜀汉非常重视陈震使团的使命,诸葛亮给在东吴任职、正驻守荆州西陵的亲哥哥诸葛瑾写了一封信,夸奖陈震说:"陈孝起忠纯之性,老而益笃。让他去赞述东西,欢乐和合我们两国,是非常合适的人选。"请求作为东吴重臣的亲哥哥对使团多加关照。

陈震一进入吴国后,就发表了书面讲话,称:"东吴与蜀汉两国,驿使往来,冠盖相望,盟约刚缔结,关系与日俱进,贵国的国君保有国祚,焚柴以祭告天帝,天下响应,各有所归。现在只要我们两国同心讨贼,什么样的寇贼不被消灭呢?我们蜀汉君臣,正在焦急相待。陈震不才,这次作为下使前来奉聘叙好,踊跃而来,进入东吴就像回到本国一样亲切。希望东吴各郡县往来相告,旅途和睦。也希望我们两国各自约誓,共灭曹魏。"

东吴方面给予了积极的回应。陈震到武昌后,孙权与陈震升坛歃盟,订立了平分天下的盟约。双方约定:两国共同出兵消灭曹魏,日后以徐、豫、幽、青四州土地属吴国;并、凉、冀、兖四州土地属蜀国;司隶校尉部所管辖的土地,以函谷关为界,东方属吴,西边入蜀。这样的土地划分是完全平均的,真正称得上是平分天下。

蜀汉与东吴的盟约先回顾了东汉末年以来的形势,认为"天降丧乱,皇纲失叙,逆臣乘衅,劫夺国柄",动荡开始于董卓,终于曹丕这个桀逆遗丑、偷取天位的人。现在曹丕传位于曹叡。要想消灭曹叡及其徒党,除了蜀汉与东吴,还能是谁呢?在讨伐曹魏之前,蜀吴两国认为应该先订好盟约,平分北方土地,使天下士民心中知道各自的归属。蜀汉和东吴结盟以后,要勠力一心,同讨魏贼。

双方除了平分北方土地外,还有下列义务:其一,救危恤患,分灾共庆,好恶齐之,无或携贰。也就是说双方要共同行动,不能与曹魏单独媾和。其二,双方负有相互支援的义务。如果曹魏发动对蜀汉的进攻,东吴要护兵讨伐曹魏;如果曹魏出兵东吴,蜀汉也要发动北伐。其三,各守分土,无相侵犯。其四,本条约蜀汉和东吴双方世世代代遵守。如果有哪一方违背了盟约,明神上帝和山川百神都会惩罚它。

蜀汉方面对这样的盟约非常满意。陈震回国后因功被封为城阳亭侯。同年,蜀汉调整了自己的行政区划。因为交州在盟约中明确属于东吴,蜀汉解除了李恢的交州刺史官职,废除了交州区划。第二年,刘禅徙封弟弟鲁王刘永为甘陵王,弟弟梁王刘理为安平王。因为鲁(青州)、梁(豫州)两地都位于盟约规定的日后东吴的领土内部。

诸葛亮死后,东吴担心曹魏可能会趁蜀汉内衰进攻蜀国,于是向边界的巴丘增加守军1万人。东吴的目的一是可以在必要的时候对蜀汉进行救援,协助抗魏;二来是希望万一蜀汉不行的时候,可以进军巴蜀瓜分一片土地。蜀汉听说东吴增兵的消息后,也增加了与巴丘相对的永安的守卫部队,防范非常事件的发生。这样蜀汉和东吴之间似乎就陷入了"安全困境"。因为缺乏沟通、信任和军事透明,双方都通过增加军队来保证安全。这极易使双方陷入军备竞赛,进而破坏外交同盟。

好在蜀汉与东吴的同盟是成熟的外交同盟。蜀汉派宗预适时出使东吴。孙权问宗预说："我们东西两家,譬犹一家。现在我听说贵方增加了白帝城的军队,这是什么道理啊?"宗预巧妙地回答说："臣以为东吴增加巴丘的卫戍部队和我们增加白帝城的守卫,都是形势使然。这是件不足以相互询问的小事。"孙权大笑,对宗预的率直机警非常赞赏,像对待邓芝、费祎一样器重宗预。

东吴赤乌七年(244)的时候,两国的联盟又出现了一场波折,但还是被双方诚实稳重地克服了。当年,东吴步骘、朱然等人分别上疏孙权,提到东吴从蜀汉回来的人说蜀汉内部出现了背盟、与曹魏联合的声音(那时候通信不像现代这么发达,民间传闻是外交决策的重要信息来源)。蜀汉丞相蒋琬长期镇守汉中。当时司马懿南向东吴,蒋琬不出兵支援东吴,反而离开汉中回到成都内地,多作舟船,缮治城郭。步骘、朱然等人认为事情已经很明显了,不需要多怀疑,他们建议东吴要防备蜀汉。

孙权对同盟的坚定信念拯救了同盟。他不相信下面人的报告,认为:"我待蜀汉并不薄,并没有辜负蜀汉的地方,怎么会出现这样的情况呢?上次司马懿领兵到长江北岸的舒县来,十几天就退兵了。蜀国在万里之外,不可能在这么短的时间里就知道情报、做出决策、出兵支援。以前曹魏计划进攻汉川,东吴也没来得及行动就听到曹魏回兵了,所以停止了配合行动。再说人家蜀汉治国,舟船城郭,怎么可能不修护呢?难道我们会回到整军防备蜀汉的老路上去吗?"孙权最后说了一句狠话:"人言不可信,我以全家为大家担保,蜀汉是不会背盟的。"皇帝都这么说了,东吴朝野对蜀汉的怀疑之声戛然而止。事实证明,蜀汉的确没有背盟与曹魏进行外交往来。

蜀汉和东吴双方对同盟的成熟操作和相互信任使同盟进入了亲密无间、人情味浓郁的阶段。《襄阳记》记载董恢以宣信中郎身份作为费祎副使出使东吴的时候,孙权曾经大醉着对费祎说:"你们蜀国的杨仪、魏延都是小人,互相有仇隙。他们都曾经有过功绩,现在也具有相当的地位。等到诸葛亮一死,这两个人肯定会起争斗,成为祸乱。你们几个人都不知道怎么防虑他们,难道想贻害子孙吗?"费祎当时地位在杨仪、魏延之下,对孙权的提问毫无思想准备,愕然四顾,愣在那儿不知道怎么回答。董恢对费祎说:"您可以说,杨仪、魏延的矛盾是因为私忿而起的,尚没有黥布、韩信那样的不臣之心,也不是不能抵御的。现在我们正要扫除强贼,统一中原,正是用人之才的时候。如果就因为可能出现的后患舍才不任,就像害怕海上可能出现风浪而不敢使用舟船一样,并非长远之计。"孙权听费祎说完这话,觉得很有道理,乐得哈哈大笑。

延熙十四年(251),蜀汉校尉樊建出使东吴。当时孙权已经病重,不能接见樊建了。诸葛恪接待了樊建。事后,孙权很关切地问诸葛恪:"这个樊建比起宗预来,怎么样啊?"诸葛恪回答说:"樊建才识比不上宗预,但雅性过之。"东吴君臣在私下里品论蜀汉来使的个性,可见君臣对吴蜀同盟的满意和习以为常。孙权享国52年,在近半个世纪的时间里主导了对蜀汉的同盟。可以说,同盟几乎是孙权外交生涯中最主要的政务。

孙权死后,东吴政局开始动荡。掌权者更换频繁。但是坚持对蜀汉的同盟一直是东吴的坚定国策。孙綝掌权时,宗室孙宪与将军王惇图谋废杀孙綝。事觉后,孙綝杀了王惇,逼迫孙宪自杀。东吴在第一时间就派遣五官中郎将刁玄将这次政变报告了蜀汉,以避免不必要的猜想。

吴蜀第二次同盟取得了成功,成为古代历史上联盟的典范。客观上,第二次联盟的时机不亚于第一次孙刘联盟,而利益关系优越于第一次孙刘联盟;主观上,吴蜀双方都吸取了第一次联盟失败的教训,在处理联盟的三大关系上成熟而稳重。结果,长江水道成了繁忙的外交、经济往来道路,给上下游之间、东西方之间带来了互惠互利的外交果实。

巴蜀慷慨北伐行

吴蜀联盟的巩固成了蜀汉政权的一大基础,也是诸葛亮全心北伐的一大前提。诸葛亮北伐的另一大前提是安抚国内少数民族。"西和诸戎,南抚夷越"原本就是《隆中对》的题中之意。诸葛亮掌权后,这一步骤的主要内容就是安抚南中地区。

三国时期的南中密布着南蛮,也就是历史所称的西南夷。两汉开拓西南地区,建立了一系列郡县,但统治并不稳固。公元223年刘备死后,益州南部诸郡相继举兵造反。其中的主力就是南蛮各部。诸葛亮在刘禅登基的第三年春,就率众南征,一直到秋天才平定南中地区的叛乱。之后,南中地区虽然还曾出现小规模的叛乱和骚动,但在蜀汉时期还算整体稳定。

诸葛亮对南中的政策是以夷制夷,不直接驻兵,而是推行相当程度的民族自治。蜀汉在这一地区征收赋税,征发兵役,"军资所出,国以富饶"。蜀汉在南中的历任官员李恢、吕凯、马忠、王伉、张嶷等人都是能臣干吏。如李恢不仅主持平定了昆明地区的叛乱,还将少数民族的豪帅迁移到成都,征发叟、濮等民族的耕牛、战马、金银、犀革以补充军资,时时都有供应。南中越嶲郡的定莋、台登、卑水三县离郡城三百余里远,出产盐、铁和漆,也不断供给益州北部地区。蜀汉的政府军中还有一支专门的山地部队,就是由南中山野中的少数民族组成的。

在建立了稳定的集权统治、巩固了与东吴的联盟、安抚了南中少数民族后,诸葛亮开始了连年的北伐战争。

建兴五年(227),诸葛亮觉得准备已全,于当年三月向后主刘禅上了《出师表》作为北伐的前奏曲。

《出师表》的第一句就点出:"先帝创业未半而中道崩殂,今天下三分,益州疲弊,此诚危急存亡之秋也。"蜀汉进行的是哀兵之战。与《隆中对》的第三步不同的是,蜀汉已经没有了发自荆州的二路军,只能凭借出汉中的一路军对曹魏作战。通篇表章中,诸葛亮都没有详细说明进军的计划和经略中原的步骤,而是充满情感地劝谏智商不太高的刘禅要亲贤臣、远小人,以及回顾自己受到的知遇之恩。后人不知道诸葛亮写表章是何等的悲壮与雄心。到最后,作者是涕泪交加,不知所云了。

当年,蜀军由成都出发,集结在汉中阳平关附近,等待进攻的时机。46岁的诸葛亮离开了成都,从此长年征战在外,极少回到首都,最后身亡五丈原,安葬于今陕西勉县。

当时曹魏镇守关中的是驻屯长安的驸马、安西将军夏侯楙。诸葛亮在南郑与属下们筹划进军方案。镇守汉中的魏延说:"听说夏侯楙年少,凭借是曹操的女婿才得以镇守一方。他为人怯而无谋。现在如果派给我魏延精兵5000人，负粮民壮5000人，直接从褒中出兵，循着秦岭东进，出子午不过10天就能到达北边的长安。夏侯楙知道我军到了，肯定会乘船逃走。长安中就只有御史、京兆太守等人了，可以一战平定。关中地区的粮仓和百姓积累的粮食足可以供给我军的粮草。等曹魏在东方的部队集合起来西进大概需要20天，那时候诸葛公完全可以从斜谷率大军来到长安与我会合。如此，我方可以一举占领咸阳以西地区。"

诸葛亮认为这个计划太冒险了，不如从平坦大道西取陇右，平稳无虞。所以诸葛亮在世时都不用魏延的计谋，一直坚持从祁山出陇右，经营陇右。

《魏延传》说魏延每次随诸葛亮出兵，都坚持自己东进直取长安定关中的计划。他希望能够领兵万人，与诸葛亮从不同的道路会师于潼关，就像当年韩信和刘邦分兵取天下的先例。诸葛亮每次都不同意。据说魏延认为这是诸葛亮胆怯，感叹自己的才能得不到充分的发挥。

在这里，我们需要详细比较诸葛亮和魏延的计划，因为这关系的不是战术的问题，而是战略的问题。简单地说，诸葛亮计划先夺取陇右，仔细经营，再伺机而动；魏延的计划是直取长安，先夺取关中，直接"还于旧都"再与曹魏的东方主体相抗。

从历史上看，关中地区长期是古代中国的政治中心、经济中心。秦、汉两朝就是以关中地区为根据地，连接巴蜀，再东进统一天下的。而且长安是汉朝的旧都，攻占长安具有巨大的象征意义和政治意义。陇右是典型的边疆地区，华夷杂处，在人口、经济基础、对中原的意义上均无法与关中地区相比。它之前都在有志中原的政治家的目光之外。攻占陇右给人的感觉是，这可以增加巴蜀地区割据的筹码，但也只是距离中原近了一丁点而已。对于一心宣称"光复汉室，还于旧都"的蜀汉来说，魏延的计划积极主动，对曹魏构成直接而巨大的打击；诸葛亮的计划显得偏题了。因此从历史上看，魏延的计划优于诸葛亮的计划。

从战术分析魏延的计划：魏延计划的关键两点是迅速占领长安和扼守潼关。魏延占领长安和潼关后，可以凭借潼关的关隘，以少量军队抵抗关东曹魏军队进入关中。魏延的前锋可以保证坚守重要的长安和险要的潼关、武关、蒲坂等地,从"点"上占领关中。诸葛亮的主力适时赶到,进入关中各地,从"面"上占领关中地区。魏延计划的有利因素有三点:1.曹魏关东军队集合西进需要20天时间,完全可以为诸葛亮主力创造从大路进入关中的时间。2.曹魏在陇右和河西走廊地区兵力零散,完全可以被诸葛亮北伐军各个击破。3.关中的良好经济基础可以解决北伐军的粮草供给问题。魏延的计划可以解决蜀汉军队兵力有限、粮草供给不济的两大先天缺陷。

但是魏延的计划有三大缺陷:1.魏延前锋穿梭在崇山峻岭的小道上,极容易遭受事先知道计划的曹魏军队的伏击。2.长安是曹魏在关中地区的首府,是经济基础和军事中心。夏侯楙虽然无能,但是率领数万军队坚守城墙高大宽厚、粮草充足无虞的长安,在5000蜀汉前锋的进攻下不至于一触即溃。一旦魏延前锋困于坚城之下,就只有面临被曹魏主力合围的命运了。3.最大的问题是曹魏军队的动员和集合时间真的需要20天吗?曹魏首都洛阳离潼关只有一天的路程,万一洛阳的禁军亲自西进,魏延前锋即使占领了长安也没有时间接收潼关。套用刘峙在淮海战役中的一句话:"太冒险了,国防部不会同意的。"

从战术上分析诸葛亮的计划。诸葛亮计划的优点有二:1.沿途都是大道,便利大军行动,也便利粮草输送。2.陇右魏军诚如魏延所说,兵力既少又分散,容易取得成功。北伐初战的成功不仅可以鼓舞士气,而且可以拓展人口和领土。但是诸葛亮的计划也有明显的缺陷:1.道路遥远,时间较长。得知消息的魏军有充分的时间向战区派出援军;2.陇右一马平川,防御不易。蜀汉军队占领陇右就要在这片大地上与蜂拥而来的曹魏军队陷入长期作战。这对人数上处于劣势、粮草不济的蜀汉北伐军来说,绝不是战术上的好选择。

事实证明,蜀汉每次北伐陇右,都没有抓住陇右兵力分散的暂时优势。魏军主力都及时出现在蜀汉北伐军面前。从战术上看,诸葛亮的计划和魏延的计划都有重大缺陷,难分优劣。但是,如果魏延冒险成功,"光复汉室,还于旧都"的计划就完成了一半。

诸葛亮的计划不仅稳重,而且是综合考虑了天下大势和蜀汉实力后的选择。魏延的计划太冒险了,不管成功与否,都将蜀汉和魏国的主力决战提前了。这是处于实力对比劣势地位的弱国所不希望看到的。尤其是蜀汉的国力实在太弱小了,即使占领了关中,诸葛亮也没有信心取得与曹魏主力决战的胜利。

诸葛亮一再经略陇右是希望拓展蜀汉领土,推迟蜀汉和曹魏的决战,在此过程中增加蜀汉的筹码。陇右地区拥有四大优势:1.该地区位于今青藏高原、内蒙古高原和黄土高原的接合部,半农半牧经济显著。它可以为蜀汉提供人口和领土。2.陇右地区是丝绸之路的必经之地,是中西文化交流碰撞的桥梁。占领陇右还可以为蜀汉提供商贸利益。3.陇右民风好勇尚武。西戎、氐、羌等民族以游牧射猎和强健勇猛见长,陇右的汉人也粗犷悍厉、果敢勇猛、轻死重义。陇右地区可以为蜀汉提供勇敢的战士。4.陇右地区地势高于关中,更高于关东,可以在战略上俯视东方。以强壮凶悍的骑兵配合训练有素的步兵,居高临下向东进攻远比以步兵出秦岭,胜算要高得多。

东汉末年的历史证明,西凉兵团之所以能够纵横关中乃至中原多年,很重要的原因就是士兵战斗力强,素质优于东方。而且蜀汉军队收降了马超家族的残余军队,马超家族在陇右素有威名,这些都是诸葛亮进军陇右的有利条件。

诸葛亮经略陇右的目的是控制河西和凉州,依靠西南和西部的力量,改《隆中对》中的荆州、益州两路北伐,为凉州和益州两路居高临下的进攻。这是诸葛亮在蜀汉局限于益州一地、联盟东吴的现实情况下做出的决策。荆州不可复得,益州不足吞天下,因此选择地域广袤、扼守东西、民风剽悍的凉州来代替荆州是个不错的选择。

从建兴六年到建兴十二年的 7 年间,诸葛亮每年都在实践自己进军陇右的计划。

建兴六年(228)春,诸葛亮派赵云、邓芝率偏师作为疑兵,前据汉中的箕谷,扬言由斜谷进攻郿,以吸引和钳制关中魏军,自己率主力出汉中西北,进攻祁山、西县,以夺取陇右。夏侯楙果然丢了岳父曹操的脸,一战即被击败。南安、天水、安定三郡叛魏归蜀,关中震动。魏明帝亲自西镇长安,命张郃为前锋率主力迎敌。诸葛亮派马谡督诸军为前锋与张郃战于街亭。马谡违反了诸葛亮的作战方针,在街亭大败。街亭失利后,佯攻部队赵云、邓芝疏于戒备,在箕谷与魏将曹真对垒时以优势兵力失利,烧毁栈道退却。诸葛亮不得不放弃三郡,迁移西县百姓千余户退回汉中(这也表明蜀汉国力之弱,极需要人口)。回到汉中,诸葛亮"挥泪斩马谡",同时请求自贬为右将军,行丞相事,以表示承担战败责任。

得到诸葛亮北伐消息的同盟国东吴在东线发动的夏季攻势却取得了胜利。张郃率主力东下进攻东吴,关中空虚。诸葛亮闻讯,上《后出师表》,于冬十二月越散关围陈仓。但这回蜀汉事起仓促,陈仓守将郝昭防守得当,诸葛亮包围陈仓近一个月没有攻下。魏国救军将至,蜀军粮草不济,诸葛亮不得不再次撤退。

建兴七年春,诸葛亮派陈式攻取武都、阴平二郡。为了牵制魏雍州刺史郭淮,诸葛亮率军迎战,郭淮退军,蜀军攻占二郡。这是诸葛亮连年北伐最实在的成果。诸葛亮因功恢复丞相职务。

建兴八年春,魏国发动攻势,司马懿由西城沿汉水,张郃由子午谷,曹真由斜谷,分三路进攻汉中。诸葛亮在城固、赤坂迎战。因连续下大雨,道路不通,魏国中途退兵。

建兴九年二月,诸葛亮亲自率军再度进攻祁山图陇右。曹魏令费曜等守上邽,其余救祁山。诸葛亮部署一部分兵力围攻祁山,自率主力到上邽迎战。魏帅司马懿据险不战,诸葛亮求战不得,引军退回祁山,魏军尾随。五月,双方交战,诸葛亮大破魏军,司马懿回军保营。六月,诸葛亮粮尽退军,射杀追击的张郃。

建兴十年,诸葛亮在汉中休养生息,奖励农业,贮备军粮,并制作木牛流马等运输工具,训练士兵作远征的准备。第二年冬天,诸葛亮囤积军粮于斜谷口,整修驿站。第三年(234)二月,诸葛亮率10万大军由斜谷出击,并约吴同时出兵攻魏。四月,蜀军沿褒斜道出斜谷。诸葛亮驻军五丈原,屯田于渭水南岸,与司马懿对峙,以备持久战。司马懿采取以逸待劳的方针,坚壁不出。五月东吴分三路出兵,进攻曹魏,以配合蜀军在西线的攻势。曹魏面对蜀吴的协同进攻,采取"西守东攻"的战略。东吴初期判断蜀军在西线的进攻会吸引魏军主力。当探知魏军东下时,东吴不战而退。诸葛亮与司马懿对峙百余天,积劳成疾,八月病死军中,时年54岁。蜀军遵照其遗令秘不发丧,整军而出,退兵回汉中。司马懿闻讯追击,蜀军反旗击鼓,佯装反击。司马懿收军,不敢进逼。因此有"死诸葛吓退活仲达"的说法。

诸葛亮主持的北伐胜少败多,付出多、收获少。曹魏驻西部战线的司马懿的战略基本是避其锋芒,坚守不出。而蜀汉国力有限,诸葛亮始终不敢冒险,用兵谨慎。"亮每患粮不继,使已志不申。"国力不足是束缚诸葛亮施展拳脚的主要原因。蜀汉与曹魏真正主力决战的机会并不多。但是蜀汉作为主动出击的一方,成本付出更大。连年的征战消耗了蜀汉大量的国力,不仅有兵员上的,也有物资上的,更有人才上的。除了最后一次北伐外(这是休养了两年的结果),诸葛亮发动的战争规模一次都不比上一次。到诸葛亮死时,蜀汉再也没有实力发起先前的攻势了。

如果蜀汉依险要,据地形,内敛自守又当如何呢?蜀汉在防守的基础上休养生息,可能比积极进攻更能积蓄实力,但是政治态势将会恶化。诸葛亮的连年北伐,使曹魏在数十年中处于消极被动防守的态势。蜀汉以土狭民寡的一州之地迫使拥有九州之地的曹魏被迫采取战略防守数十年,蜀军在与强大的曹魏军队对峙中保持主动权,这不能不说是诸葛亮连年征战的积极结果。如果消极防守,曹魏必定凭借自身强大的国力,对蜀汉北部构成越来越大的军事压力。蜀汉依然需要增兵设将,以重兵在边界与曹魏对峙。这依然会消耗蜀汉大量的实力。

不能忽视的第三点是,蜀汉的国家体制使得积极进攻态势难以停止。战时体制不改变,进攻态势就不会变。

诸葛亮死后,益州籍的官员李邈曾经跳出来,反对战争体制。当时蜀汉高规格操办诸葛亮的丧事,后主刘禅亲自素服发哀三日。李邈上疏将诸葛亮和吕禄、霍光等前朝权臣相提并论,讽喻当时的蜀汉"臣惧其(诸葛亮)逼,主畏其威",直指诸葛亮"身仗强兵,狼顾虎视"。因此,李邈对诸葛亮的死报欢呼态度,"今亮殒没,盖宗族得全,西戎静息,大小为庆"。李邈表面是反对诸葛亮,实质上是反对蜀汉的高度集权、战争体制。结果,刘禅大怒,把李邈下狱诛杀了。这件治丧期间的小事透露出,蜀汉内部对以诸葛亮为首的实权派系不满,反对频繁北伐的战争体制。这些人以益州籍为多。但是掌权的是荆州籍的官员,他们支持诸葛亮的既定战略,维护既得权势。刘禅在既得体制的巨大惯性里,也为了规避矛盾冲突,牺牲掉了李邈。

虽然延续了诸葛亮的既定战略,但诸葛亮的继承人们很少发动大规模军事进攻了。小规模军事骚扰和进攻倒是一直没有停止。这是因为蜀汉的国力不断削弱。而且诸葛亮之后,蜀汉再也找不出诸葛亮这样的强权人物来维持权威统治了。战争体制正在慢慢改变。

蒋琬、费祎和姜维是诸葛亮的三大继承人,主持了蜀汉后期的政治与军事。

督农杨敏曾批评蒋琬说:"作事愦愦,诚非及前人。"有人向蒋琬打杨敏的小报告,有人就要求将杨敏治罪。蒋琬憨厚地说:"我真的是比不上前人啊,这有什么可以怪罪的?"

蒋琬就是这样的主政者。他曾上疏说:"臣长年领兵在外,却规方无成,因此日夜寝食难安。现在魏国跨带九州,根蒂滋蔓,已经很难消灭了。如果蜀汉能够和东吴东西并力,首尾犄角,虽然不能迅速实现灭魏的目标,但可以分裂蚕食魏国。但是东吴也是胜少败多,自身也有困难。我和费祎等人商议,认为凉州是胡塞要地,进退有资;而且羌、胡等民族人心思汉。以前我国偏军进入羌地,已经有些基础了,建议以姜维为凉州刺史再图陇右。如果姜维能在黄河右岸有所进展,臣当率军配合姜维。如果东北有事,就可能有所突破了。"

蒋琬对南北对峙的局势判断是客观而相对悲观的,常常为自己主政后的蜀汉局势难以有所突破而寝食难安。他对攻取天下的设计基本上是"老生常谈":一是继续与东吴联盟,希望能够东西协同,并力灭魏;二是继承了诸葛亮的经略陇右的战略主张,建议派遣姜维加强对陇右的工作。如果这两项事情处理好了,等待虚无缥缈的"东北有事"情况出现,蒋琬认为可能局势就有所突破了。

姜维则继承了诸葛亮的北伐积极性和图谋陇右的思想。他熟悉西北风俗,对自己的才能和武力非常自信,所以计划招诱羌、胡诸部落作为羽翼,截断曹魏的右翼。但是姜维每次想大规模兴军的时候,续起主政的费祎常制约他的计划。最突出的表现就是费祎每次授予他的军队都只有一万人左右。费祎对姜维说:"我们的才能远远比不上诸葛丞相;丞相他尚不能平定中原,何况是我们啊！我们不如保国治民,敬守社稷,如其功业,不能希冀侥幸而将国家成败决定于一场冒险啊。如果主力决战失败,那时候大家就悔之不及了。"费祎的主政思路在蒋琬的基础上又向着稳重保守的方向走了一步。他们俩都是老成持重的治世之人。

姜维以少量兵力在陇右地区取得了一些战术成功,却离撼动曹魏的西部局势还很远。而且姜维的连年兴兵在客观上加剧了蜀汉的国力衰弱。这是诸葛亮之后的主政者希望尽力避免的情况。

随着权威统治和高度集权体制的消退,蜀汉内部的派系之争和不同政论开始出现。首先是宦官开始掌权,很有重蹈东汉末期覆辙的架势。刘禅轻信宦官黄皓。继承费祎的董允在世时,每次见到黄皓都严厉训斥他,压制他的官职,防止宦官干政。所以黄皓早期不能有所作为。董允之后,战争体制进一步瓦解。部分朝臣和将领开始与黄皓相勾结,宦官干政局面终于出现。其次,姜维仿效前人,常年领兵在外。他也想除去黄皓,但遭到刘禅的反对。黄皓因此忌恨姜维,在部分将领的鼓动下琢磨着夺去姜维的兵权,废黜姜维。姜维知道自己为朝廷所忌,更是坚持常年领兵在外了。最后,蜀汉内部的坚守论调、投降观点纷纷涌现,在外交战略、军事战略上再也形成不了诸葛亮时期的统一观点了。

公元263年,魏军三路攻蜀,姜维在剑阁抗拒魏钟会大军,而魏邓艾则轻军出阴平(今甘肃文县西)险道南下,于这年冬包围成都。邓艾偷渡阴平关是刺向蜀汉的一把尖刀,但是当时成都城池坚固,军队数万,完全可以与军力不满1万的邓艾一战。蜀汉朝廷战、降、逃决策不定。最终,在谯周等投降派的劝说下,刘禅纳印出降,蜀汉灭亡。

六

割据南国第一朝

　　东吴是割据南方地区的第一个朝代。它为之后南方诸多割据王朝除了一遍雷区，留下了许多经验教训。东吴朝野深知，仅仅依靠长江天堑，终究不能长久偏安。于是南征山越，北争淮汉，西和蜀汉，东联辽东，忙得不亦乐乎。

据长江所极而守

东吴早期的战略决策者都很短命,孙策、周瑜、鲁肃、吕蒙等人都是英年早逝。战略本身就是一个长期的政策方针,立足长远,需要得到长期的贯彻执行。因此孙策等人的战略意图并没有得到后人的忠实贯彻执行。周瑜、鲁肃、吕蒙三人先后主持东吴的荆州事务,但政策差别极大,可见个体对战略的重要影响。

吴国真正的外交战略制订者是孙权。孙权活过了古稀之年,充分吸收了前人的思想和经验,主持东吴大政超过半个世纪。

东汉末年,天下纷扰,群雄并起。孙坚、孙策父子乘势而起,割据江东。孙策遇刺后,在临终前,嘱咐孙权说:"弟弟,举贤任能,各尽其心,以保有江东,我比不过你。"当时孙策刚占领江东各郡,"保有江东"是孙策为东吴确定的立国之策。同时,正如前文分析的,缺乏荆州的江东就像不戴盔甲上阵的战士。如果敌人掌握荆州,对江东造成君临之势,那江东就会极为被动。东吴要尽力避免出现这样的情况,就要进占荆州。因此,"保有江东"只是争霸天下的基础。

孙权始终以天下为念,上台后积极外拓。鲁肃初见孙权就在《榻上策》中向孙权建议"剿除黄祖,进伐刘表,竟长江所极,据而有之",最后建号帝王,统一天下。占领长江全线,尽有大江所及,一开始就是东吴追逐霸业最重要而迫切的步骤。孙权在站稳脚跟后,就发动了对江夏黄祖的征伐,既为了报父仇,也是为了尽有长江所极,改善自己的政治军事形势。孙权将哥哥的"保有江东"发展成了"据守长江"。

夷陵之战以战争形式解决了荆州的归属问题。战后,东吴实现了尽有长江的战略目的。这也是吴蜀重塑结盟和长期协同友好的重要基础。荆州地区虽然依然重要,但已经不是三国争夺的焦点。除了东吴末期外,东吴始终牢固镇守着荆州。南北对峙时期,南北之间的战争主要集中在祁山、淮南等地区。孙权接下去思考的问题是:东吴的土地东西间隙万里,同时长江和大海也都需要防守。曹魏观衅而动。这些都对东吴的防守提出了挑战。

孙权开始驻在武昌的时候,想还都建业(今南京)。但是孙权考虑到境内的长江水道溯流两千里,如果驻守东端的建业,长江沿线某点一旦出现警报,会赶不及救援。因此他对定都建业还心存疑虑。

孙权在夏口坞中召开百官大会,讨论这个重大问题。孙权说:"各位文武大臣不要拘束权位。只要有想法,大家都要为国知无不言。"文武百官议论纷纷,有的说应该加强中部重镇夏口的防守,有的建议在长江水道中设置重重铁锁加强防守。孙权觉得都不是好方法。

当时张梁是个默默无闻的小军官,站在角落里。这时他越席到前面,建议说:"小臣听说'香饵引泉鱼,重币购勇士'。我认为现在首先应该加强赏罚,言必行,行必果,鼓舞士气。其次是派遣兵将进入荆州北部,主动骚扰进攻,与敌人争利。如果有所收获,北方对长江沿线的压力会大大降低。再次,在武昌驻扎精兵万人,任命智略出众的人为统帅,严整军备,一旦有事可以左右支持。最后,建筑甘水城,储备小型船只数千艘,作为预备力量。我们东吴这样开门迎敌,敌人反而不敢来了。"这个计划消除了孙权定都建业的疑虑,所以孙权非常赞同张梁的计划,当即越级提拔张梁,不久又任命张梁为进军荆北的沔中督军。

张梁的计划是建立积极主动、多线立体、点面结合的长江防御体系。东吴的长江体系就是按照这一思路建立的。一言以蔽之,东吴的国防战略就是"守江而争淮"。

先说守江。有人会觉得奇怪:东吴为什么一开始就将自己设定为防守方?

那是因为,首先,从夏、商、周到东汉的几千年时间里,中国的经济政治和军事中心都在北方,长江以南都是偏远蛮荒的地区。即便南方在战乱中保存较好,中原地区依然对江南保持明显的优势。其次,东吴政权的建立依赖江东大族的支持。江东的吴会是孙氏的起家之地,是江东大族的根基,是东吴经济与军事实力的主要来源。这就好像黄淮流域的汝、颍、谯、沛等地是曹魏发家的基础和政权的支撑一样。因此东吴首先要保持江东地区的安全和稳定。长江与吴会唇齿相依,是必守之地,也利于就近支持吴会。这也可以解释孙权为什么下定决心将首都确定在东端的建业。

东吴的长江防守是全线防守。"凡边要之地皆置督。"赤壁之战后,东吴沿江建立了一系列的军镇,之后成为定制。东吴先后设置了二十几个军镇,设督统帅。在军镇的基础上,东吴将长江防线分为三个区,从西到东依次为江陵防区(总兵力约5万人)、武昌防区,建业防区(总兵力约13万人)。

江陵防区主要在荆州西部,其中重要的军镇有建平、西陵①、夷道、乐乡、江陵、公安、巴丘等,以江陵为核心。东吴的重要将领朱然朱绩父子、步氏家族、诸葛瑾诸葛恪父子就是江陵防区的主要将领。防区后期则主要依赖陆抗的勉力维持。

武昌是孙权在公元221年新建的郡。《孙权传》记载当年,"权自公安都鄂,改名武昌,以武昌、下雉、寻阳、阳新、柴桑、沙羡六县为武昌郡"。此后武昌长期作为留都,名将陆逊长期驻守此地。以武昌为核心,夏口、陆口、柴桑等为要塞,构建了长江中段防区。

建业防区从皖口到大海,保卫的是东吴政权的核心地区。吴、京口、建业等中心城市都在这一防区,因此东吴对建业防区极其重视。孙权后半生亲自坐镇建业防区,频繁抽调重要将领驻守建业,并征伐山越人充实军队。贺齐、吕范等人既是征伐山越的佼佼者,也是该防区的主要将领。水陆重要基地濡须坞就在建业防区管辖内。《孙权传》载:"(建安)十六年,权徙治秣陵。明年,城石头,改秣陵为建业。闻曹公将来侵,作濡须坞。"可见公元211年前后是建业防区开始筹建的重要时期。

这里的濡须坞是利用长江地形建立的军事基地。东吴江防设施因地制宜,充分利用了长江上的江心洲,扩展江防内容,提高防御实力。濡须坞、江陵中洲等重要军事要塞其实都是建设在江心洲之上的。这些要塞方圆十几里或者数十里,既可以驻扎水陆大军,又是军队家属和给养所在地,同时也是水军的船坞,发挥了重要的作用。吴魏征战,多次是围绕江心洲展开的。

---

　　　① 夷陵战后,东吴改夷陵为西陵。

东吴一直成功地掌握着长江一线的江心洲工事。①

濡须坞是整个长江防线上最为重要的要塞。濡须既是孙吴进攻合肥的主要信道，又是防御魏军南下的堡垒。濡须对面就是首都建业。一旦有失，曹魏大军可以顺江东下，朝发而夕至建业。濡须被誉为"吴之亡国之险"。早在建安十七年(212)，孙权即命吕蒙在此夹水筑坞，同时在濡须设军镇驻守。公元230年，孙权又增筑了东兴堤以遏巢湖水势，在巢湖内多置船舰。诸葛恪主政时期依然加强濡须的防务建设。"恪以建兴元年(252)会众于东兴，更作大堤，左右结山侠筑两城，各留千人，使全端、留略守之。"

通过对濡须督军人选的分析，我们可以窥见东吴军镇军事的情况。建安十八年(213)曹操亲自来攻濡须，周泰随军反击，曹操退走。周泰留任濡须督。这是濡须设置督军的开始。后来朱桓接替周泰为濡须督，之后还有张承、钟离牧等人。在周泰任内，蒋钦曾暂督濡须；在朱桓任内，骆统曾暂督濡须。

孙权让周泰留任濡须督军的时候，升他作平虏将军。当时朱然、徐盛等名将都在周泰部下，并不服周泰。孙权特地赶到濡须坞，召集诸将，大摆宴席。酒酣之后，孙权亲自到周泰面前敬酒。孙权命令周泰解衣，用手指着周泰身上的伤痕，问每道伤痕的来由。周泰把以前的战斗经历一一细数。君臣欢宴达旦。孙权这一回亲自出马，树立了周泰的威信。

代替周泰做濡须督军的朱桓上任时官职是裨将军，同时封新城亭侯。骆统上任时的官职是偏将军，同时封新阳亭侯。钟离牧在赴任濡须前担任过江陵防区的公安督军、扬武将军，加封都乡侯后调任濡须督。濡须督军的官爵越来越高，表明东吴政权对这一重镇越来越重视。

濡须和西陵、武昌、建业等军事重镇各扼孙吴长江防线的险要之地，作为枢纽，在整个长江防线上下策应。东吴还多置水师船舰游弋于长江上下，以备不虞。

---

① 关于东吴江防战略的描述，具体请参考赵小勇论文《东吴长江防线兵要地理初探》(载于《中国历史地理论丛》2006年第2期)和张大可著《三国史》书中"吴国的江防体系"一节。

长江防线的东部沿海和绵长的江面防守高度依赖东吴强大的航海能力和水军力量。东吴水军成功制止了北方越过长江和东海偷袭后方的企图。东吴先进的造船业为水军和长江防线提供了扎实的基础。临海、侯官、番禺都是当时著名的造船基地。

　　东吴所造的船只体积大、数量多，并且有艨艟斗舰、楼船、飞云、盖海、赤龙、驰马、长安、大舶、青龙战舰、晨凫等众多名号。东吴使臣曾用单艘船载马80匹回国，依然觉得是小船。东吴被西晋灭亡的时候，西晋接收的政府所有的船只，就有5000余艘。其中各种类型和用途的船只都有，可见东吴水军的实力。

　　东吴所造的船只质量上乘，装备优良。东吴重要将领贺齐钟爱军事装备，他的兵甲器械都极为精美。贺齐所乘的船只"雕刻丹镂，青盖绛襜，干橹戈矛，葩瓜文画，弓弩矢箭，咸取上材，艨艟斗舰之属，望之若山"。可见东吴船只不仅外貌美观，而且装备齐全，高大威猛。曹魏的曹休等人看到小山一样的东吴船只，都不敢与之交战。

　　说完守江，再说争淮。东吴争夺江淮其实就是利用江淮。原本富庶的江淮地区在东汉末年几乎成了一片空白之地。"徐、泗、江、淮之地，不居者各数百里"，一片渺无人烟的景象。曹魏曾经想迁移沿江郡县的人口到北方，避免为东吴所用。结果江北居民反而纷纷渡江逃往江南，濒江几个郡几乎成为空虚地带。

　　在战术上，东吴不在乎一城一地的得失，更多的是想发挥江淮地区的缓冲区作用。东吴多次主动出击江淮地区，与曹魏军队反复攻守。东吴以攻为守，希望以江淮的军事行动保卫长江防线。事实上，东吴的主动也大大减轻了长江防线的军事压力。曹魏在长江以北是以重镇防守来支撑整个防线，东吴就有针对性地将进攻目标指向合肥、江夏和襄阳等重镇，大有擒贼先擒王之势。

　　东吴在长江沿线各驻军之地广行屯田，以为长久之计。在长江上游及中游，重要的屯田地有西陵、江陵、浔阳等地。[①] 长江沿线的屯田配合各军镇

　　① 　马植杰：《三国史》，第294页。

的重兵驻守,有粮有兵。相比曹魏的远离长江沿岸,东吴显得进退自如。屯田成为孙吴长江防线的一个重要组成部分。

尽管江淮战火频繁,兵来将往,但"争淮"始终是"据守长江"战略的次要部分,是辅助"守江"的。两相配合,东吴屡次成功抵抗住了北方曹魏的南征。"权之不能越江,犹魏贼之不能渡汉。"结果是孙权没办法进攻中原,曹魏也没办法渡过汉江和长江。南北双方在东部的防线固定在汉江和长江下游北部地区。东吴的长江防线是成功的。

长江防线的存在使东吴政权得以长期维持割据。沿线的军镇逐渐发展成了沿江城市,客观上促进了长江沿线经济和社会的发展。现在长江沿岸的许多大中城市都可以从东吴时期找到身影。

但是长江防线也隐含着两大缺陷。一旦蜀汉败亡,东吴内政不稳,这两大缺陷就会放大,直接威胁到东吴的政权。

东吴的长江防线集中兵力在西陵到京口之间。长江入海口以东的海面有东吴强大的水军支撑,防线东端一直没有被北方突破。但是长江防线的西端却缺乏牢固的依托点。长江防线西端很大程度上依赖于吴蜀联盟的牢固。尽管东吴坚守西陵,蜀汉却依然在地势和心理上对东吴构成压制的态势。

东吴君臣一定思考过万一蜀汉被消灭了,长江防线的西端该怎么办的问题。在诸葛亮死后,东吴担心曹魏可能趁蜀汉的内衰进攻蜀国,于是就向边界的巴丘增加守军一万人,以加强西端的防备。东吴集团最担忧的莫过于敌军挥师顺江东下,突破其上游防线,水陆俱进。这样长江之险就"敌人与我共之"了。也就是说,一旦蜀汉被曹魏占领,长江防线就暴露在敌军的军事打击之下了。因此,地处长江防线西端的西陵就成了数千里长江防线上的第一个军事重镇。

曹魏攻灭蜀汉的时候,并没有马上占领巴蜀全境。东吴曾经派镇军将军陆抗、抚军将军步协、征西将军留平、建平太守盛曼率大军围攻蜀汉的巴东守将罗宪。东吴计划将益州东部收入境内,以益州东部的险要山地来增强荆西防御,改善长江防线西端的处境。曹魏对此非常重视,派遣将军胡烈率领步骑2万,"围魏救赵",直取西陵逼东吴回军。陆抗等人怕后方有失,果然引军退却。

蜀汉被曹魏吞并后，与蜀汉接界的武陵郡五溪蛮，人心开始浮动。东吴担心五溪蛮叛乱会动摇整条长江防线，就任命钟离牧为平魏将军，领武陵太守，领兵弹压可能出现的叛乱。曹魏也派遣汉葭县长郭纯代理武陵太守，试图对长江防线西部施加压力。郭纯驻扎在赤沙，引诱各个少数民族和堡垒的君长起兵反吴。有的人真的起兵响应郭纯。郭纯又尝试着进攻荆州的酉阳县，荆州震动。东吴派遣大军，才将曹魏伸出来的这个"触角"郭纯给打回去。但是曹魏只用一个郭纯就起到了震动荆州西境、调动东吴主力的目的，这也暴露了东吴的荆州西线是如何的脆弱。

日后，西晋发动灭吴战役的时候，就采取了佯攻建业，实际重兵取西陵，进而顺流而下的战略。晋军如劈竹节一样，进军越来越顺。东吴的崩溃最终还是从长江防线西端开始的。

长江防线的第二大缺陷是重兵云集狭长的长江沿线，造成后方空虚。

东吴长江防线的固若金汤是以南方各地统治的削弱为代价的。东吴长江以南地区军事力量极端薄弱。孙皓为帝时期的苛捐杂税导致民怨沸腾。长江防线后方各地反抗不断。岭南地区的反抗尤其激烈，其中两次大的叛乱对东吴的统治构成了极大威胁。东吴不得不紧急抽调前线的军队南下镇压。这正暴露了东吴重江防、轻内地的弊端。

孙皓刚即位的元兴元年（264），交州发生叛乱，乱军向曹魏靠拢。曹魏设置交趾太守，派遣官吏到郡任职。266年，东吴派遣刘俊（交州刺史）、修则（前部督）等率领江防部队南下进攻交趾，结果被晋将毛炅等打败。刘俊和修则两个人阵亡，散兵游勇逃回到合浦。建衡元年（269）年底，东吴朝廷再次派遣虞汜（监军）、薛珝（威南将军）、陶璜（苍梧太守）率领主力出兵荆州，派遣李勖（监军）、徐存（督军）从建安率领水军走海道，在合浦会师后联合进攻交趾。公元271年，千里迢迢而来的东吴主力才攻占交趾，擒杀西晋所设置的守将等官员。九真、日南等郡都重新归属东吴。孙皓这才去了一块心病，宣布大赦天下，并从交趾郡分出新昌郡。

公元279年夏，郭马的叛乱差点直接颠覆了东吴在交州的统治。郭马原本是合浦太守修允的部曲。修允转任桂林太守的途中，患了疾病暂住广州。

他就派郭马带领500兵丁先到桂林郡安抚民众和少数民族。修允最后死了。按照规定,修允的部将和部队需要重新分配。郭马等人都是世兵出身,世世代代为兵,极不愿意离乡别土、被安置在他乡。孙皓当时又在严查广州的户口。之前东吴谶语说:"吴国的灭亡,兵起于南方,亡吴的人是公孙氏。"孙皓听说了,就将文武官员乃至行伍中有姓公孙的人都迁徙到广州去。郭马与部下何典、王族、吴述、殷兴等军官借机煽动兵民,在广州会聚成乱军,攻杀了广州督军虞授。

郭马自称都督、安南将军,任命殷兴为广州刺史,任命吴述为南海太守,派遣何典进攻苍梧,王族进攻始兴。孙皓听到郭马反叛的消息,大惊说:"这难道是天意?"八月,孙皓提升滕循为司空。滕循还没就任,就被转任镇南将军,假节①,领广州牧,率领上万人从东边讨伐郭马。结果这一路军队在始兴遭到王族的阻击,停滞不前。这时郭马继续攻杀南海太守刘略,放逐了广州刺史徐旗。孙皓加派陶浚(徐陵督军)率领7000人从西边支持滕循,又命令陶璜(交州牧)率领下属军队和合浦、郁林等地的地方军队,与东西两军进剿军队会师进攻郭马。东吴这次倾全国之力,才扑灭了岭南的叛乱。这再一次暴露了长江防线的缺陷。

东吴的长江防线是中国历史上最早的长江防线。中国历史上对长江防线的需求还是很大的。东吴的许多做法为后来立朝南国的朝代所效仿。

长江之险可偷安

有人批评东吴的据守长江战略是"怀偷安之计,以为长江之险可以传世"。

东吴最高统治阶层自然知道长江之险不可偷安。他们也没有将国家所

---

① 这里的"节"相当于日后的尚方宝剑。

有的希望都放在长江一线上,而是展开了灵活的运作。

东吴的海洋航运相当发达。除了造船业,东吴还开辟了多条近海和远洋航线。其中就有从建业出长江口,傍东海、黄海到沓津(今旅顺附近)的通往辽东和朝鲜的航线。孙权时期,东吴船队密集往来于这条航线上。对辽东的经略①是孙权主政时期的重要外交内容。

辽东政权的第四位君主公孙渊在向曹魏的上表中说:"臣父康,昔杀权使,结为仇隙。"可见在第二位辽东君主公孙康时期,孙权就对辽东展开了外交攻势。但是公孙康没有接受孙权送上门的好意,继续奉行靠拢曹魏的政策,杀了孙权使者表忠心,这才有了公孙渊当政时用这件事来向曹魏邀功。

但也正是在公孙渊当政时期,辽东大力推行亲东吴、在魏吴之间牟利的外交。《吴书》记载公孙渊上吴王孙权表文有说:"前后有裴校尉、葛都尉等到辽东,向我宣读圣旨。我派遣下人恭送上使回国。"这表明在公元229年孙权称帝之前,东吴和辽东之间就有了正式的外交联系。这一次公孙渊接受了孙权的好意,并且派出了回使。只是史料缺乏,我们难以想见当时的详细情形。

孙祥伟的研究认为,公孙渊表中的"裴校尉似乎就是后来的校尉裴潜"②。裴潜先后随同周贺、张弥多次出使辽东,熟悉辽东情况。最后裴潜随太常张弥被公孙渊杀害。

孙祥伟的研究还透露出另一个重要内容,就是在公孙康死后,他的儿子公孙晃和公孙渊都还很小,所以弟弟公孙恭接替为辽东太守。公孙恭病弱无能,难以治国。当时魏国"听幽州刺史、东莱太守诳误之言,猥兴州兵,图害臣郡"。在危难时刻,公孙渊政变夺取了叔叔的位置。据说孙权的使节当时正在辽东。东吴使团在公孙恭那里得不到任何外交成果,于是挑拨公孙渊篡夺取叔叔的位置,以便吴辽联合。公孙渊两次和东吴使节接洽,还共同筹划了政变事宜。公孙渊最后在公元228年将叔叔公孙恭关押,取而代之。

① 黎虎:《魏晋南北朝史论》,学苑出版社1999年7月。

② 孙祥伟:《三国时期东吴、辽东与三韩关系探略》,载于《陇东学院学报(社会科学版)》2006年第1期。

因为幕后的这一层关系，公孙渊即位后就遣使与东吴通好。

孙权刚称帝的黄龙元年（229）五月，派遣张刚、管笃出使辽东。当时东吴已经完全巩固了与蜀汉的联盟，共立条约，平分天下。染指辽东是东吴争夺天下的表现。

嘉禾元年（232）三月，孙权又派遣周贺、裴潜出使辽东。九月，魏将田豫在中途截击东吴使团。东吴船队遭受重大损失，周贺在成山被杀。同年十月，公孙渊派遣宿舒（校尉）、孙综（郎中令）回访东吴，向孙权称藩，并献上貂马等方物供品。尽管使团遭受重创，孙权还是非常高兴，给公孙渊加官晋爵。

公孙渊的主动称藩让孙权得意扬扬，决定大封公孙渊为燕王，引以为北方藩属，共击曹魏。第二年（233）三月，孙权派遣太常张弥为正使，协同许晏、贺达等人出使辽东。公元233年的东吴船队规模最为庞大，人数过万，旗帜盖海。船队携带了大量封赏辽东君臣、与辽东展开贸易的财宝和商品。这一次孙权估计是搬动了国库，寄予了极大希望。

孙权的决定遭到了朝臣的普遍反对。得知东吴组织大型船队去辽东封赏贸易的消息后，当时被贬到交州的虞翻认为"辽东异常遥远，听说辽东使团来到东吴，自求属国，这些都尚不足取信。现在我们动用大批人力财力去求购马匹，既不能为国家获利，而且可能毫无所获"。结果，东吴使团的遭遇比虞翻的预言还要糟糕。公孙渊并不想完全向东吴靠拢，反而向送上门来的东吴使团举起了屠刀。他将张弥、许晏等人的首级传送洛阳，悉没东吴兵资珍宝。

但也正是因为此事，东吴使团意外地打开了对朝鲜半岛的外交。当时吴国中使秦旦、张群、杜德、黄强四人从被囚禁地逃亡，到达高句丽。四人假称是东吴来结好高句丽的使节，受到了高句丽国王的信任和接待，并被礼送回东吴。孙权在辽东遭受外交失败后，将对东北的外交重点转移到了朝鲜半岛。

嘉禾四年（235），孙权派遣使者谢宏、陈恂（中书）出使高句丽，封高句丽国王为单于，赏赐衣物珍宝。谢宏使团到安平渡口（今鸭绿江入海口）的时候，先派遣校尉陈奉前去见高句丽国王。当时的高句丽国王名叫宫，正收到

117

曹魏幽州刺史魏讽的命令,要求他逮捕东吴使臣以表达忠心。陈奉事先侦知此消息,连忙中途退回安平渡口。宫毕竟不敢得罪魏、吴两方中的任何一方,就派遣主簿笮咨、带固等人去安平,与谢宏使团相见。谢宏将高句丽来访的三十余人当场扣留,作为人质,逼高句丽表态。宫于是向东吴使团谢罪,并献上数百马匹。谢宏将诏书和赏赐物品托笮咨、带固带给宫。但是因为谢宏使团的船只很小,只装载了80匹马就回东吴了。

吴国同高句丽的外交交通,对辽东和曹魏都构成了战略威胁。

第二年,孙权再派遣胡卫出使高句丽。七月,高句丽国王在曹魏的压力下,还是斩了胡卫等人的脑袋送到幽州。胡卫的死使吴国和高句丽维持了4年的邦交宣告终结。至此,孙权对东北的外交全部遭到了失败。

景初元年(237),曹魏终于与公孙渊摊牌。辽东和曹魏开战。公孙渊在巨大的压力下希望与东吴重修旧好,求得吴国援兵。孙权旧恨未了,本不想施以援手。但大臣羊驟劝谏道:"不可。我们不如厚待辽东,派遣奇兵出击曹魏。如果魏国讨伐失败,而我军远赴,义盖万里,有恩于辽东;如果辽东失败,而曹魏也遭受了我们的首尾夹击。这对我们来说,都是出小力收大成的好事。"孙权闻言,也想在曹魏和辽东之间扮演第三者角色,于是就给辽东使者开了张空头支票,答应出兵支援,让辽东坚守抗魏,孙权遥相增援一二。辽东最终还是被曹魏吞灭。

赤乌二年(239)三月,孙权派遣使者羊衙、郑胄和将军孙怡去辽东。这次东吴的目的完全是冲着掠夺人口物资去的。东吴使团击败了曹魏的守将张持、高虑等人,虏得多名男女回东吴。郑胄曾经参与过两年前东吴对公孙渊的救援行动,但辽东未等援军到达已经被曹魏打败了。郑胄最后升迁到了执金吾的职务。

东吴对辽东和朝鲜半岛地区的外交行动,是在战略上牵制曹魏的一个重要步骤。东吴希望引辽东为盟友,但没有成功。当吴、辽关系破裂时,东吴转而联络高句丽来牵制辽、魏。尽管其中有反复,但还是取得了一些成效。曹魏是相当在意东吴在自己背后搞的这些小动作的,对东吴与辽东关系的进展感到不满与不安,因此屡次兴兵拦截,消耗了相当的实力。

孙权与辽东和朝鲜半岛的交往还有一个重要的目的,就是进行贸易。

辽东和朝鲜半岛经济发展程度低，对相当发达的江南多有需求。东吴之所以看重与东北方向的贸易，是因为辽东盛产良马，东吴缺乏马匹，而马匹是重要的战略物资。东吴曾经向中南半岛方向筹集马匹。曹魏曾派使节用马匹向东吴求购南方珠玑、翡翠、玳瑁等珍宝。东吴大臣纷纷认为曹魏傲慢，且珍宝贵重，不应答应。孙权却说："那些珍宝都是我用不着的。用它们可以得到马匹，何苦不和曹魏交易呢？"东北虽远，但只要能够获得马匹，东吴也愿意前往。东吴外交的确带有贸易目的，而江南与辽东的经贸往来多少会促进东吴的经济和社会发展。

必须承认的是，东吴的辽东外交付出了沉重的外交成本，不仅损兵折将，而且损耗物资。结果辽东外交还是失败了。如果以"投入－产出"来计算的话，东吴从辽东运回的马匹简直都是黄金马了。

东吴通辽东正如东吴交通东南亚、夷洲一样，是东吴继承帝国外交遗产、以天下之主自居、努力营造传统的"华夷体系"的重要表现。尽管臣下普遍反对，但他们都难以理解九五之尊经略天下的视野和决心。

说个小故事证明一下。孙权相当礼遇鲁肃，他曾经持鞍下马迎接鲁肃。孙权对鲁肃说："这样是不是足以使你显贵了啊？"鲁肃说："还没有。"众人听到这句话，都愕然不安。鲁肃再慢慢说道："我希望至尊能够威德加于四海，统一天下，完成帝王之业。到时候再让我坐在安车上，并用蒲叶包着车轮，隆重地征召我鲁肃，那样才能展示我们做臣子的显贵啊。"孙权听完，拍掌哈哈大笑。鲁肃可谓了解天子雄视天下的决心和情绪。

除了灵活外交，东吴还着重于内政建设。外交竞争归根结底还是国家实力的竞争。东吴要以稳定国内局势、加强国力积累来推动外交和军事竞争。

孙吴内政中的头等大事是山越问题。山越人密布在江东各郡和荆州东部各地山区，既占据了以山地为主的东吴领土的大部分，又与汉人并不太友好。同时，山越人占东吴全国人口的半数。[①] 史载山越人"皆仗兵野逸，白首于林莽。逋亡宿恶，咸共逃窜。山出铜铁，自铸甲兵。俗好武习战，高尚气力，其升山负险，抵突荆棘，若鱼之走渊，猨狖之腾木也"。可见山越人习武好

---

①　张大可：《三国史》，第158页。

战,而且制造武器(山越地区有铜铁、木材,山越人自铸兵器盔甲),结为军伍,在山林中穿梭自如,威胁着汉人的安全。同时,山越民族会与曹魏相呼应,在东吴内部发动叛乱响应北方。

山越人到底有多厉害呢?举个例子。东吴名将贺齐,年少时担任郡吏,后来担任了剡县县长。县里有个官吏叫斯从,此人为奸作歹。贺齐要治他的罪,但是县里的主簿劝贺齐说:"斯从是县里的大族。山越都依附听从于他。如果今天治了斯从的罪,明天山越寇贼就要围攻县城了。"贺齐大怒,命令逮捕斯从,立即斩首。斯从的族党果然纠合山越,聚集了上千人举兵围攻县城。贺齐率领官吏和百姓,主动开城门突击,大破山越。后来太末、丰浦县山越反叛时,东吴因为贺齐对山越强硬,将他调任为太末县长,平定山越叛乱。

山越问题到底严重到了什么程度呢?从公元200到公元207年,我们难以在天下大势纵横中看到东吴的身影。似乎在这8年中,孙权什么事情都没干。其实不然,孙权是花了8年时间,分兵全力镇抚山越。公元207年、208年,孙权两次征讨黄祖,而且都歼灭了黄祖的主力,但由于山越牵制,孙权只能回军,无功而返。当时江夏主力已失;刘表病重,不久逝世;荆州官员在曹操大军的压力下产生意见分歧,这是孙权夺取荆州的最佳时机。结果就因为山越问题的束缚,孙权白白丧失了如此宝贵的机会。

吴蜀重新结盟的时候,孙权令使臣张温对诸葛亮解释说:"若山越都除,便欲大构于丕。"孙权以解决山越问题作为对外作战的前提条件,说明了征伐山越是东吴内政的头等大事。孙权至公元229年才正式称帝,这时山越问题才算基本解决。国内政治也比较稳定了。

东吴不仅平定山越的叛乱,而且还多次深入山越地区,讨伐山越。东吴对山越人"强者为兵,羸者补户",强壮的人补充入军队,体弱的编入东吴的户籍。山越民族为东吴提供了大批的民户,并且占据了东吴军队的近半数量。①

嘉禾六年(237),中郎将周祗困于军队缺员,希望去鄱阳郡招募兵员。

---

　　① 东吴灭亡时有军队23万人,而东吴历次补充入军队的山越人就不下10万人。

他就这事咨询陆逊。陆逊以为鄱阳郡的百姓易动难安,不适宜作为招兵地区,恐怕招致贼寇。但是周祗坚持前往,结果郡民吴遽等人果然作乱杀死周祗,攻没多座县城。临近的豫章、庐陵两郡山越人多,都响应吴遽作乱。陆逊不得不亲自率领大军,才平定了三郡的骚乱。

丹阳的山越首领费栈接受曹操的印绶,煽动山越人作乱,作为曹魏的内应。孙权派遣陆逊讨伐费栈。费栈党羽众多,分布很广,但是兵力不足。陆逊就在山区广泛设置牙幢,分布鼓角,日夜在山谷之中鼓噪前行。这样才平定了费栈的叛乱。我们不知道这次叛乱有多少山越人参与,但是陆逊最后从归降的山越人中挑选的精兵就多达数万人。

陆逊挑选的精兵就算是他自己的部属了。东吴的将领们开始时都是用私家兵跟随孙策、孙权征战;反过来,东吴也屡次把国家佃客赐给功臣,因而逐渐形成了吴国武将世袭领兵的制度。世袭领兵的武将是东吴政权的主要支柱。

东吴将领的部兵几乎就是将领们的私家财产,终身服役,不得退伍。东吴政府非常注意保持将领们的军队实力,因为这是国家的支柱。政府曾给韩当部兵2000人,马50匹;给朱桓授兵2000人;给全琮授兵数千人;给董袭授兵数千人。为了使将领能养活得起部兵,东吴还划定固定的区域作为将领军队的给养来源。东吴还赐给将领们免除税赋的人口和田地,厚待将领们。比如吕蒙的儿子吕霸在吕蒙死后,承袭父亲官爵。孙权给吕霸守冢人口300家,免收田赋的土地50顷。优厚的待遇使东吴豪族将帅能够厚养子弟兵。比如甘宁就"能厚养健儿,健儿亦乐为用命"。

东吴对将领的优厚待遇和对部属的世袭规定,使东吴的军事力量非常稳定。将领和士兵都是职业军人,世代征战,有利于战斗力的提升。世袭部属制度在当时成了定制。吕蒙与成当、宋定、徐顾三名将领的驻地相邻。三名将领死后,他们的子弟都很弱小。孙权就把三人的军队都划归吕蒙管辖。吕蒙坚持不接受,屡次上告孙权,说三将勤劳国事,子弟虽然小,但部属不能废。吕蒙坚持了三次,孙权才答应。

世袭部属制度和将领的优厚待遇有助于国家创立时期的稳定和发展,但是国家稳定后却也容易发展为派系之争,发展为地方的恶性膨胀势力。　121

邓艾曾经一针见血地指出:"孙权死后,东吴的大族势力尾大不掉。东吴的名宗大族,都有自己的部曲。他们仗势兴兵,足以左右国家大政。"东吴后期中央和地方关系不顺,将领大臣叛逃投降不断,反映出厚植部属战略的不尽如人意。但哪项政策能在开始时即考虑得十全十美呢?

可见,与曹魏富国强兵的政策和蜀汉的战争体制相对,东吴在内政上进行的是打击山越、厚植部曲的策略,作为进行外交捭阖的基础。

在稳定了长江防线,展开灵活外交和稳定内部后,孙权也适时开展对曹魏作战。其中最成功的就是周鲂断发诱击曹休获得大胜的战例。

周鲂是吴郡阳羡县人,担任鄱阳太守。那时候,东吴常有人投降曹魏。周鲂在任上时,张婴、王崇等将领就率部众投降曹魏。然后周鲂以辖区内山越民族中被曹魏所知晓的首领的名义向曹魏的大司马、扬州牧曹休写信归降,营造出一派鄱阳降声四起的氛围。然后周鲂再亲自写信引诱曹休。

周鲂说孙权令自己担任鄱阳这个山越大郡的太守,是为了监视自己的行踪,要杀害自己。周鲂哭诉说虽然官居太守,但经常遭到孙权的谴责,头上始终悬着一把刀,所以希望曹休早发大军,自己愿做内应,共同灭掉东吴。他又告诉曹休说孙权重兵密布在边境重镇,后方空虚;鄱阳地区山越百姓生活艰难,都有意归顺,这些都是曹休进军的有利条件。周鲂请求曹休赐予将军、侯印各 50 枚,郎将印 100 枚,校尉、都尉印各 200 枚,以便自己事先奖励招诱首领。周鲂还嘱咐曹休务必保守秘密,以免自己遭受诛灭三族的大祸。周鲂派遣从小在家里长大、亲如儿子的董岑、邵南作为特使,还表示曹休如果不信,可以将董岑、邵南二人留一个人作为人质。

之后东吴朝野上下展开了对曹魏的欺骗行动。周鲂刚向曹休献密计的时候,孙权就频繁派遣郎官奉诏到鄱阳责怪周鲂。周鲂在郡门口下跪断发。曹休听说此消息后,就消除了对周鲂的疑虑。

太和二年(228),曹魏派遣贾逵督前将军满宠、东莞太守胡质等四军,进攻东关;曹休出皖口;司马懿从江陵进军。其中曹休率步骑 10 万,携带满道的辎重,摆出一副灭人之国的架势进入皖口。这一路是曹魏进攻东吴的主力。

孙权任命陆逊为大都督,迎击曹休。陆逊截断曹休退路,在石亭大败曹休，一举击溃魏军 10 万兵马。此战血流成河。之前曹休曾上表请求深入江南，尽早接应周鲂。曹魏朝廷命令贾逵东进与曹休合击。贾逵认为曹休深入敌后必败无疑，而东吴为了伏击曹休，必定云集于皖口截击曹休的退路，在东关必定缺乏防备。于是贾逵督促诸将水陆并进，急行军 200 里，抓获吴兵，才得知曹休已经战败。诸将都不知道该怎么办，有人提议就地等待援军。贾逵说："曹休兵败，被团团包围。他是进不能战，退不得回。现在我军出其不意，急行军还有望在东吴的包围圈中打开一个口子，营救曹休的残军出来。"贾逵部继续急行军，到处设立旗鼓作为疑兵。东吴没有预料到曹魏援军的到来，纷纷败退。贾逵得以占领要塞夹石，营救曹休残余部队出来。但是曹休军退还后，在石亭宿营。夜惊，残余有如惊弓之鸟，自乱阵脚，抛弃甲兵辎重败逃。曹休上书谢罪，朝廷派遣屯骑校尉杨暨安慰他。曹休更加羞愧难当，加上背部旧伤发作，死在了军中。周鲂则因功被加封为裨将军、关内侯。

石亭战役是南北对峙时期的一次大规模军事行动。东吴精心筹划，取得了对曹魏作战的重大胜利，大大缓解了与曹魏的对峙形势。这次胜利更是东吴整肃内政、上下同心的结果。独赖长江之险自不能让南朝偷安，更需要内外协同、策略得当。偶尔的主动进攻也不错。

金陵王气黯然收

物极必反。孙权统治后期，东吴就走向了衰落。

孙权晚年好大喜功，而且君臣矛盾冲突不断。比如，孙权计划派遣偏师攻取夷洲及朱崖的时候，咨询过陆逊。陆逊上疏说："臣认为现在四海未定，应该爱惜民力。现在连年发兵，损失很大。陛下忧劳圣虑，废寝忘食，现在要远行夷洲定大事。但我反复思考，看不到其中的利益。我们应该积蓄力量而后动。昔日长沙桓王(孙策)创立基业的时候，军队不到一旅，却开辟了国家基业。陛下承运,拓定江表。臣认为治乱讨逆,需要以军队为威;农桑衣食,都是百姓的本业。现在的干戈使百姓面有饥寒。我还是认为朝廷应该养育士民,宽其租赋,鼓舞士气,那样才能平定中原,统一天下。"但是孙权不听。他晚年的行动往往得不偿失。

东吴太元元年(251),孙权得了风疾。当时太子孙亮刚刚9岁,孙权就选择大将军诸葛恪作为辅助幼主的主政大臣。朝廷召诸葛恪从武昌回建业的时候,与诸葛恪共同镇守武昌的上大将军吕岱告诫他说:"国事多难,您做每件事三思而行都不行,而是需要十思啊。"老成稳重、经验丰富的吕岱看到了当时东吴内部矛盾重重的国情,提醒诸葛恪要谨慎行政,是完全正确和必要的。但是年轻浮躁、刚愎自用的诸葛恪难以理解,没有听从。

孙权死后,东吴以诸葛恪为首辅,主持军国大事;中书令孙弘、太常滕胤、侍中孙峻、将军吕据等协同辅政。孙权尚未入土,东吴就起了内讧。孙弘谋划诛杀诸葛恪,结果被孙峻告发,反为诸葛恪诛杀。这是东吴内部派系林立的恶果。

诸葛恪主政之初,声望很高。但诸葛恪并没有挖掘有利条件,整顿内部,而是更希望建功立业。辅政不久,诸葛恪就率军到东兴,重新修筑孙权时所建的大堤,新筑两城,各留千人驻守。东吴深入东兴威胁到了淮南地区的南北对峙格局。曹魏不久就命令大将胡遵、诸葛诞率众7万进攻东兴;诸葛恪领兵4万赴援。丁奉、吕据等将领奋力作战,吴军取得胜利,获车马牛骡驴各以千数,战利品堆积如山。

诸葛恪凯旋后,更加骄傲轻敌。第二年春,诸葛恪又想出军攻魏,遭到东吴大臣们的反对。诸葛恪不听,固执地征发州郡20万军队,结果造成百姓骚动,大失人心。这是三国后期最大规模的军事行动。诸葛恪进军淮南,包围新城,打算围点打援。曹魏派司马孚督诸军20万前来,但是按兵固守。新城虽然城小兵寡,但极为坚固,吴兵困于坚城之下。当时正是盛夏,东吴士兵水土不服,死伤大半。曹魏乘机进兵。诸葛恪不得不下令班师,沿途东吴大军或死于沟壑,或被曹魏俘获,哀号遍野。

诸葛恪败后,东吴无力再在淮南大举兴兵。直至吴亡,淮南战场沉寂了下来。但是长江防线经此一折腾,也只能勉为支撑了。

大败而回的诸葛恪依然晏然自若,对自己的错误毫无察觉,相反却更加执法严峻。

孙峻假称奉皇帝诏令,引诱诸葛恪入宫,将其击杀,夺取大权。孙峻主政后,暴露出骄淫阴险的个性,残害无辜,民怨沸腾。东吴政局更加动荡不安。孙峻最后暴疾而亡,其堂弟、偏将军孙綝继承他主政。骠骑将军吕据不满孙綝,与大司马滕胤图谋废黜孙綝,失败被杀。孙綝又镇压了堂弟孙宪和将军王敦的政变。

孙亮16岁亲政后,不满孙綝执政。他调集兵家子弟3000余人,由将门子弟统帅,在皇宫内操练。孙綝胆战心惊,开始称疾不朝,安插4个弟弟分领禁军,加强对朝廷的控制。孙亮依靠亲信和宦官图谋政变,结果失败,被孙綝废为会稽王。

公元258年孙綝迎立琅邪王孙休为帝。孙綝一门五侯,掌握兵权,权倾朝野,成为东吴立国以来第一大权臣。孙休比孙亮有心计,对孙綝表面上迎合顺从,暗地却同亲信张布等筹划废黜孙綝。在孙綝入朝的时候,孙休以宫殿的宿卫兵就轻易杀死了孙綝。

孙休在位时,减轻百姓田租和徭役,但还是难以消除国内根深蒂固的派系斗争,只重用自己的旧臣。公元264年,孙休死,年仅30。孙休本指定幼子为新君,但大臣们倾向于迎立成年的宗室。结果乌程侯孙皓即位。

孙皓登基后做过一两件为国为民的事,但马上就暴露出骄暴淫奢的本性,大失人心。孙皓统治时期是东吴历史上最为黑暗的时期。孙皓也被视为公认的暴君。孙皓这个人征调繁苛,穷奢极淫,而且以杀人为爱好。

孙皓"登位以来,法禁转苛,赋调益繁,中宫内竖,分布州郡,横兴事役,竞造奸利,百姓……老弱饥寒,家户菜色……人力不堪,家户离散"。这样的描写是典型的亡国情形。孙皓让宦官们遍布各州郡,考核选取官吏家的女子。二千石级别大臣家的女儿必须年年向朝廷登记,到十五六岁的时候由孙皓挑选。挑选不中的女儿才能出嫁。孙皓后宫有上千女子,还四出民间选取。

孙皓每次和群臣宴会的时候,都要求参加的人大醉而回。他还专门设置了宴会上考察大臣过失的官吏,宴会结束后向自己报告宴会上各人的表现。孙皓厌恶别人看自己,大臣觐见的时候都不敢举目看皇帝。孙皓对自己厌恶的人大者加刑屠杀,小者定罪发配。宫人有不合自己意的,不是被孙皓屠杀就是流放,还有挖去眼睛的。

孙皓任用的官员好多贤少。这还不算,孙皓还虐待贤才。湘东太守张咏没缴纳算缗,孙皓就派人去湘东将他斩首,还将张咏的脑袋传到各郡给太守们看。会稽太守车浚为人廉洁,政绩出众,当时会稽郡大旱导致饥荒,车浚请求朝廷赈贷。孙皓认为车浚在为自己收买人心,就派人将车浚枭首。尚书熊睦曾经对孙皓有过旁敲侧击的劝谏。孙皓就以刀镮撞杀他,熊睦的尸体身无完肌。①

在孙皓的统治下,民不聊生,国家险象环生。全靠当时有陆抗、陆凯、陆胤、施绩、范慎、丁奉、孟宗、丁固、楼玄、贺邵等文武大臣从政,国家还能支撑一时。而先人营建的长江防线依然生效,东吴反而成了三国中立国时间最长的国家。

在外交领域,孙皓在身边宵小的鼓动下,数次骚扰西晋边界,博取一时的小利。在战略上,求小利而迷失了大方向是大忌。孙皓就是缺乏战略思想的失败的政治家。陆抗曾上疏劝孙皓:"现在国家不去富国强兵,从事农业畜牧业……而是穷兵黩武。数次行动费用数以万计,士兵疲惫,敌人没有衰落,而我国已经大为衰落了!这不是国家的良策。我们应该暂时停止小规模的骚扰,以便蓄养士民实力,等待北方出现情况再寻找破绽进军。"孙皓不敢杀害陆抗这样的国家栋梁,但对他的话也充耳不闻。

孙皓凤凰元年(272),终于发生了西陵督军步阐据城降晋的大事。西晋司马炎非常重视从天而降的西陵和顺流而下粉碎长江防线的巨大希望。国家再次统一的机会似乎在于此刻。西晋对步阐封侯加官,严令荆北晋军南下接应步阐。

负责江陵防区的陆抗在第一时间就部署荆州各军奔赴西陵,在荆西修筑要塞,严加围困西陵,同时对外抵御南下的晋军。陆抗日夜催促各军修筑工事,加紧围困。诸将对陆抗说:"现在乘三军的锐气,猛攻步阐,等西晋救

　　① 马植杰:《三国史》,第198页。

兵到了,西陵城肯定早已经被攻占了。为什么要采取围困的策略、浪费民力、消耗士气呢?"陆抗说:"西陵城地势险要,城墙坚固,粮草充足。西陵城不是能迅速攻克的,荆北的西晋救兵必然在西陵失守前赶到。等晋兵到了,而我方没有准备,就会表里受敌,怎么防御呢?"

但是诸将一再要求进攻步阐。陆抗抵挡不住,为了服众,只好允许发动一次攻击,果然失利。陆抗的外围工事刚修好,西晋的车骑将军羊祜就到了。羊祜预料到东吴的阻援工事已经巩固,难以短期突破,干脆直接进军江陵了。此举意在围魏救赵。东吴诸将认为应该从西陵撤军,救援更重要的江陵。陆抗说:"江陵城池坚固兵力充足,没有什么可以忧患的。即使敌人占领了江陵,也肯定防守不了。那样我们损失的还小。但如果西陵地区落入西晋手中,盘根错节,加上南方少数民族都被扰动,这就是国家的大忧患啊。我都决定放弃救援江陵,对西陵志在必得了。更何况江陵牢固,难以撼动呢?"

于是陆抗亲率三军,利用新筑的工事抗拒西晋荆州刺史杨肇的援军。但将军朱乔、都督俞赞却在关键时刻投降杨肇。陆抗说:"俞赞是我军中的旧吏,知道我方的虚实。我常常担心少数民族部队缺乏训练,如果敌军选择少数民族防区为突破口,后果大不利。"于是陆抗连夜撤换了少数民族军队,代替以经验丰富的精兵强将。第二天,杨肇果然进攻原来少数民族的防线;陆抗命令猛烈还击。矢石雨下,杨肇伤亡惨重。对峙无成,羊祜等部最终不得不撤军。陆抗这才督军攻陷了西陵城,诛杀步阐满族。

司马炎对没有把握住这个宝贵的机会而懊恼不已,将羊祜、杨肇等贬官申斥。而陆抗的成功,只是收复了失地而已,而且还是西晋主动撤军的结果。东吴虽胜,防守困境却日深难返。只是由于司马氏确定"先蜀后吴",而后又忙于新朝的制度构建,东吴才得以延续。

孙皓对此毫无察觉,依然是大修宫殿,沉湎淫乐。最典型的就是,有人诈称谶文说,过两年孙皓将"青盖入洛阳"。孙皓满心欢喜,认为自己入主中原是板上钉钉的事情了。没错,孙皓入洛阳是肯定的了,不过是当作俘虏被押解到洛阳,而不是以天子的身份进入洛阳的。

咸宁五年(279)十月,晋军合兵20万,分六路攻吴,表面上主攻建业,实　127

际上寄希望于王浚率领的益州水师,出三峡顺流而下灭吴。

王浚顺上游而下到达江陵的时候,杜预已经消灭了东吴的荆州军队。王浚水军很快就逼近建业了。沿途东吴官员投降的居多。部分官员正面迎战,怎奈国势已衰,成了末世的殉葬者。兵临城下,孙皓在建业附近拼凑了3万部队,命丞相张悌迎击晋军。张悌以殉道者的心情迎来了全军覆灭、身死战场的恶果。

公元280年三月,王浚的8万水军布满长江,旌旗遮天,鼓声震天,直入石头城。孙皓这时候认识到现实,把自己绑了,抬着棺材,到晋军大营门口请降。王浚解掉孙皓的绳缚,烧掉棺材,收纳东吴图籍,接受孙皓的投降。孙皓进入洛阳,做了西晋的侯爵。

孙策于汉献帝兴平二年(195)进入江东,到公元280年他的堂孙孙皓投降,东吴立国85年。

七

蛇鼠两端的辽东

公孙渊说：我很弱小，但我很温柔，你们谁愿意
和我结盟啊？曹魏说：结什么盟啊，直接来我公司当
副董事长算了。东吴说：我和你结盟，我给你风险投
资。于是公孙渊和孙权打得火热。但是在要办手续
的那一刻，公孙渊犹豫了，退缩了，叛变了。

独立寒秋忙饮马

当长达400多年的汉帝国开始呈现出国祚将尽之势时,起于草芥的公孙家族割据辽东拥兵自重,称王称霸50年。

公孙一族是汉人,在东汉初期进入东北南部辽东各地。话说辽东郡襄平县有一个人叫公孙延,遭受当地官吏的刁难和迫害,不得不迁居偏远的玄菟郡。公孙延逃难时候带着自己的儿子公孙豹。这个公孙豹十六七岁的时候在太守衙门里谋了一个小职员的工作。

当时的玄菟太守公孙琙有一个儿子也叫公孙豹,不幸早死。恰好公孙延的儿子公孙豹与太守夭折的儿子同岁,长得也挺像。公孙琙很自然地亲情转移,对自己衙门里的这个公孙豹非常关照,进而喜爱,最后视同己出。他不仅送公孙豹去向名师学习,而且为他娶妻。最后公孙琙保举公孙豹为本郡的"有道"(相当于后代进士之类的入仕资格),送往洛阳任职。

公孙豹先是被选为尚书郎,逐渐升迁为冀州刺史。其间公孙豹更名为公孙度。这位公孙度就是辽东公孙政权的开国君主。不料这时候,《三国志》里突然加了一笔"以谣言免"。也就是说,公孙度被人打小报告、被人造谣诬蔑,遭到了免职处分。

像公孙度这样出身贫寒的官员,在极端重视出身的东汉官场,应该是没有大前途的。他能做到刺史,已经算是不小的奇迹了。公孙度被免职后,正想卷铺盖回辽东,谁料想突然迎来了自己的政治春天。同样出身贫寒的董卓掌权了,提拔了一批官员替换原来的人马。董卓的爱将、掌握军队的徐荣是公孙度的同乡。徐荣他乡遇同乡,两眼泪汪汪(当时在千里之外遇到同乡比现在困难多了),就推荐公孙度担任了辽东郡的太守。

回到家乡的公孙度牢固把握住机会,在辽东建立了基业。他的执政一是执法严苛,大开杀戒;二是四处征战,拓土建制。

《三国志》载:公孙度出身太低,又做过小吏,所以辽东的氏族大家都看不起他。为了树威立望,公孙度就寻找机会。刚好当时的代理襄平县令公孙昭要征召公孙度的儿子服役。公孙度就职后,以此为借口,逮捕了公孙昭,将他在襄平街头残杀示众。当地的豪强田韶等人依然不服。公孙度就一口气将上百家世家望族都一一杀戮殆尽,震动辽东,建立了绝对的权威。

与此同时,公孙度幸运地取得了对外作战的一系列胜利。向东,他战胜了高句丽,向西驱逐了乌桓,在新占领地区设立郡县。公孙度还利用发达的航海技术,派兵渡过渤海海峡,占领了青州的东莱等郡县,设立所谓的"营州",委任营州刺史驻守。

实力强大后,乱世中的军阀总有非分之想。公孙度看到中原地区群雄割据,争战不断;朝廷衰落,对辽东不闻不问,他就曾经对亲信柳毅、阳仪等人说:"汉祚将绝,当与诸卿图王耳。"这句话很值得琢磨。它表明公孙度对自己的实力还是有相当清醒的认识,他所谋取的只是"王",对于率军一统天下、南向称帝是不敢奢求的。一方面,公孙度潜意识里牢固地将辽东视为中国的组成部分;另一方面,公孙度对以辽东之力征服中原不抱幻想。

《魏书》可能出于丑化公孙度的目的,说公孙度自不量力,有当皇帝的野心。《魏书》记载,公孙度对柳毅、阳仪两人说:"谶语说'孙登当为天子'。本太守姓公孙,有个孙字;字升济,升就是登的意思。"(孙权刚好有个儿子叫孙登,很受孙权喜欢。谶语指的极可能是这个孙登。)裴松之将这段话附在了陈寿的记载后面,但不足信。

奇怪的是,襄平城适时出现了祥瑞。

《三国志》载:襄平的一个社区(延里社)出现了一块长着三个小石头的大石头。就有人告诉公孙度说:"这是汉宣帝时期的冠石。出现祥瑞的地名与您的父亲同名。这是天意啊,上天赐予您土地,将会有三公辅助您。"公孙度听后很高兴。

之后公孙度将辽东郡分为辽西、中辽、辽东三郡,置太守,在这之上设立平州(加上玄菟、乐浪两郡,外加公孙氏新设的带方郡,平州全盛时辖有六郡)。公孙度自立为辽东侯、平州牧。公孙度追封公孙延为建义侯,假称皇命在襄平城南设立汉二祖庙和公孙家族宗庙,郊祀天地,稽查田地,整编军队。公孙度乘鸾路,戴九旒,旄头羽骑,俨然皇家派头。

曹操控制的朝廷忙于征战,对公孙度采取顺水推舟的态度,遥拜为武威将军、永宁乡侯了事。公孙度还很不高兴,说:"我都已经是辽东王了,谁稀罕做什么永宁乡侯。"

建安九年(204),公孙度死,公孙康嗣位。作为第二代君主,令公孙康名垂青史的是他在曹操和袁氏残余的战争中运筹得当,维持了辽东政权的发展。

建安十二年,曹操追击袁氏残余。袁熙与袁尚两兄弟并乌桓残余投奔辽东。这给辽东提出了严峻的考验。之前辽东政权一直没有与中原割据势力较量过。袁氏残余力量的到来,带来了中原的血雨腥风。当时就有谋士向曹操建议,乘机以追击二袁为名,派兵收拾了公孙康势力。逃亡辽东的袁氏残余也不是什么善辈。《典略》说外来的袁尚势力试图在公孙康会见时出其不意,孤注一掷擒杀公孙康,取而代之。袁熙等人对这个政变计划还颇为赞同。

公孙康的选择余地很小,不是联袁抗曹,就是联曹灭袁。在曹操基本平定北方四州、袁氏兄弟逃亡辽东的情况下,大势已经定了。联袁抗曹其实就是独立抗曹。袁氏兄弟能够提供的帮助仅仅是协助公孙康,纠集袁氏在北方的残余势力和影响。而让公孙康独立对抗曹操,胜负非常明显。因此,联袁抗曹是公孙康所不愿意的。那么就只有联曹灭袁一个选择了。公孙康只要将逃亡到辽东的袁氏兄弟和乌桓的几千人拿下,交给曹操就行了。但是联曹也意味着独立性的丧失。结果极可能是消灭了袁氏兄弟,又把曹操大军给引进来了。公孙康最怕自己献出了袁氏兄弟的首级,而曹军驻扎进来,用刀指着自己的头了。独立性是割据军阀最切身的利益,因此联曹抗袁的选择看来也行不通。

最后的决策在很大程度上变成了视曹操的举动而动的被动选择。

如果曹操大兵压境、讨伐辽东,公孙度是横竖都会丧失独立性的,极可能背水一战。杰出的策略家郭嘉看到了这一点,劝曹操说,大军压境反而可能促使辽东势力与二袁残部的会合,主动撤军反而会使公孙康选择成本最低的方法:杀袁示好。曹操力排众议,将大军从长城沿线南移,主动解除了对辽东的军事压力。这些信息都被探马汇报到了辽东。

　　现在,怎么处理已到了家门口的袁氏残余和乌桓军队呢?于是典型的场景出现了。公孙康高高兴兴地接见袁氏兄弟。二袁兴冲冲地来了。主人掷杯为号,预先埋伏的刀斧手齐出,撂倒二袁,砍下了血淋淋的头。随行的袁家势力和乌桓军队被杀戮殆尽。一颗颗人头被装在笼子里,快马加鞭地送到邺县。

　　对于贸然投靠的丧家之犬,这样的处理对双方来说都是最精明的决策。袁氏势力最终失败在袁尚兄弟的莽撞上。曹操欣然接受公孙康送来的人头,拜公孙康为左将军、襄平侯。

　　公孙康在杀了二袁后也走完了人生旅途。他的儿子公孙晃与公孙渊年纪均小,他的弟弟公孙恭被部下拥立为辽东太守。魏文帝曹丕即位后,派人安抚公孙恭,拜他为车骑将军、假节、平郭侯,追赠公孙康为大司马。

　　作为第三代君主的公孙恭阴弱无能,《三国志》载"恭病阴消为阉人,劣弱不能治国"。魏明帝曹叡太和二年(228),被侄子公孙渊篡位。公孙渊成了辽东政权的第四代君主。魏明帝顺水推舟拜公孙渊为扬烈将军、辽东太守。

　　让我们透过历史的尘埃,细看公孙氏辽东这个湮没在岁月长河中的割据政权。首先,它是一个独立的政治体。辽东地区与中原隔山阻海,仅有狭长的辽西走廊陆上相连,形势相对独立。"公孙恭时的辽东,与魏统治下的其他边郡不同,仍是以外托服从之名,阴图独立之计的政治实体。"[1]不仅是公孙恭时期,从公孙度到公孙渊的50年里,辽东都有独立的政权、军队和政策方针。可能是因为历时不长,加上未涉及中原政治,才长期不为人所关注。

　　其次,公孙氏政权保持了辽东地区的相对稳定,积累了相当的实力。这些成为政权能够自立和参与政治角逐的基础。东汉末年,中原战乱不止,公孙氏采取积极招徕、安集流民的措施,使得大批中原人口北迁辽东。在这些

---

　　① 　张云樵,张莉:《对辽东公孙氏政权的剖析》,载于《北华大学学报(社会科学版)》2000 年第 3 期。

流民中有农民,也有相当数量的文人杰士、贤达名流,如管宁、邴原、王烈、国渊等。这些人迁居辽东后,受到了公孙氏政权的礼遇。他们在辽东避难讲学,从事私学教育,开创了东北私学的先河。例如,邴原在少年时候就和管宁一道以操行著称,州府征辟他当官他都不去。黄巾起义时,邴原带领家属渡海来到辽东。后来几度想还乡,渡海至三山(旅顺附近之海中),听到战乱继续,不得不再返回辽东。他在辽东居住了十余年,讲述礼乐,吟咏诗书,门徒数百,与汉末经学大师郑玄齐名。又例如郑玄的高足国渊,起初与管宁、邴原避居辽东,后来归魏,最终迁任太仆卿,成为曹魏重臣。

从现代考古发现来看,在以辽东襄平为中心的公孙氏腹地,以及以大连为中心、由辽东越海通"东莱"诸县的辽东南部,人文荟萃、经济繁荣,社会发展超过其他的边疆地区。内容丰富、生动逼真的辽东汉墓壁画艺术,真实展现了当时丰富多彩的社会文化生活。在辽阳发现的东汉末年古襄平汉代壁画,都是用彩色直接绘于墓室壁上。画面内容以表现墓主经历和生活的题材为主,主要有《家居宴饮图》《车列出行图》《楼阁图》《庖厨图》《仓廪图》《杂技图》等。其中《车列出行图》场面宏大,共有人173名,马127匹,车10辆,矛、戟、幢、盖、旗帜等数目极多。整个仪仗行列整齐,武士先驱,文吏后拥,招摇过市,轰动一时。

玩转三角终自毁

公孙度执掌辽东政权的时候,曾经有意进取中原、参与天下争霸。曹操在世时,征伐四方,将空虚疲弱的黄河之北暴露给辽东政权。公孙度面对如此良机,心有所动。有一次他对诸将说:"听说那曹操又远征去了,邺城没有守备。现在我计划以步兵3万,骑兵万匹直指邺城。那时候谁能够抵御我呢?"诸将都拍手称赞,认为这是个不错的计划。

公孙度又问凉茂:"你的意思如何呢?"凉茂是汉朝政府任命的乐浪太

守,之前已经被朝廷征召了多次,都被公孙度扣留。公孙度希望凉茂能为己所用。凉茂回答说:"海内大乱,社稷将倾,将军拥十万之众,安坐而观成败,为人臣子的是这样的吗! 曹公(指曹操,用词可见凉茂的倾向)忧国家之危败,愍百姓之苦毒,率领大军为天下诛杀残暴的奸贼,功高德广,可谓是天下无双啊。现在海内初步平定,百姓久乱后初步安定。朝廷还没有责怪将军的罪过呢,现在将军却想兴兵西向。将军自己好好想想吧!"公孙度和诸将听到凉茂的话都受到极大震动。思索良久,公孙度只得说:"凉君言是也。"

凉茂以天下大义、朝廷安危来劝谏公孙度。公孙度肯定不是被一顿道德说教所说服的,他是综合考虑了实力对比、时机变化而做出的选择,最终按捺住了野心,专心经营辽东。作为开国君主的公孙度还是有自知之明的。

第四代君主公孙渊于公元 228 年即位。这一年相当不寻常:蜀国诸葛亮首次北伐,曹魏措手不及,一度丧失陇西;吴国计诱魏将曹休,名将陆逊在石亭设伏,大破魏军(次年,孙权借此战之威正式称帝)。魏国接连失败,威望下降,周边各势力心思开始活动。

历经三朝后,公孙渊就不似公孙度那般自知自明了。祖父辈已经在尽可能大的土地上拓展了疆域,东方的三韩和北方少数民族与辽东达成了均势。魏国和蜀吴联盟形成了南北对峙。辽东脱身其外,可以扮演力量天平中的"关键少数"角色。前人积累的国力和南北对峙的僵局给公孙渊的野心以施展的空间。公孙渊于是试图以外交斗争的形式谋取更多的利益。恰好坚实的航海基础为辽东在南北双方之间展开纵横捭阖提供了可能。

这个"关键少数"的角色,既给了两大势力之外的辽东以可乘之机,也是对辽东外交技巧的极大的考验。两大势力的外交竞技就像是一个天平。当一方的力量稍逊于另一方的时候,天平就倾斜了,需要关键少数的平衡。但是关键少数何时上天平,上哪一方都是很讲究的事情。如若不然,造成天平的倾斜倒塌,最终会破坏整个政治格局。

首先是何时上天平的问题。关键少数的分量在天平两端接近平衡,或者开始不平衡的时候才能发挥最佳作用。只有在角力正酣的时候,两大角色才需要关键少数的帮助。当天平完全失衡,处于劣势的那一方虽然可能需要第三者的帮助,但是第三者的插足已经改变不了局势了。这时候第三者必须做出最后的选择,关键少数的角色至此终结。这里就涉及上天平的哪一方的问题。如果不是与劣势方有着特殊的感情或者利益关系,第三者一般会选择向优势方靠拢。尤其是当优势方掌握完全优势的时候,弱小的第三方就应该毫不犹豫地站在优势方一边。从本质上说,关键少数的作用是暂时的。它不能作为一个长期的战略。

公孙渊的失败,就在于他将发挥关键少数的作用视作根本外交战略,玩火自焚。

公孙渊在曹魏和东吴之间渔利,形成了一个微妙脆弱的外交三角。恰好东吴孙权一直也有联络曹魏敌人、对北方形成战略威胁的意图,很早就与辽东政权展开了秘密外交。公孙渊日后在给曹魏的上疏中提到:"臣父康,昔杀权使,结为雠隙。"可见早在公孙康时期,孙权就对辽东进行了外交试探。公孙康出于种种考虑,没有接受孙权的"好意",而是杀了东吴的来使向曹魏表达忠心。

在东吴外交一章中,我们提到公孙渊夺取叔父公孙恭位置的时候可能有东吴在幕后操作。公孙渊即位第二年,就接见了孙吴使臣:张刚、管笃。《孙权传》载:"五月,使校尉张刚、管笃之辽东。"《公孙渊传》载:"渊遣使南通孙权,往来赂遗。"也就是说在公孙渊即位之初,辽东和东吴之间就展开了频繁的外交接触。公孙渊的目的是在两大势力的缝隙间纵横捭阖,谋取经济和政治利益。

东吴船队在魏国沿海的长途航行,自然躲不开魏国的眼睛。曹魏从一开始就知道东吴和辽东的秘密往来。曹魏自然不愿意看到辽东反叛、脱离自己,所以魏吴双方都展开了争取公孙渊的工作。魏国当时的主要精力放在南方前线,集中在祁山和淮南战场,同时期的国家战略主要是恢复国内建设,所以没有调动精力和国力去处理辽东事务(这和东吴恰恰相反)。魏国所做的主要是通过给辽东公孙家族加官晋爵,拉拢辽东。可是对于一心要称王称霸的公孙渊来说,魏国赏赐的官爵早已满足不了他的野心了。然而辽东也一直没有展开对魏国北方边界的骚扰行动,更没有公开对魏国北方州县官员说不。这可能是因为曹魏在北部边境地区的军事力量依然超过辽东,公孙渊在实力对比面前不敢轻举妄动。

公孙渊的策略是依违于曹孙之间。策略开始执行的时候，取得了不错的成绩。表面上看起来辽东的外交局面大开，南北往来不断，不仅曹魏的官爵和赏赐不断，而且东吴也不断送来承诺和物资。公孙渊似乎觉得这样的外交策略可以上升为国家战略，因此玩得越来越大。在与东吴的亲密接触中，公孙渊满口答应东吴的外交要求，互通来使。他在这条路上走得很远，直到最后接受孙权封赏，向东吴称臣。

吴嘉禾元年(232)，公孙渊向孙权上表称臣，还派了代表舒绖来到孙权的都城建业；又派遣校尉宿舒、郎中令孙综称藩孙权，并献貂皮马匹等贡品。嘉禾二年三月，喜出望外的孙权派遣张弥(太常)、许晏(执金吾)，将军贺达、虞咨，中郎将万泰，校尉裴潜等人率领大军万人护送宿舒、孙综回辽东，同时携带金宝珍货，九锡齐备赏赐公孙渊。封公孙渊为燕王，封地为幽、青二州十七郡、七十县。

六月，东吴舰队顺利抵达辽东沓津(今旅顺口)，张弥、许晏与万泰、裴潜率吏兵400余人，赍文书命服什物，来到襄平。贺达、虞咨率领余众在船所。志大才疏的公孙渊这时又认为吴国相距遥远难以依靠，觉得不能公开投靠东吴，但是又舍不得东吴舰队携带的钱财货物。

张弥等人见公孙渊迟迟不接受孙权的封号，这才起了疑心，可是为时已晚。辽东兵捉拿了张弥、许晏等人，将其斩首。剩下的吏从兵众，都被徙充边城。随后，公孙渊派遣部将韩起等人率领三军，急行军赶至沓津，夺取财物。

辽东长史柳远假惺惺地摆出宾主的礼仪，表面上要招待贺达、虞咨，又赶着马匹带上货物，装出一副和东吴贸易的样子，其实辽东军早就埋伏在周围，就等着东吴人下船送死。贺达、虞咨不知从何处看出形势不对，本人并未下船，而是命令五六百人下船，去进行贸易。东吴军一到岸上，只听金鼓大震，锋矢乱发，毫无防备的东吴军全军覆灭，被斩首300余级，受伤落水的达到200余人，其余的人只得归降，剩下少数或散走山谷，或藏窜饥饿而死。经此一战，东吴到达辽东的士兵及带来的金银财宝全部被公孙渊夺走。

公孙渊事后将张弥、许晏等人的首级传送至洛阳，悉没东吴兵资珍宝。在上疏中，公孙渊将整件事情描述成："臣前遣校尉宿舒、郎中令孙综，甘言厚礼,以诱吴贼。"也就是说,辽东对东吴展开了外交诱惑,成功将孙权引入圈套。公孙渊自称给曹魏立了一大功。当年冬十二月,魏国拜公孙渊为大司马,封乐浪公。曹魏原本对辽东和东吴的这一次大规模接触是极为紧张的,结果却是出其不意的好。

在东吴内部,远封辽东的决策原本就是孙权一人在坚持,遭到了朝臣的普遍反对。重臣张昭反对之激烈,甚至到了不惜与孙权决裂的程度。张昭拒绝上朝。孙权派人将张家的大门用土封起来,意思是让你张昭永远就别上朝了。张昭自己在门里面又加了一层土墙,表达自己反抗的决心。

当公孙渊吞灭使团的消息传到孙权耳中时,孙权才明白自己干了件什么样的蠢事。孙权大怒说:"我都六十岁了,什么风浪没经历过。想不到现在被公孙渊这只小老鼠给骗了,我咽不下这口气。我不把公孙渊的老鼠脑袋扭下来抛到海里去,就没有脸再坐在现在的位置上了。即使万里颠沛远征,我也在所不惜。"怒火冲天的孙权要亲自率领舰队讨伐公孙渊。但在陆逊、薛综等人的劝说下,孙权冷静下来,打消了远征辽东的念头。之后,他亲自驾车去张家迎接张昭出门上朝。

在魏、吴、辽三角外交格局中,扮演关键少数的辽东必须具有高超的演技,既要保持力量平衡,又不能打破脆弱的力量平衡。稍有不慎,力量的天平就会被打破。而力量天平打破后,最弱一方就难以继续左右逢源了。简单地说,辽东既可能是最大的受益者,也可能是最大的受害者。公孙渊对东吴的背信弃义,最消极的影响是信誉全失,失去了继续扮演第三方力量的道德基础。《魏名臣奏》记载了中领军夏侯献的上表,其中描叙辽东的处境道:"今外失吴援,内有胡寇,心知国家能从陆道,势不得不怀惶惧之心。因斯之时,宜遣使示以祸福。"也就是说现在辽东已经完全失去了东吴的援助,而曹魏又可以从陆路对辽东形成军事威胁,公孙渊的处境已经很危险了。

还有一个难以忽视的背景是:曹魏经过半个世纪的经济恢复和发展,已经取得了对蜀汉和东吴力量的优势。力量的天平已经失衡。曹魏的力量已经强大到不再需要辽东的协助,就足以对付南方蜀吴的程度了。而且随着公元234年诸葛亮病逝于五丈原,同年孙权三路大军攻魏无功而返,公元235年鲜卑首领轲比能遇刺身亡,鲜卑各部分崩离析,魏国的战略环境大为好转。在这样的国际形势下,公孙渊仍然耍小聪明,不及时"站好队",注定是没有好果子吃的。

果真如夏侯献所言,曹魏不久就向辽东摊牌了,逼公孙渊站队。景初元年(237),曹魏派遣幽州刺史毌丘俭,兵临城下,宣诏公孙渊去洛阳上朝。公孙渊心中有鬼,只得翻脸迎战。公孙渊与毌丘俭会战于辽隧(辽宁海城西)。魏军作战不利而败退。随即,公孙渊在辽东自立为燕王,设置百官衙署,改元绍汉元年;又遣使招降鲜卑,并时常派兵出没于曹魏的北方进行骚扰。

这一次,公孙渊真心遣使向东吴孙权谢罪,接受燕王的封爵,请求吴国援兵。孙权旧恨未了,想杀戮燕使。大臣羊衜劝谏道:"不可。我们不如厚待辽东,派遣奇兵出击曹魏。如果魏国讨伐失败,而我军远赴,义盖万里,有恩于辽东;如果辽东失败,而曹魏也遭受了我们的首尾夹击。这对我们来说,都是出小力收大成的好事。"孙权闻言,也想在曹魏和辽东之间扮演第三者角色,就给辽东使者开了空头支票,答应出兵支援,让辽东坚守抗魏。

第二年,魏明帝加派司马懿增带大军4万讨伐辽东。公孙渊派将军卑衍与杨祚领步骑数万守住辽隧。司马懿佯攻辽隧,暗地出奇兵袭击了辽东首府襄平。公孙渊恐襄平有失,急命卑衍、杨祚等回师襄平。两军在首山展开决战。辽东军队主力被歼。天不佑公孙家族。时值酷暑,阴雨连绵月余,太子河水暴涨,魏军乘船抵于城下,昼夜强攻。公孙渊与全城军民被围到八月,粮食吃光,将军杨祚只能开城投降。公孙渊与儿子公孙修带数百骑突围,向东南方向逃窜,被魏军追击,斩杀于太子河边。司马懿入城,杀死燕王府中公卿百官1000余人。从此,辽东、带方、乐浪、玄菟四郡皆为曹魏所有。

这里还有个小插曲。公孙渊有个哥哥叫公孙晃,当年被父亲公孙恭送到洛阳当人质。当初他听到弟弟夺取了叔父的地位时,就意识到公孙渊终不可保,于是向曹魏上书要求讨伐弟弟。当时的曹魏朝廷无暇顾及辽东的事,就用承认辽东现状的方法加以安抚。后来公孙渊叛乱后,朝廷依法逮捕了公孙晃。公孙晃在狱中知道公孙渊被破后就是自己的死期,与儿子相对啼哭。魏明帝有意赦免公孙晃,但是朝臣认为依律当斩。公孙家族因此被族诛。

无独有偶,在与公孙家族的辽东成地理对角线的交州南部地区(现在的广西南部和越南北部),在三国时期,也存在一个由家族把持的地方政权。我们权且称它为交趾政权。交趾政权的经历与辽东政权相似,但结局却相反。

政权的建立者叫士燮,交州苍梧郡广信人。士家从西汉末年起就避乱交州,至士燮已传七世。父亲士赐担任日南太守。士燮从小就游学京师,逐步升迁至交趾太守,拓地守土40多年。其兄弟分别担任南海、日南、九真等郡太守,士家子弟遍布南方州县。

史载:士燮兄弟并列交州南部郡县要职,天高皇帝远,出入的时候威仪显赫。同时因为交州没有受到汉末战乱的破坏,又接受了北方逃难的人口和财富,富庶一方。士家在交州的显赫和权势并不亚于辽东的公孙家族。

在交州的西北方向是荆州势力,东北方向是江东孙权势力,再加上曹操控制的东汉朝廷,三方都想控制交州。东汉朝廷派遣张津为交州刺史。张津办事不力,最后在内讧中被部将区景杀害。荆州牧刘表乘机派遣零陵人赖恭为交州刺使,吴巨为苍梧太守。曹操听说张津死后,就扶持当地豪强士燮为绥南中郎将,董督七郡,领交趾太守,与刘表抗争。士燮曾经派遣张旻向京都纳贡。这在天下丧乱、道路断绝的背景下,给足了朝廷面子。朝廷特地下诏拜士燮为安远将军,封龙度亭侯。士燮在曹操和刘表之间也采取了关键少数的策略,得以与荆州势力保持僵持局面,南北分治交州。后来吴巨与赖恭内讧,赖恭兵败逃回零陵。建安十五年(210),孙权派遣步骘为交州刺史。面对志在必得的强大东吴势力,士燮知道难以抗拒,主动率家族归顺,接受步骘的节度。黄武五年(226),士燮得以寿终,享年90岁。同样是不为人知的地方割据势力,士燮家族的成功就在于明时势。保持头脑清醒对身在外交棋局中的行为者是难能可贵的素质。

从公孙度中平六年占据辽东开始,至公孙渊祖孙三代四世君主,公孙家族建立的辽东政权立国半个多世纪。辽东政权成了三国外交中不可忽视的重要角色。

海东莫可与相较

　　辽东政权参与中原外交固然是一大看点,它对北方少数民族事务的开垦也是三国外交的重要组成部分。

　　从汉代起,辽东乐浪等郡就以中原王朝代表的身份,处理东北和朝鲜半岛各国的朝贡献纳事务。各国使者除非有特殊身份与情况,不必跋涉千山万水到当时的国都长安、洛阳,直接在此就能完成外交交涉。边郡具有外交职能,这是中国古代外交的一大特点之一。

　　东汉末年,"公孙氏对中央朝廷桀骜不驯,而对海东诸小国,更俨然以中国代理人的身份出现……公孙氏掌权,则干脆断绝了东夷各国与中原朝廷往来的道路,完全将各国使者留在领内进行朝贡,从而实际上将自己置于宗主国的地位。各国不明就里,依旧封贡不断"。①

　　对于辽东政权来说,与周边少数民族的交往可以说是其外交的主要内容。吴国是可利用的海上邻国,魏国是名义上的朝廷,而周边少数民族却是陆上诸邻,既是征战的对象,又是潜在的盟友。与周边少数民族的关系处理得当与否,在相当程度上决定了辽东政权能否顺利发展。对周边少数民族采取羁縻统治并阻碍周边出现威胁自身的强大势力是辽东政权外交的重要任务。

　　东汉时期,东北和朝鲜各民族与辽东地区冲突不断。汉朝末期的时候,情况出现了变化。东北的鲜卑、乌桓等少数民族纷纷南下参与华北的战争,北方的高句丽开始强盛,构成对辽东边郡的威胁;而朝鲜半岛各部落和政权则专心于自身的民族建设和社会发展。国家的变乱和衰落使辽东各郡将主

---

　　①　孙祥伟:《三国时期东吴、辽东与三韩关系探略》,载于《陇东学院学报(社会科学版)》2006 年第 1 期。

要精力放在对付高句丽和辽西游牧民族上，对三韩采取缓和放任的政策。①

公孙家族的对周边少数民族的战略重点是对东北征战，对朝鲜交涉，力图建立在本地区的绝对权威，让少数民族为己所用。辽东政权在东北方向受到了高句丽、乌桓、鲜卑各族的顽强抵抗。后来，公孙康成功诱杀了乌桓首领，趁高句丽内讧时出军进攻，对高句丽的战争取得了胜利，攻占了高句丽首都，焚烧大批居民点，收降大批部众，迫使高句丽迁都躲避。同时向三韩索取流民和领土，不惜发动战争迫使朝鲜半岛各国重新归属辽东各郡。

辽东政权从实际情况出发，继承了东汉的策略，不仅恢复了东汉在东北和朝鲜地区的外交格局，而且取得了开拓性的成就。经过几代人的软硬兼施、文武并济，辽东政权最终在本地区建立了最高权威，实现了外交目的。史载："当是时，句丽震慑，夫余亲附，倭韩敬服，海东莫可与相较者，咸伏首鞠躬至阙下。"

随着疆域的开拓，辽东政权将原来的辽东郡分置为辽东、辽中、辽西三郡，以后又领有玄菟、乐浪二郡。到公孙康时，其势力又伸张到朝鲜半岛南部，设立带方郡，地域较东汉时的辽东地区拓广了许多。

带方郡的设置对中外关系产生了深远影响。公孙康设立的带方郡辖有原乐浪郡所领的带方、长岑、提奚、含资、海冥、南新等县，相当于现在朝鲜和韩国的黄海道、京畿道以及江原道的部分地区。魏灭公孙氏政权以后，带方郡仍沿旧制，直到西晋未改。在公孙氏和曹魏时，带方太守掌外人朝献之事，监督朝鲜半岛各国情况；同时带方还是重要的外交枢纽，不仅可以通往三韩各地，还从带方经三韩开辟了通往日本列岛的交通网。南方的倭韩各国至少在名义上归顺了带方郡。带方郡成了中国对东方重要的外交据点。

公孙康在军事上取得成功之后，就开始拉拢分化韩人。一批朝鲜部落

---

① 史载："韩、濊强盛，郡县不能制，民多流入韩国。"大量汉朝流民躲避战乱进入辽东和朝鲜半岛。周边少数民族对汉人的流入态度不同。高句丽等民族抄略汉朝居民，强迫汉人为奴；而三韩则宽容地接纳汉人。朝鲜半岛友好接纳汉人和汉文化的进入是有传统的，早在秦朝建立之时，朝鲜就开始接纳燕国遗民的进入。到东汉末期，汉人和汉文化进入朝鲜又出现了一个高潮。当时三韩中就有许多汉人。一些部落非常愿意与汉朝接触，甚至引诱流民归附。对于处于民族建构时期的朝鲜来说，这个时期是一个非常重要的历史阶段。

和邦国与辽东政权保持着良好关系。百济是与辽东政权走得最近的三韩部落。公孙康将宗女嫁给了百济国君，并支持百济国修筑城栅，扩张势力。百济的扩张引起了其他部落的不满。[①] 辽东对朝鲜半岛的分化政策是传统羁縻策略的组成部分，也促进了朝鲜半岛朝"三国时代"发展。

在公孙家族统治辽东的半个世纪里，辽东政权与倭韩各国关系友好。辽东政权与日本的关系缺乏直接的史料。但是研究表明，辽东政权覆灭后，公孙家族的血脉传人可能向南逃难，一部分进入了三韩，另一部分辗转进入日本列岛。

日本的一些姓氏可能来源于公孙家族，例如，日本《新撰姓氏录》上便有如下数条："常世连——燕国王、公孙渊之后——左京诸蕃上；常世连——燕国王、公孙渊之后——右京诸蕃上；常世连——燕国、公孙渊之后——河内国诸蕃。""常世国"是日本古代传说中位于中国的一座仙山。"常世连"部的存在似乎可以证明部分日本人系公孙渊之后。当然了，也可能是当时部分日本人以公孙家族后裔自居，以提高身价。即便是后一种可能，这也至少证明了公孙家族的辽东政权与古代日本交往历史的存在。在公孙家族覆灭之后，辽东政权在日本的余威依然存在，以至于部分日本人仍然以作为公孙家族的后裔而自豪。

在中国古代外交中，边疆割据政权和边郡具有外交职能。在乱世中，这些割据政权的外交开拓功绩可能高于前代。但是这部分史实没有引起人们的关注。公孙氏的辽东政权可以为我们提供一个分析的案例。

辽河流域是农业文明早发地区，中原文化进入较早。燕国即统治辽河；秦朝立国，设立辽东郡为正式行政区。数百年来，辽东郡是中原文化深入东北亚的桥头、各政权交流的平台和文明的灯塔。公孙政权在汉末纷争中，维护并相当程度上扩大了这个作用，强化了中原文化在东北亚的分量。可惜的是，曹魏攻占辽东的战役，伤害了当地中原文化的元气。

司马懿攻占襄平以后，野蛮屠杀公孙渊政权的官吏，并且殃及普通官兵、百姓。城池遭到血洗，辽东地区的社会经济受到严重破坏。另一边，东

---

① 孙祥伟：《三国时期东吴、辽东与三韩关系探略》。

吴大帝孙权坐视公孙渊灭亡,派兵趁火打劫。吴军在辽东半岛的汶县、沓津一带登陆,和魏军展开了激烈的争夺战,同时掳掠男女人口抢运回国。旅大地区受灾尤其严重,百姓流亡他乡,满目凄凉。(事后,曹魏迁徙旅大居民至山东半岛安置,设置了"新汶县"。)

随着公孙政权的灭亡、辽东地区战乱的结束,曹魏政权并没有建设辽东地区,仅仅将其当作可有可无的遥远行政区。中央王朝关心的是该地区不能再出现类似公孙政权的割据势力,放弃了有力的开发和建设。公孙政权是辽东地区发展的一个小高潮。之后,辽东经济日趋衰落,其东北亚经济文化中心的地位也逐渐丧失,外交功能随之失去。高句丽政权逐渐兴起,最终占据了朝鲜半岛,得以与辽东的中原文化分庭抗礼。

公孙政权覆灭、辽东局势恶化,与隋唐时期中国征讨高丽的关系;辽东中原文化退潮,与东北少数民族的崛起,少数民族政权(辽、金、清)对中原王朝侵扰压迫的关系,值得额外思考。

三国外交战略篇

　　三国是个谋士辈出的时代，但并不是所有的名人都是战略家。战略是根本性的、长期性的国家策略；要做战略家，不仅要有战术家的素质，更要明了局势，目光长远，头脑冷静，善于归纳总结。三国战略家为我们营造了一个现实主义主导、重实践轻阐述的战略时代。

三国乱世,各方人物你方唱罢我登场。从袁绍、曹操、刘表、刘焉、公孙瓒、吕布、袁术、孙策、张绣、张鲁等人群雄割据,再到曹魏、蜀汉、东吴的三国鼎立,最后到西晋统一天下,战略百出,或多或少地闪耀着智慧的光芒。曹魏的"富国强兵"战略、蜀汉的"举国进攻"战略、东吴的"据江自守"战略和辽东的"关键少数"战略都显露着清晰的印记。

曹操、诸葛亮、鲁肃、沮授等人都是杰出的战略家。还有些人物一战成名,留名青史,却称不上是战略家,只能算是杰出的战术专家。因为战略是长期性的、基础性的国家方略,要求操作者对天下形势、国内政治和战术技巧有清晰准确的把握。这也是战略与战术的区别所在。本书前面章节的多数内容涉及国家战略,详细阐述了各方的国家战略内容和在重大事件中的战略决策过程,本章再以专题的形式做一下补充。

综合国力竞争论

国家间的竞争本质上是实力的竞争。这里的国家实力包括政治、经济和军事等要素,其中最重要的是经济实力。在古代,经济发展程度决定了军队的规模和战斗力,关系到政权的稳固。这是"综合国力竞争论"的主要观点。

曹魏是"综合国力竞争论"的策源地和坚定执行者。这一理论重视综合国力在国家竞争中的基础性作用,主张"先富后动"。该理论在魏国最为盛行。许昌屯田,淮河军屯,招募流民,注重翻车、提花机等手工业改良等都是该理论的体现。

当然,蜀汉、东吴及其他势力也多少信奉这一理论。比如沮授、田丰等人在官渡之战的时候向袁绍进言,主张打一场持久消耗战,凭借当时河北相对强大的综合国力拖垮曹操势力。蜀汉平定南中、屯垦汉中等也都是想建设国家,聚集实力。但是怎奈蜀汉实在国小民寡,短期内国力难以提升,而且最终的提升幅度也非常有限。为了支撑连年的北伐,诸葛亮主持建立了国家的战争体制,就是想尽量集中微弱的国力办大事;与曹魏的抑制大族不同,东吴王室起于贫寒,采取了扶持部曲贵族的策略,授予军队民户,建立坚固的政权基础;大力讨伐山越地区,获取军队和编户,推广农业经济,为江南的长足发展奠定基础。东吴时期,江南地区由之前的卑湿贫地逐渐开始变成富足乐土。这些都是东吴重视综合国力建设的表现。

其实任何国家的统治者都清楚国力大小关系着国家的荣辱兴衰。北方遭受战乱和争霸图强之心促使曹魏异常注重国力积蓄。

景初中,曹叡对外屡次发起征役,对内大造宫室,加上当时粮食收成又不好,民怨很大。蒋济上书说:"陛下应当恢复之前富国强兵的政策。现在还不是您高枕无忧治理国家的时候。现在曹魏虽然占有 12 个州,但居民总数只不过相当于汉朝盛世时的一个大郡。蜀汉东吴二贼还未诛灭。士兵们在边陲辛苦耕战;宗庙宫室等制度也都在草创时期。当今国家的当务之急是停止对百姓的损耗,让百姓有农隙休养,专心农业。建立伟大功业的国君都是体恤民力、量民力而行的。"尽管蒋济的谏言并未被曹叡采纳,但这段话和已经出现过的许多言论一样,表明曹魏的主流治国思想是重视农业、体恤农民,力求恢复和发展经济,目的是消灭蜀汉和东吴,统一国家。

曹叡非常器重镇北将军吕昭,计划提拔他兼任冀州牧。杜恕反对这一任命。他的上书中突出了另一则信息:"帝王之道在于安民;安民的方法在于积蓄财富;积蓄财富,关键是要务本节用。农桑之民就是国家的根本。现在大魏拥有十州之地,但是继承的是大乱之后的基础。国家的户口还不到往昔的一州数量,同时吴蜀两国僭逆作乱,北方少数民族也没有完全臣服。现在荆、扬、青、徐、幽、并、雍、凉各边疆州都驻扎大军。他们依赖国家府库的充实来威慑四夷。实际上能够安心建设的就是兖、豫、司、冀四州而已。"

接着,杜恕明确说明反对吕昭出任冀州牧的理由:"如果州郡地方官同时带兵,就会专心于追逐军功,不会勤于民事,应该把将领和地方守官分开,以便各尽其职。现在陛下将冀州牧的官职用来赐予吕昭。冀州的户口最多,田地大多已经垦辟,是国家府库积蓄的重要来源,不应该再让地方官兼任兵事。如果陛下觉得北方应该加强镇守,可以专门设置大将来镇守安抚。"杜恕觉得吕昭这个人并不是全才,对地方行政事务并不熟悉。曹叡此举有"以人择官"而不是"为官择人"的嫌疑。

"天下就像人的躯体,腹心充实了,四肢即使生了病,最终也没有什么大患。现在的兖、豫、司、冀就是天下的腹心。"因此杜恕认为这四州的地方牧守,要专门处理农桑本业,以承担四肢的重量。即使皇帝有亲贵显要的人需要提拔,也不能动摇这个原则。

杜恕的奏折更加具体地指出了曹魏富国强兵的做法。他指出专心于农桑是地方官员的职责,其他事情不能冲淡这一使命。他反对让吕昭兼任地方州牧,是认为吕昭缺乏地方行政能力,不能劝农兴农。可见当时,一位官员在农事方面的能力,已经成了综合考察这个人的重要标准。

羊祜在荆州主持灭吴大事的时候,针对东吴"马其诺防线"般的长江防线,指出国家实力才是最终胜利的保障,自然障碍和人工军事都是次要的。事实证明,缺乏强大的国力和稳定的后方,再坚固的马其诺防线也抵御不了敌人的进攻。

羊祜在荆州任职期间,表面上无所作用,与寻常守将无异。实际上,他奠定了西晋灭吴的重要基础。羊祜在任上大举屯田,使军粮供应日趋丰足。例如,他占领离襄阳700余里的石城后,分一半的卫戍和巡逻的军队开垦田地800余顷,大获其利。羊祜刚到任上的时候,军中余粮不足百日之用,到第四年的时候军中的余粮足够支撑全军10年使用了。[①]

与羊祜隔着防线相互对峙的陆抗也一心积蓄东吴的国力,希望东吴不在南北的国力竞争中失败。无奈的是,东吴还是远远落在了国力竞争的后头。陆抗在给孙皓的遗书中说:"臣所驻守的地区,四处受敌,要外御强敌,内怀百蛮,耗费军事物资难以计数。现在东吴弊政日久,恐怕难以应付变故了。"陆抗在遗书中建议加强督导各位诸侯王,节约兵马,防备紧要事务;约束黄门竖宦;朝廷精简节约,将物资用在疆场紧要的地方。这条条建议都是冲着保存和壮大国家实力而去的,可惜都是节流之策。

---

① 《晋书·列传第四》。

陆抗相信,如果他的部属能有 8 万人满额,保障充足,赏罚分明,即使韩信、白起再生也不能在荆州有所施展。遗憾的是,孙皓既没有重视荆州西部,给予充分的保障,也没有改革弊政,保存国力。东吴不久就灭亡了。

经济关系政治结果,有人据此提出了"经济制衡论"来分析三国形势。这种观点认为三国的对峙和统一都是三大区域经济均势的反映。三国早期,北方残破,因此在南北对峙中处于被动局面;后来北方经济恢复,超越了南方,因此曹魏-西晋吞并了南方。这种观点有合理的一面,但把历史简化了。经济制衡论忽视了外交的作用。

公元 208 年赤壁鏖战时,北方残破,但相对于立国不久、内忧外患的东吴和寄人篱下、只有尺寸之地的刘备阵营,曹操阵营拥有绝对的经济优势。曹操的一系列战术决策的失误,产生了战略层次的消极影响。刘备和东吴阵营的成功外交,不仅抵消了经济实力上的短板,还取得了决战胜利。同样,赤壁之战以后的蜀汉,经济远逊于曹魏和东吴,称不上是经济三极中的一极。它之所以能鼎立三国,除了天生的地理优势,也得益于灵活、积极的外交。其实,东吴的经济也不足以与曹魏对峙,但它主动出击,弥补了经济不足。所以,经济是基础,是最重要的实力因素,但不是绝对的。不能迷信经济实力,如果缺乏外交等其他因素配合,"实力"转化不成相等的"权力"。

最后,附带在综合国力竞争论后面,笔者想提一下均势外交理论。蜀汉和东吴的联盟、孙权和公孙渊两人的外交实践是均势外交理论的典型体现。三国均势外交的主要思想是弱者联合对付强者,形成均势局面。蜀汉与东吴相对弱小,于是相互盟好共同对付曹魏,形成了南北对峙的局面;海边三国(魏、吴、辽)中曹魏最强,因此东吴和辽东就联合起来对付曹魏。三国大地上覆盖着两个大三角圈,再辅以外交往来和谋略,最终形成复杂的外交约束网络。

三国地缘政治论

袁绍与曹操两人在刚开始起兵的时候,有过这样一次对话。

袁绍问曹操:"如果讨伐董卓不成,什么可以作为我们的依靠啊?"

曹操反问:"足下以为如何?"

袁绍说:"我要南据黄河,北阻燕代,兼并北方戎狄少数民族,再南向争夺天下。这样可以成功了吧?"

曹操则说:"我要任用全天下的人才,用道德争夺天下,那样就无所不行了。如果只是用险固作为资本,就不能随着情况变化而变化了。"

曹操的话固然有道理,但是袁绍的计划体现出了古代历史上重要的外交理论。袁绍的战略是:据守河北,再争天下。河北有两大优势:一是地处北方,占领它就可以北拥长城,无后顾之忧,南临黄河,有天险可以凭借,进可攻,退可守;二是河北地区经济发展程度高,基础好,人口多,可以为天下争霸提供物质基础。

可见,袁绍主要是从地理因素上考虑的。地理因素在古今政治、军事斗争中起着重要作用。在冷兵器时代,地理因素的作用更加突出。古代中国围绕地理与政治的关系,有着丰富的实践和思想积累。套用西方政治学的名词,暂且称呼它为"地缘政治理论"。中国古代地缘政治理论是与西方迥异的自成体系的理论,它偏重实践,是和平的、有限范围的微观理论。

我们可以将东南起至大海,北到长城,西到陇右和巴蜀的广阔地区看作是中国地缘政治的核心区域。历史上的中央王朝都在核心区域,且几乎都在北部立国。其他地区可以看作是中国历史发展的边缘区域。

核心区域的发展对整个中国历史的发展起着关键性的作用。这一区域内部可以根据地理条件和历史经验再细分为四大亚区域:关中地区、关东地区、西南地区与江南地区。四大亚区域具有较大的地理、文化区别,在历史上支撑了不同的割据政权,扮演了不同的历史角色。

　　核心区域因为地理、人口、经济等方面的优势,主导着中国历史的发展。在古代历史中,边缘区域不时对核心区域构成巨大的军事压力(比如历史上戎狄、匈奴、五胡、突厥、契丹、女真、蒙古等少数民族对核心区域的先后侵袭进攻),核心区域的地缘战略重点始终放在本区域的北部边界。数千年间,核心区域往往对周边地区静观其变,通过战争和封贡等方式,利用文化、经济的吸引力进行渗透,适时安抚周边,怀柔远人。中原王朝也会将汉族先进的社会形态和文化扩展到周边地区,扩大核心区域的范围。现代国家和中华民族就是这么缓慢形成的。

　　和平是中央王朝与周边地区交往的主流精神。中央王朝精心构建以自我为中心的朝贡体系,囊括了中国所有地区和相关的邻国。秦朝之后的中央集权专制制度,汉武帝后改良的儒家思想逐渐成为核心区域的主流价值观,并向周边地区传播。双方的交往从奴隶社会即已存在,并不断丰富发展。维持并扩大这种交往,构建稳固的朝贡体系是中华帝国给历朝历代留下的历史作业,也是宝贵的外交遗产。

　　在核心区域内部,关中地区、西南地区位于中国大陆地形的第二阶梯,地形都属于易守难攻,只要把守住边缘的战略要点,攻守自如,就对关东地区和江南地区具有居高临下的地缘优势。同样,北部的关中地区、关东地区对南部的西南地区、江南地区具有地缘优势。北部地区对南部地区的地缘优势在早期是建立在人口和经济优势之上的。但是随着南部的开发和人口的增多,北部地区只保留了最重要的优势:军事优势。

　　历史上,北部军队的战斗力一直强于南部军队。北部气候相对恶劣,民众体质强于南部,斗志旺于南部;而且北部的地形和环境便利战车兵和骑兵的发展。这两个兵种在冷兵器时期是战斗力、机动性最强的兵种。例如,马镫在三国时期已经出现在北方,而南方士兵依然以双腿来夹住马腹作战。军事实力的优势使得历史上的政治中心、军事中心一直停留在北部地区。统一的中央王朝一般都是自北而南建立的。

　　尽管北部地区在政治、军事上拥有优势,但是只要南部地区控制了战略要地,包括秦岭一线、襄樊、桐柏山—大别山区、合肥、扬州,南部就易守难攻了。同时,南部松软的土壤、湿润的气候、密集的水网也都限制了北部军队战斗力的发挥。再加上北方人水土不服,尽管北部经常发动对南部的侵略,但南部政权只要措施得当,一般都能抵挡住北方的攻势。这样的局势在三国、南北朝、五代十六国等时期都存在。① 南北部在很长时间内形成对峙形势,使核心区域的南北分裂成为中国历史分裂的常态。

地缘政治学派是三国外交战略的重要学派。沮授、鲁肃、诸葛亮等人都是其中的重要代表,《榻上策》《隆中对》都是其中的辉煌名篇。《榻上策》和《隆中对》在地缘形势的判断上基本相同,并且提出了大致相同的对策:占据南方险要地形,待机北伐。但是这两个地缘战略都将荆州列为自己的占领目标。对刘备来说,荆州是进攻中原伟业的战略基地,也是对东吴政权保持地缘优势的基地。然而对东吴来说,荆州在他人手中则对自己构成了巨大的战略威胁。当刘备集团占领汉中,势力达到全盛、咄咄逼人之时,东吴集团出于自身防御的考虑,偷袭荆州,最终占领了荆州,蜀汉则完全退居西南地区。夷陵之战标志着荆州问题的解决,但也使《隆中对》筹划的天下战略流产。

东吴的长江防线和曹魏的江北防线相互对峙,是尽地理之利的杰作,也是中国古代地缘政治理论的突出表现。南北部长期分裂的界线并不是一条直线,而是大致沿着核心区域的南北界线上下移动,最北不超过黄河,长江则是南部的极限。这一范围内形成了大批重镇,如古彭城(今江苏徐州)、古寿阳(今安徽寿县)、古悬瓠(今河南汝南县)、古历阳(今安徽和县)等,是南北攻防的例证。② 东吴和曹魏沿着广陵—合肥—襄阳一线相互对峙,形成了

---

① 东晋只占领扬州、合肥,并没有占领襄樊,其对北朝便处于战略被动地位。前秦发动对东晋的进攻,主攻方向选择淮南地区,偏军发自襄樊,以失败告终。其中一个原因就是前秦没有集结主力于已占领的襄樊,将主攻方向选择在湖广地区。之后宋、齐、梁向北扩地,并且占领了西南地区,地缘地位大为改善。到南陈时期,南北的分界线南推到长江沿线,要地尽失,导致南陈对北方战略地位极为被动。五代时期,南唐前期占据淮南地区,一度能与五代南北对峙。等到后周攻占江淮地区,南唐便不得不南迁避其锋芒。南宋时期形势也一样。

② 一些城市的城墙工事至今保存完好,在发展旅游的同时也在向后人揭示历史事实。在这方面,淮南寿县最为典型。

一条相对明确的对峙线。巧的是,这一条线也是中国历史上南北分裂时出现最多的分界线。

三国时期的地缘政治理论还体现在许多地方。比如汉中被曹操占领时,巴蜀一日数惊。因为汉中是巴蜀的门户,就像占领荆州的人与江东共有长江天险一样,占领汉中的人就与巴蜀共有西南的崇山峻岭了。又比如东吴和蜀汉面对曹魏的强大压力选择联盟,恰恰体现了地缘政治中"在特定区域中,弱小者常常实现联盟来对付最强大者的威胁"的原则;辽东与东吴的外交往来也符合地缘政治中"区域内力量不平衡时,弱小者具有引入区域外大国以实现势力均衡的倾向"的判断;等等。笔者觉得,三国可以为分析地缘政治理论提供极好的案例。

弱势的理想主义

理想主义与现实主义的碰撞在任何时候都存在。

刘备从北往南进攻成都的时候,州从事郑度劝说刘璋:"刘备袭击我们的兵力不满一万,沿途士兵百姓并没有归附。刘备军缺乏辎重,只能沿途筹集粮草。我们方今之计,不如将巴西、梓潼两郡的百姓都赶到涪水以西去。同时将府库里和田野中的谷物都一把火烧光,高垒深沟,坚壁清野,以静待动。刘备向我们挑战,我们不答应他。不久刘军就会军粮物资不足,不超过百日,肯定要败走。等他败走的时候,我们再追击,一定能取得最后的胜利。"

郑度的计划就是在刘备途经的地区制造"无人区",让脱离基地作战的刘备军队粮尽后自动退走。这不失为一条毒辣的计谋。

刘备探听到郑度的计谋后,真的害怕起来,问法正应该怎么办。法正说:"刘璋是不会采纳这条计谋的。主公不要担忧。"

果然和法正说的一样,刘璋这个老好人对下属们说:"我听说与敌人作战是为了安定百姓,没有听说迁移百姓烧毁家园来避敌的。"刘璋不但没有采纳郑度的计策,还罢黜了他。

在乱世时候,像刘璋这样的君主很少。他这样的人注定是要失败的。乱世中,生存是第一位的。为了生存,现实主义大行其道。讲求礼义廉耻、处处以百姓为念的人注定斗不过心狠手辣、处处务实进取的对手。中国历史上乱世重现实主义,盛世重理想主义,成了一条普遍规律。

在三国外交战略中,现实主义思想居于绝对主流。现实主义真实地体现了乱世中弱肉强食的情况,为了各自争霸图强的目的,无所不用其极。现实主义者遵守历史经验教训和政治规律,决策冷峻、务实而自私。理想主义的战略则更多思考"应该怎么样""将来怎么样"的问题,不是表现为对意识形态的推崇,就是行事脱离现实情况,不一而足。

邓艾是现实主义大家,但是他在对待匈奴的战略问题上却表现出严重的理想主义倾向。

当时匈奴右贤王刘豹部在并州势力强大。邓艾上言说:"戎狄人面兽心,不讲仁义道德。势力强大时就侵略内地,为暴一方;弱小的时候就请求归附中原。因此周宣王的时候有猃狁入寇中原,汉高祖遭遇了平城之围的羞耻。匈奴强盛都是前代的重大祸患。"可见邓艾僵硬地从"夷夏大防"的陈旧思想出发立论,对匈奴抱有强烈的不信任感。

匈奴在单于的率领下,呼啸在外,朝廷不能牵制。因此曹魏曾招诱匈奴单于入内地,让他担任朝廷职务以为羁縻之计。匈奴各部落失去了首领,缺乏统一的指挥,力量发展受到一定限制。邓艾认为:"现在单于的威望在本民族日益下降,对匈奴和北方少数民族不可不做严格的防备。刘豹部有叛变、不听从刘豹指挥的部众,朝廷可以扶持这批人,将刘豹部一分为二,削弱他的势力。一些匈奴贵族之前有过功绩,现在也可以让他们的子孙继承爵位,安置在雁门地区,那样既离中原腹心地区远了,又可以协助抵御北方其他少数民族的入侵。"邓艾对当时匈奴不断内迁、与汉族人杂居的状况极不赞同,说:"羌胡少数民族与百姓同居共处。应该逐渐将这些少数民族迁移到边疆地区。"邓艾的迁徙匈奴至塞外的政策与当时北方少数民族不断南

迁、民族融合进程加快的现实背道而驰。简单地外迁少数民族,的确能一刀

切式地解决问题,但难以执行。曹魏也并没有采纳邓艾的意见。

　　三国时期的理想主义重镇无疑是在汉中。当时张鲁在汉中地区施行了一场"空想社会主义"式的政治、社会事件。

　　张鲁的政治实践带有浓厚的宗教色彩。他的祖父张陵在迁移到巴蜀的时候,创作道书阐发教义,吸引了大批民众跟随。因为所有的教徒参加的时候都要出五斗米,因此张陵创立的宗教被人称为"五斗米道",属于早期道教的分支。张陵死后,儿子张衡继续行道布教。光和年间,出现了"东方有张角,汉中有张衡"的宗教局面。

　　张鲁继承了父亲张衡的事业。当时的益州牧刘焉任命张鲁为督义司马,与张修一起率兵进攻汉中太守苏固。占领汉中后,张鲁偷袭张修,收编了张修的部队。刘璋替代刘焉后,因为张鲁长期不归顺,就杀了张鲁母亲一边的亲戚。张鲁干脆公开割据汉中,自号"师君",用"五斗米道"来教化百姓,进行统治。

　　汉中的百姓几乎都是道徒。刚开始学道的人被叫作"鬼卒"。信仰坚定而且担任一定职务的人被叫作"祭酒"。祭酒拥有部众,相当于地方官员。其中部众多、职位重要的祭酒被叫作"治头大祭酒"。张鲁的立政基础是教导百姓讲诚信、不欺诈。百姓有了病,就要通过坦白自己过错的方式来治病,大致与黄巾军的做法相似。

　　张角的黄巾军也是教病人叩头思过,再给病人饮用符水。五斗米道在张衡创立时期的做法大致与张角的做法相同,但是增加了安静的房间,让病人独自在房间里思过。张衡又让一些祭酒攻习老子的《道德经》,称为"奸令";让一些人做"鬼吏",来为病者请福祈祷。请祷的方法,就是在纸上书写病人的姓名,再述说病人服罪的意思。如此重复三遍,将其中一张纸埋在山上,以便让上天知道,其中一张纸埋在地里,第三张纸沉入水中,称为"三官手书"。生病的人家则要献出米五斗作为报酬。

　　张鲁统治汉中的时候,避开战乱、保境安民,进一步发展了五斗米教义,又有了现实政权的保障,因此建立起一套完整的社会制度来。他在汉中境内设立"义舍",在里面放置大米白肉,以供应路人。行路的人根据自己的食量进食。如果有人多拿多要,张鲁就诅咒他被鬼缠身得病。汉中境地犯法的人,都可以获得三次原谅的机会。以后再犯,才对人行刑。张鲁设定的刑法相当简单,依靠的是人们的自觉。百姓犯有小过错,出钱出力整理百步长的道路就可以免罪。张鲁规定春夏禁止行刑杀人,还减少极刑的使用。同时,汉中地区禁酒,以便储备粮食。

张鲁的政策带有浓厚的宗教和理想主义色彩,但是在天下大乱的东汉末年里,理想主义的汉中成了百姓的天堂。汉中地区不仅保持了相对的稳定,而且政府职能大大简化,推崇人民自治,对经济的恢复和发展起到了推动作用。张鲁征收的五斗米,其实相当于政府征收的赋税,既是固定的,数量又少,得到了百姓的支持。张鲁的执政,一是主动与民休养生息;二是建立公有经济,服务百姓;三是对外保境安民,不参与乱世纷争,在乱世中特别显眼。史载:"民夷便乐之。"百姓都很拥护张鲁的执政。还有许多流民迁移到汉中来,信奉五斗米道。韩遂、马超战乱的时候,关中和西凉百姓从子午谷投奔汉中的就有数万家之多。张鲁借此雄霸汉中超过 30 年。

东汉王朝无力征讨四方,就承认现实,封张鲁为镇民中郎将,领汉宁太守。汉中四时向朝廷贡献物产。当时汉中有人在地里得到了玉印。下属们就想推张鲁当汉宁王。巴西人阎圃劝谏张鲁说:"汉川的百姓,户口超过十万,财富积累,土地肥沃,而且四面都有险固可以坚守。您不论是称王,还是割据一方,总之不失富贵。如果您务虚名,可能会导致祸害啊。"张鲁于是继续施行弱政府、轻政少策的执政思路。

建安二十年(215),曹操出武都进攻汉中。张鲁想投降,弟弟张卫不肯,带领数万军队坚守阳平关。汉中经过长期的治理,竟得以在阳平关与曹操军形成对峙局面。据说后来曹军已经下定决心后撤,在迷雾之中走错了方向,开入张卫营中,才侥幸攻下阳平关。

张鲁听到阳平关陷落的消息,就率众南逃进入巴中山区。逃跑前,左右想烧毁汉中府库,破坏汉中 30 多年的积蓄。张鲁说:"这些都是国家的。现在我们逃亡,是躲避军锋,何必要生这些恶意呢?"因此张鲁逃跑前将府库都封存起来。曹操进入汉中首府南郑后,对张鲁的执政和封存府库的行为很赞赏,招慰张鲁。张鲁最终投降,被拜为镇南将军,封阆中侯,邑万户。汉中政权从此结束。

张鲁在后世的知名度很高,既因为他的宗教,也因为他在汉中的执政。其实与他同时,河北地区的田畴也实行了类似的空想社会主义的实践。田畴身逢乱世,组织乡民,不仅实现了自保,还建立了一个道不拾遗的"世外桃源"。他率领宗族和附从于他的数百人,避入徐无山中,在深险地势上扎营,开垦其中平坦肥沃的土地,亲自耕种奉养父母。周围的百姓知道后纷纷前来归顺。数年间田畴营地达到 5000 余户人家。聚众自保者多矣,有占山为王者,有游弋截掠者。但难能可贵的是,田畴不做山大王,而是组织建立了一套社会规范。田畴对父老乡亲们说:"大家相聚在一起成为一座城池,却没有统一的规章制度,这不是长治久安的道路。希望大家推举、选择贤长的人进行行政治理。"在获得居民们的支持后,田畴与大家相互约束,制定了杀伤、犯盗、诤讼的法律。罪重的人可以被罚至死罪,其次抵罪,一共 20 余条;又制定了婚姻嫁娶的礼仪,兴办学校,传授知识。这个居民点的人们觉得生活稳定方便,最后做到了道不拾遗。据说当时整个北方都知道田畴垦荒山中。乌桓、鲜卑等民族还曾派人与之联络,进行贸易。

　　尽管有局部的成功的理想主义实践,但在整个三国历史中,现实主义的思想做法无疑占据绝对优势地位。理想主义思想犹如绿树中的红花,显得特别醒目,映衬出整个森林的美。

三国外交谋略篇①

外交谋略的精华是什么？见机行事，随机应变。
水无常形，外交谋略也没有固定的本本可以参照学
习。我们只能总结出大的外交谋略（善于用人和打
心理战），再一起盘点点缀其中的外交战术谋划。

---

① 本书前几章分时间、分国别写了三国外交战略。本章专门讲外交技巧层次的外交
计谋与策略。三国历史中的很多故事都是政治、军事斗争，并不属于严格意义上的外交活
动，但政治军事和外交紧密相关，前者对外交实践具有借鉴作用，也一并收录在本章中。

外交谋略的精华是什么?

袁绍与公孙瓒在界桥交战的时候,巨鹿的太守和郡里的大族都认为公孙瓒兵势强大,想归附公孙瓒。袁绍听说后,就派遣董昭出任新的巨鹿太守,以稳定局势。

董昭的任务是防止巨鹿郡投向公孙瓒。临行前,袁绍问董昭:"你有什么计划吗?"董昭回答说:"一个人的思考有限,肯定不能抵抗众人的谋略。我们要招诱那些已经起了异心的大族,需要了解当地的实际情况,才能到时见机行事。计谋多出自临时,事先怎么能够得知呢?"

董昭的回答一针见血,说出了外交谋略的精华所在:随机行事。与长期的基础性外交战略不同,外交谋略是与具体事件紧密联系在一起的,讲究的是见机行事,随机应变。我们的人生也是如此。每个人都身处瞬息万变的世界之中,唯一不变的可能就是变化本身了。再牢固的印象、再可靠的经验,也会在纷繁复杂、风起云涌的环境中变得不堪一击,不再适用。我们可以依赖的,就是用从前人的经验教训和自身的学习修为中归纳总结出来的人生智慧,来应对汹涌而来的客观变化。

用人是第一谋略

外交人员是外交的根本。

外交的筹划、进展和反馈都离不开人的执行。古今外交人员承担着纷繁复杂的外交事件。从业者的素质高低决定着外交质量的高低。对统治者来说,外交过程其实在用人的环节就开始了。用人,着实是首要、最大的外交谋略。

郭嘉起初是投靠袁绍的一位谋士,后来对袁绍很失望,才投奔曹操。郭嘉说:"智者都非常谨慎地选择主公,这是建功立业的基础。袁公效仿周公的礼贤下士,却并不明了如何用人。他多端寡要,好谋无决,是难以一起共济天下大难、成就霸王之业的人。"郭嘉认为袁绍这个人行事拖泥带水，抓不住要领；喜欢谋划却难以下决心，因此并不是自己心中的明主。（袁绍在失败后，仍有人甘愿为他而死。这说明袁绍在用人方面多少还是成功的。）

与袁绍一样，刘璋的用人方略也不太成功。刘璋统治下的益州，不仅存在着当地人才和外来人才之间的矛盾，还存在着大量人才没有得到充分挖掘、发挥作用的问题。因此有人就感觉没有出路，人心思变。

正如诸葛亮在《隆中对》中说的："智能之士思得明君。"刘备的到来给人们树立了一个相对英明的君主形象，多数人开始倒向刘备以保障自己的利益和前途。

黄忠是荆州的降将，虽然年老，但冲锋陷阵，勇冠三军。在汉中战役的时候，黄忠"于汉中定军山击夏侯渊。渊众甚精，忠推锋必进，劝率士卒，金鼓振天，欢声动谷，一战斩渊，渊军大败"。汉中战役的首功，非黄忠莫属。战后，黄忠因功升征西将军。刘备做了汉中王以后，想再提拔黄忠担任后将军。诸葛亮对刘备说："黄忠的名望，一直都比不上关羽和马超等人。现在让他和关马等人同列，近在跟前的马超和张飞亲眼看见了黄忠的功劳，也许可以理解这次任命；但关羽只是远远听说过黄忠的事迹，恐怕心里会有所情绪。"刘备说："没关系，我亲自给他们两个人调解。"刘备坚持提升黄忠，并赐爵关内侯。

魏延本是起身行伍的一名普通士兵。他率领部曲随刘备入蜀，屡立战功，升迁为牙门将军。刘备做了汉中王以后，驻扎在成都，需要大将镇守汉中。当时阵营内部大都认为刘备肯定会任用张飞来镇守汉中，张飞也在心中认为这个人选会是自己。但是刘备最后提拔了魏延镇守汉中，任镇远将军、领汉中太守，全军都震惊了。刘备之后大会群臣，公开问魏延："现在我委托将军以重任，将军计划怎么镇守汉中啊？"魏延回答说："如果曹操率天下之兵前来，请让我为大王抵御住他；如果曹操派遣偏将和十万士卒前来，请让我为大王吞灭他。"刘备表示赞赏，全军也都非常认同魏延的胆魄。

刘备之所以不用张飞，是因为他非常清楚张飞的弱点。历史上真实的张飞并不是大老粗，而是敬慕名流、喜欢画仕女图的儒将。他善待士大夫而轻慢士卒，导致官兵关系紧张。刘备常常告诫他："你刑杀太重了，而且每天都鞭打士卒，又把这些受到惩罚的士卒继续留在左右，这迟早会给你带来祸害的。"张飞却知错不改，在准备伐吴的时候，张飞帐下的将领张达、范疆两人，就因为不堪张飞的重压和鞭打，刺杀了张飞，投降东吴去了。

刘备不仅知人善任，而且待人相当宽容。

刘巴本来是曹操的人，在赤壁之战时被派往荆州南部活动，以牵制刘备。但是他在战后难以北归，辗转到了刘璋手下任职，继续与刘备为敌。（东汉末期人才流动性很大。很多人东南西北到处跑，寻找合适的主子。）刘璋邀请刘备入川的时候，刘巴强烈反对，说："刘备是枭雄，来了就是个祸害。主公千万不能让他进来啊！"刘备入川后，刘巴又强谏道："如果让刘备去外面征讨张鲁，就像是放虎进入山林。"他主张监视、约束刘备。可刘璋还是不听。

刘巴觉得这样下去刘璋必败无疑，所以闭门称病不出。刘备后来果然反了，可是不计前嫌，在围攻成都的时候下令三军："有谁如果伤害刘巴，我就诛他的三族。"刘巴很感动，城陷后向刘备辞谢请罪。刘备高兴地任用刘巴做了自己的西曹掾（相当于自己身边的副秘书）。

刘备宽于待人的另一个例子是他对黄权的态度。夷陵战役的时候，黄权领偏师在长江北岸执行警戒任务。刘备主力失败后，黄权的军队就成了深入敌后的孤军。他看到返回巴蜀无望，就率领部队投降了曹魏。按照法律，黄权留在巴蜀的妻子和儿子应该受到法办。刘备说："是我辜负了黄权，黄权并没有辜负我。"他还一如既往地对待黄权的家人。黄权的儿子黄崇，后来在蜀汉政权中做到了尚书郎。父子两人在互为敌国的两个国家做官，这是三国历史上的一大趣闻。

刘备用人的第三大优点就是能够根据利益需要，压制个人好恶，人尽其用。

有个叫许靖的人，是蜀郡太守。在刘备围攻成都的时候，他竟然想爬下城墙向刘备投降，结果被人抓住了。刘璋没有杀许靖，可是他对这个主动归降的太守非常厌恶，长时间没有给他安排工作。后来刘备定蜀后，法正就劝刘备说："许靖是那种天下虚名很高，但并没有真才实学的人。主公现在正在草创大业，应该怀柔天下之人。许靖的虚名传播四海，众人皆知。如果我们不礼遇许靖,天下人还以为主公您不尊重贤才呢。您应该对许靖表示敬重,向天下远近表示一下态度。"刘备于是厚待许靖,让他做了有名无实的司徒。

说完刘备,再说曹操的用人。曹操一反汉朝重出身和虚名的传统,注重德才兼备。演义小说中有许多讲曹操刻薄多疑的故事,但历史上的曹操以博大的胸怀和超然的眼光聚拢了当时海内的一流人才。曹魏的人才是三国四方中最多的,这从本书前面出场人物的多寡就可以看出来了。

终其一生,曹操用人的基本特点是:

第一,为下属创造宽松的施政环境。这是建立在曹操对下属信任并放权的基础之上的。

臧霸是位泰山豪强,他在青州和徐州一带与孙观、吴敦、尹礼等人聚兵作乱。曹操与吕布混战的时候,臧霸等人站在吕布一边。吕布失败后,臧霸被曹操逮捕。曹操非常喜欢他,不但放了他,还让他招降了孙观、吴敦、尹礼等人。曹操任命臧霸为琅邪相,其他人也都做了太守,将青、徐二州的安危托付给这群豪强。不久,曹操的叛将徐翕、毛晖两人亡命青州,投靠臧霸。臧霸没有交出这两个人,还向曹操大谈江湖道义。曹操非常信任地赦免了徐、毛两人的罪过,重新任命两人为郡守。

臧霸等人也知恩图报,维持了青、徐两州的稳定,抵御住了其他势力的染指。官渡大战的时候,曹操命令臧霸率领精兵屯驻青州,岿然不动,免除了曹军东部的威胁,使得曹军能一心与袁绍对抗。曹操没有花费大精力,就利用臧霸等人稳定了东方。史载臧霸等"执义征暴,清定海岱,功莫大焉"。其实下属的成就很大程度上是上司协助创造的。

第二,宽容部下的过错。

最典型的例子就是官渡之战以后,曹操检查袁绍军中的书信,发现许多军中官员的降书。当时阵营内部许多人忧心忡忡。少数人为了表白自己,要求查验书信。曹操反而是一把火把缴获的书信全给烧了,说:"当初袁绍非常强大,我还怕不能自保呢,更何况大家!"一句话,就赢得了很多人死心塌地的效忠。

曹操起兵兖州的时候,用东平人毕谌做别驾。张邈叛乱的时候劫持了毕谌的母亲、弟弟、妻子和孩子。曹操很有人情味地对毕谌说："你的老母亲在敌人那，你可以去投靠敌人保全家人。"毕谌当场顿首，表明自己没有二心，感动得曹操眼泪鼻涕都出来了。谁知道两人一散，毕谌立即跑去投降了张邈。很多年后，曹操在徐州战役的俘虏中发现了毕谌。当时很多人都担心毕谌活不了了。曹操说："人家对自己的母亲非常孝顺，也自然会对君主非常忠诚！这样的人，正是我需要的。"他不以往事为念，立即将毕谌从俘虏提拔为鲁相。

魏种的情况与毕谌差不多。魏种是曹操起兵时期提拔的孝廉①。兖州叛乱的时候，曹操说："所有人都可能叛变，但是只有魏种是不会离开我的。"话没说完，有人进来报告说魏种投敌去了！曹操觉得特没面子，发怒说："魏种，你即使向南逃入吴越山陵，向北归附塞外蛮夷，我也不放过你！"后来曹军取得河内战役胜利，攻占射犬的时候，俘虏中也有魏种。曹操感叹道："魏种是个人才啊！"就释放了魏种，还任命他担任河内太守，将河内这个河北的关键据点托付给他。

第三，不厚此薄彼，尊重所有下属的谋略。

曹操远征乌桓的时候，条件恶劣，前途难测。当时几乎所有的谋士都反对远征，只有郭嘉认为应该乘胜平定长城沿线。曹操肯定了郭嘉的建议，在长城沿线战役中大获全胜。回到易州后，曹操照样重赏了先前劝谏不要攻击的谋士。他说："我这次冒着极大危险远征，侥幸才获得了成功。虽然得胜了，却是上天保佑的结果，是不可以效法的。诸位的劝谏是万安之计，所以赏赐大家。以后也希望大家知无不言啊。"

第四，注意提拔出身低微的人，甚至是那些投降、俘虏的人才。

曹操知人善察，提拔于禁、乐进二人于行伍之间，提拔张辽、徐晃于俘虏之中。这些人以后都建立了不世武功，成为一代名将。至于曹操在民间和阵中提拔的人，更是数不胜数。

曹操讨伐荆州的时候，刘琮举州投降。他招呼部将文聘一起投降。文

---

① 孝廉：东汉时期入仕的资格，一般由太守以上官员推荐品德优良的人担任，类似于后世的进士身份。

聘说:"我不能保全荆州,是个罪人。余生待罪而已。"他不愿意去迎接曹操,在家中闭门赋闲。曹操渡过汉江,进入荆州后,文聘才来拜见曹操。曹操问他:"为什么姗姗来迟啊?"文聘说:"我先前不能辅助刘表保全荆州,侍奉国家,怎么还好意思抛头露面。刘表虽然没了,但我仍然希望能够据守汉江两岸,保全家乡故土,生不负于百姓,死无愧于地下。"文聘说话间,热泪盈眶。曹操感动地说:"仲业(文聘的字),你真是忠臣啊。"曹操对文聘厚礼相待,还划拨军队由他指挥。文聘在曹操阵营中不仅取得了长坂坡追击战的胜利,还在魏国建立后长期镇守江夏,成为曹魏的南天一柱。

第五,权术和诚意、防范与宽厚相结合。

裴松之引《魏略》注解《赵俨传》时,有一则重要的信息。官渡战役的时候,曹方很多人暗地里与袁绍通信投降。赵俨当时与李通同城为官。李通也想派人和袁绍拉关系,给自己留条后路。赵俨为李通分析了袁绍必败、曹操必胜的道理,李通才打消了原来的念头。曹操破袁绍后,表面上是焚烧了所有的书信,实际上他早就派人搜查拆看了这些书信。他知道谁忠心、谁有过叛意,而且还有重点地调查了一些人(比如李通)。曹操防范下属的权术可见一斑。

曹操的用人策略被子孙继承。曹丕曾对投降的黄权说:"你舍弃叛逆归顺朝廷,是想效仿陈平、韩信吗?"黄权实话实说:"刘备对我有知遇之恩。当时我是万万不能投降东吴的,返回巴蜀又被截断了归路,所以就只能投降北方了。我是败军之将,侥幸免死,从不想与古人相比。"曹丕听了不但不生气,反而更敬重黄权了。刘备去世的消息传到洛阳的时候,曹魏群臣都来向曹丕祝贺,只有黄权一个人没有来。曹丕也不怪罪黄权,依然是拜将封侯,信任如初。

用人的谋略除了专注于阵营内部招贤纳士、人尽其才外,还有重要的一点就是"用"好其他阵营的人才。具体到外交领域,如何在其他阵营内维持、发展亲善分子,建立亲善集团是一个重要的任务。有的时候,这些外部的亲善人物比内部的外交人员的作用还要重要。

以蜀汉与东吴的外交为例,鲁肃就是东吴内部的"亲蜀分子"。鲁肃负责荆州事务。他的前任周瑜、后任吕蒙都是对蜀汉的强硬派。但是鲁肃坚持认为保持与蜀汉的良好关系符合东吴的国家利益。他是吴蜀联盟的推动者和坚决维护者。鲁肃与关羽共治荆州的时候，史载相邻的吴蜀两军"数生狐疑，疆场纷错"。而鲁肃常常做和事佬，好言好语缓和双方的冲突纠纷。设想如果没有鲁肃，刘备势力还能否在赤壁之战后的十多年时间里获得和平发展的宝贵时机？鲁肃死后，远在成都的诸葛亮也为他发哀。在诸葛亮看来，就连自己的亲哥哥诸葛瑾都没有发挥像鲁肃这么重要的外交作用。

诸葛亮的哀悼，哀的是东吴内部再也出现不了鲁肃这样的"亲蜀分子"了。的确，刘备势力和孙权势力经历了共同战斗和友好结盟的岁月，有许多交流沟通的机会。但是刘备势力没有把握住在东吴内部发展亲蜀势力集团的机会，等到鲁肃死后才意识到这个重大缺陷。

三国时期，人才的流动性很大。各派势力都表现出亲贤礼士的态度，其中一个重要的目的就是即使不能使人才为己所用，也可以为日后相见留下良好的印象。这是朴素的营建亲善势力的努力。曹操南征荆州的时候，荆州内部投降派的重要组成部分就是从北方逃难到荆州的士大夫。孙权对历任蜀汉派往东吴的使节都非常和善亲近，用意之一就是通过私人交好来营造蜀汉内部的亲吴势力，保持吴蜀友好同盟。

中国特色心理战

《襄阳记》①中有一段话，恰当简要地解释了什么是中国特色的心理战。

建兴三年(225)，诸葛亮出兵征伐南中地区。马谡给诸葛亮送行，一直送了数十里地。诸葛亮说："我们一起共事好多年了，今天可以赐教平定南中的良策吗？"马谡回答说："南中仗着地方偏远险远，长期不服从朝廷。即

---

① 《襄阳记》，又名《襄阳耆旧记》，晋代习凿齿撰，是研究襄阳古代人文的重要历史文献。

使我们今天打败了他,他明天还会造反。南中知道您要倾全国之力北伐,国势空虚,所以会迅速反叛。而我们既没有力量,也不能在短期内消灭所有的叛逆。用兵之道,攻心为上,攻城为下;心战为上,兵战为下。希望您能够征服他们的内心。"诸葛亮依照马谡的政策,七擒七赦孟获,终于平定了南中地区。在诸葛亮当政时期,蜀汉南方再没有发生大规模的骚乱。

"攻心为上,攻城为下;心战为上,兵战为下。"这道出了中国特色心理战的突出特点。古代中国相当重视攻心战法。三国时期的心理战主要表现为:

第一,设身处地,换位思考。

谋略高手们之所以善于把握对方的心理,得益于他们学会了设身处地,从对手的角度思考问题。这不仅有利于分清彼此,明了优劣;还可以拉近彼此之间的距离。

其中最典型的案例就是吴蜀同盟的恢复。邓芝出使东吴的时候,对依然犹豫不决的孙权说:"臣此行不仅仅是为了蜀国,也是为了吴国而来。"一句话就引起了孙权的兴趣。孙权接见邓芝,多少是为了看对方能给自己带来什么样的利益。邓芝在会见中简要地谈了蜀汉和东吴地势的险要和联盟的潜在利益,着重分析了东吴当前的处境:"曹魏正在征召东吴的质子。大王您如果向曹魏献出人质,魏国必然要征召大王入朝,要求您的太子作为魏皇的内侍。如果您不听从曹魏的命令,北方就可以奉辞伐叛。到时候我们蜀汉也必然顺流而下,东进伐吴。如果出现这样的情况,江南之地还会是大王您所有吗?"如此这般,邓芝的话马上抓住了孙权的心理,孙权为了国家利益和发展考虑,终于下定了重修盟好的决心。

官渡之战最初之时,袁绍大军屯在黎阳,准备南渡。当时防守黄河南岸鄄城的是程昱,仅有700士兵。曹操派人告诉程昱,让他不要害怕,马上就给他增调2000守卫士兵。程昱却不肯要援兵,说:"袁绍拥有10万大军,自以为可以所向无敌。现在他看到我程昱兵少,就会认为鄄城构不成威胁,不会前来进攻。如果增加了鄄城的驻兵,袁绍经过时就不可不攻了。袁绍大军一攻,小小鄄城,士兵再多也守不住。您的增兵只会分散兵力,增加伤亡而已。"曹操采纳了程昱的意见,没有发兵。袁绍得知程昱兵少无援,果然没有前来进攻。曹操听到消息后说:"程昱胆量过于战国时勇士孟贲和夏育啊。"其实程昱的胆子大是一方面,另一方面是他准确把握住了袁绍轻浮急进的心理,才创造了以 700 人守住一城的奇迹。

袁绍死后,曹操大军继续征讨袁谭、袁尚,节节胜利。将领们都希望能够乘胜扩大战争规模,一举消灭袁氏势力。郭嘉说:"袁谭、袁尚是袁绍喜爱的两个儿子。他们内心都在觊觎父亲的职位。再加上郭图、逢纪等谋臣的矛盾,二袁迟早会内斗。现在是因为有我军的强大军事压力,他们才保持合作,一致对外;如果军事压力小了,他们心中一定会生变。我军不如南撤,摆出征讨荆州刘表的样子,等待河北的变化。如果二袁发生了内斗,到时就真的可以一举平定河北了。"曹操于是率军摆出南征的样子,没走多远,袁谭和袁尚果然就开始争夺冀州。袁谭被袁尚打败,退守平原,向曹操乞降。这是郭嘉准确把握住对手心理,克敌制胜的例子。

第二,重视士气对斗争结果的影响。

士气对斗争结果有着重要的影响。春秋时期的"一鼓作气,再而衰,三而竭"说的就是士气的重要作用。敌我士气的斗争是三国心理战的重要内容。最典型的例子发生在曹操征关中的战役中。西凉地处偏远,人民见识有限,当时对朝廷有畏服之心,再加上曹操盛名威加四海,所以在西凉军队中有很高的声望。许多西凉将领在阵前看到曹操,竟先在马上行参拜之礼。双方对阵的时候,关中和西凉的士兵争相目睹曹操的风采。曹操巧妙抓住了敌方的心理,将之转化为自己的优势。他在阵上高喊:"你们都想看到我曹公啊?我也是人,并没有四只眼睛两张嘴,我只是智慧比较多而已!"曹操的配合演出加剧了西凉阵地的骚动。曹操适时地将 5000 装备优良的铁骑排列出方阵。在耀眼阳光的照射下,骑兵方阵光亮醒目,5000 盔甲一起反射阳光,仿佛太阳落于大地一样。西凉军队还未交战,就在心里输了好大一截。

还有一个例子就是满宠沉白马的故事。这件事发生在关羽发动荆北战役之时。曹魏的援军在洪水中全军覆没;暴涨的洪水滚滚涌向孤立无援的樊城,城墙多处崩坏。得胜的关羽亲自督促加紧进攻樊城。城内军民大惊失色,人心惶惶。樊城摇摇欲陷。有人劝守将曹仁说:"情势已经非常危险了,我们无能为力,趁现在关羽的包围圈还没有完全巩固,我们可以乘小船连夜逃走。这样虽然丢失了城池,但尚可保全性命。"

在这军心涣散的时候,满宠鼓舞大家说:"现在江水和山洪虽然又多又猛,但并不能持久。听说关羽派遣部将进一步骚扰中原。现在许县以南,百姓人心浮动。但是关羽之所以不敢大规模进军,就是怕我们在后方威胁道路通畅啊。如果我们逃跑,河南地区就不再为国家所有了。"在劝住了曹仁后,满宠还在城墙上杀白马,抛入洪水之中,与士兵们盟誓死守樊城。全城军民士气大振,顶住了关羽发动的围攻。樊城保卫战为曹魏的最终胜利赢得了宝贵的时间。谁能想到,这最后的成功应该归功于士气大振后的最后坚持呢?

被拖在樊城的关羽忽视了荆州南方的局势突变。东吴的一系列伪装骗过了关羽的眼睛,吕蒙白衣渡江,成功发动了偷袭,占领了蜀汉的荆州地区。

当时关羽率领的军队还相当强大。为了尽量击败关羽的主力,吕蒙又采取了成功的攻心战。吴军留意关羽军中官兵的家属,厚加抚慰。吕蒙下令全军不得骚扰军属,更不得擅取军属家中的物品。东吴军中有一个与吕蒙同乡的士兵在雨天拿了老百姓家的一个斗笠,来覆盖官府的铠甲。吕蒙认为该名士兵虽然爱护公家的铠甲,但是擅取百姓斗笠还是犯了军令。为了整肃军纪,吕蒙还是挥泪将他斩首。东吴全军受到极大震撼,真的是做到了对百姓秋毫无犯。吕蒙还慰问长者,关心贫困无助、生病和饥寒交迫的人。对于蜀汉府库中的物资,吕蒙也不取一毫,全部封存。

吕蒙整肃军纪、安定荆州民心的做法起到了意想不到的效果。关羽从樊城撤军来与吕蒙争夺荆州旧地。途中,关羽数次派人与吕蒙联络,吕蒙都热情接待使者,并将关羽使者到来的消息广为散布。荆州的军属不是亲身去见使者,就是写信交给使者,大致说的都是家里平安,盼望亲人的意思。使者回去后自然也将这些信息带到了军营中。官兵们得知家小平安,而且得到了东吴的优待,又得知荆州路不拾遗的情形,根本失去打回家乡的斗志了。军无斗志,沿途逃兵越来越多。关羽不得不败走麦城。

按理说,失去基地的关羽大军是哀兵,如果困兽犹斗,吴蜀胜负尚未可知。但是吕蒙的策略极大地瓦解了关羽军队的士气。三军瓦解始于士气瓦解。小小的一顶斗笠竟然打败了关羽。

第三，利用心理战分化离间敌人。

西方有谚："最不可信的就是政治家。"挑拨离间往往被政治家运用于外交斗争中。

三国末期，镇守西陵的张政是东吴名将，国之栋梁。西晋荆北守将杜预为了拔除这个眼中钉肉中刺，就使用了离间计。杜预挑选部分精锐，偷袭西陵，取得胜利后迅速撤退。张政是一代名将，很看重自己的名声。这一次因为毫无防备被对方偷袭得手，张政觉得是一个耻辱，加上城池未失，没有造成实际的影响，所以就没有向孙皓报告。杜预乘机将西陵战斗中缴获的战利品大吹大擂地还给孙皓。孙皓大怒，觉得特没面子，马上下诏让张政回来述职，另派人代替他的职位。临阵换将，大大影响了东吴的荆西防卫。

杜预的离间计之所以能成功，张政和孙皓其实都出了力。杜预巧妙地将张政的重名声和孙皓的重面子、猜忌大臣结合在一起，不愧是心理认知的高手。其实，任何成功的离间计都离不开对对手心理的成功把握。

在渭南战役中，曹操与韩遂需要在阵前相见。曹操与韩遂的父亲是同年的孝廉（与后世同年考中进士类似），曹操与韩遂本人又有过交往。于是曹操就想利用这层关系。他与韩遂两马接近交谈的时候，不谈政治和军事，只说一些京都往事和老朋友。韩遂多次想谈点正事，都让曹操躲闪过去了。最后两个人还欢笑着挥手告别。韩遂回来后，马超等人问他："你们俩都谈了些什么啊？"韩遂说："没有谈什么。"马超等人自然不信，怀疑韩遂与曹操有什么密谋。他日，曹操又给韩遂写公文，故意在信里涂涂改改，弄得像是韩遂自己改的一样。马超等人见了就更加怀疑韩遂了。会战开始后，曹操先从正面突破，再用精锐的虎骑兵从侧面夹击。西凉军队的心扭不成一条绳，就被打败了。

曹操离间能成功的基础就在于他事先明白西凉军队是由多个派系组成的。韩、马等人是在强大的军事压力下才组成联军，本身的利益冲突并没有消除。这样的堡垒最容易从内部攻破了。

第四，在外交过程中要注意对方心理。

人是外交事务的执行者，人的心理决定了人的行为。所以一些细节对人心理造成的影响，不可小视，它们可能会进而影响到外交过程。

最典型的例子发生在曹魏与辽东的外交往来中。

公孙渊杀了东吴使臣向曹魏表忠心后,心里却不安稳,不知道曹魏究竟会如何对待自己。所以在得知曹魏要派遣使者来辽东为自己加官晋爵之后,心里充满了疑惑。公孙渊的计吏(向中央报告经济情形的官吏)从洛阳回来后对公孙渊说:"这次曹魏使团挑选的都是勇力出众的人。那些使者都不是凡人啊!"

要知道,在三国时期,宣诏要在房间里,设下席案,受诏者要行三跪九叩大礼。一旦使团成员想擒杀受诏者,那真是易如反掌的事情。所以公孙渊听说使团成员都是勇力出众的人,就更加怀疑起来,进而感到恐惧。

公孙渊为了保证自己的安全,派出铁骑和步兵先围困住接旨的地方,再带了大批侍卫进去,让侍卫环立后才接受圣旨,行跪拜之礼。整个过程中,曹魏派来宣旨的人倒是被虎背熊腰的辽东侍卫看得紧紧的,反而觉得自己的生命受到了威胁。

使团走后,公孙渊更不相信朝廷了;回到洛阳的使团,向朝廷陈述了公孙渊陈兵列阵、接受诏书的情况,使得朝廷也更加不相信公孙渊了。不久,曹魏就派遣幽州刺史毌丘俭带兵向公孙渊摊牌。

曹魏不见得就有杀公孙渊的计划,但是派遣的使团人员不合适,给了公孙渊不安全的印象。同时,公孙渊的夸张表现,也给了使团极坏的印象,认为公孙渊怀有不臣之心。双方因为两个也许只是因为被疏忽了的细节,而陷入了心理的"安全困境"。

外交谋略大盘点

除了用人和心理战外,三国外交谋略还有很多。人们喜欢三国,爱听三国故事,一个重要的原因就是三国斗智斗勇的谋略案例吸引人。正史和演义小说中都有许多这类小故事。人们很自然把自己内化为三国的人物,设身处地思考周遭环境、思索对策。诚然,如将个体比作一座城池、一个政权,我们的交际和生活何尝不是一个个"外交"行为。这或许就是乱世谋略吸引人的地方。演义小说中也有许多这些小故事。这些案例的深挖和整理还有待专家学者的辛勤劳动①。笔者就再介绍一些零散的谋略案例,以飨读者。

案例一,不冷静的王凌。

魏太和五年(231),东吴将领孙布派人到扬州,告诉扬州刺史王凌说:"自己欲降魏,奈何道路很远,自身无力越过重重山河来到扬州,希望魏国能够出兵迎接。"扬州刺史王凌就将孙布的书信上报给了主持江北军务的满宠,请求派兵马迎接孙布。

满宠则认为孙布的归降靠不住,所以拒绝派兵,还写了一封信给王凌说:"孙布知道天下正义所在,想避祸归顺,这种精神是需要嘉奖的。但是如果我们现在派兵相迎,兵少了不足以相卫,兵多了肯定会被东吴知道。还不如秘密回报孙布,嘉奖他的行为,让他按兵不动,再随机而动。"满宠当时正被朝廷征召,临走前严厉命令留府的长史(相当于主持日常行政的秘书长):"如果王凌想派兵迎接,千万不要给他兵啊。"

王凌得不到援兵,最后不得不单独派遣一名部将带领步骑700人去迎接孙布。想不到孙布真的是假投降,连夜袭击了曹魏援军。魏将逃走,军队死伤过半。

王凌受了教训后,也没有学会保持冷静的头脑、认真分析局势,后来他在主持曹魏的扬州军事时,计划发动反对司马家族的叛乱,结果拖泥带水,事泄兵败,自杀身亡。

案例二,董昭的虚实相间。

关羽将曹仁死死围困在樊城的时候,孙权派使者对曹操说自己要"归顺朝廷",派兵西进,进攻关羽镇守的荆州。如果关羽丢失城池,他肯定会撤军。樊城之围也就不救自解。孙权还特别请曹操"乞密不漏,令羽有备"。也就是说让曹操给自己保密,千万别让关羽知道。

---

① 大学的国际政治学科教学,总喜欢使用外国的案例。殊不知中国历史上同样存在着丰富、尚未挖掘的宝贵案例资源。这不能不说是一个遗憾。

曹操问大臣们怎么办,群臣都说应该替孙权保密。董昭却建议说:"我们应该表面答应孙权,帮他保密,暗地里泄露孙权的计划。关羽听说孙权进军荆州,肯定会回军自卫。这样曹仁将军的围困不仅被解开了,而且还可以让孙权和关羽两个人互相争斗,我们坐待其成。首先,帮孙权保密让他的计划实现,并不是上策。其次,陷入重围的官兵们现在不知道有救兵,心怀恐惧,防守艰难。如果大家都知道孙权要进攻荆州了,还能够鼓舞前线士气。最后,关羽为人刚愎自用,自以为荆州城池坚固,肯定不会马上撤退。"

曹操接受了董昭的建议,命令前方将领将孙权的书信射到陷入重围的樊城和关羽的军营之中。樊城官兵知道消息后,士气百倍;关羽接到书信后,犹豫不决。

董昭的计策虚实相间,是三国经典谋略。它表面上是给关羽通风报信,实际上是给了关羽一颗烟幕弹,让关羽难辨别真伪。关羽如果相信了,回军荆州,樊城的重围就自然而解了,曹魏还可以隔岸观两虎相斗,坐收渔翁之利;如果关羽不回军,孙权的计划就能成功,樊城的重围还是可以解救。无论如何都会实现曹魏解救樊城之围,同时消灭敌人的目的。

案例三,猛虎掏心。

《三国演义》故事中有许多将领喜欢用"袭粮计",这就是"猛虎掏心"的战术。这里的"心"就是关系到敌人核心利益、可以一击败敌的关键所在。

曹操轻骑烧乌巢粮草就是典型的战例。建安五年(200),曹操倾注全力,和袁绍大军在官渡对峙。袁绍的军力几乎是曹操的10倍,且兵精粮足,曹操处于绝对劣势。当曹操得知袁绍把粮草储存在大营后方40里的乌巢(今河南封丘西)时,力排众议,连夜率领主力骑兵,长途奔袭乌巢,焚毁袁绍军粮。袁绍大军得知后,军心涣散,导致官渡之战溃败。这次作战奠定了曹操统一北方的基础。

同样在官渡战役期间,谋士许攸就向袁绍进言,建议以部分军队将曹操大军拖在官渡,派遣主力绕过官渡战线南下,偷袭许县。只要占领首都和曹操的屯田重镇,将皇帝抢到手,就等于除去了曹操的心脏。可惜袁绍没有听从。

当时在袁军阵营中的刘备看到袁绍成不了大气候,就自请去取汝南,在曹操的后方搞破坏。这也是猛虎掏心谋略的运用。

案例四,外交威慑。

所谓的外交威慑就是一方利用自己在信息、实力方面的优势,对相对较弱的一方形成威慑,以求达到不战而屈人之兵的目的。

袁绍的两个儿子逃到辽东的时候,曹操要杀他二人。郭嘉就建议曹操实行对公孙康的外交威慑,利用强大的军事压力,陈兵北方,又不进攻公孙康,对其造成威慑力。公孙康断然不敢与曹操大军为敌,就明智地选择了杀袁氏兄弟,向曹操称藩。

钟繇安定关中和西凉地区,也是使用外交威慑战术的成功案例。当时,曹操忙于东方混战,没有力量进入关中地区。好在关中地区也没有形成统一的权威,而是各派系分治。为了防止这些豪强势力被人利用,或者联合与曹魏为敌,钟繇来到了关中。他当时能够利用的最大资本就是朝廷掌握在曹操手里,他在关中的统治是名正言顺的,所以可以利用朝廷的名义大开封赏的空头支票。就这样,钟繇成功地利用了政治名分的优势,维持了关中和西凉地区脆弱的稳定局面。

案例五,张特虚与委蛇。

张特是三国后期的曹魏军官。他先是在镇东将军诸葛诞手下做军官,后来被调到后方去了。刚好,合肥新城的守将出缺,就先让张特去补缺。不想,没过多久诸葛恪就倾东吴全国的军队北伐,大军将合肥新城围得水泄不通。张特集中全城军队,只有3000人,刚一接战,就死伤过半。

眼看着围困越来越紧,张特派遣军士刘整潜出重围求救。刘整在突围途中被东吴军队擒拿,严刑拷打。东吴士兵对刘整说:"诸葛公想给你条活路,只要你投降服从就行。"刘整骂道:"死狗,这是什么话!我死是魏国的鬼,不苟活在世上。如果想杀我,就快来杀吧。"刘整至死都没有说其他的话。

张特又派遣军士郑像出城传递消息。有人把此事告诉了诸葛恪。郑像等人又被诸葛恪派出的骑兵擒拿住了。东吴兵士把他们四五人绑着,计划绕城而行,以动摇合肥新城的军心。吴军让郑像向城内喊话,说:"朝廷大军已经退回洛阳了,合肥不如早早投降。"郑像假装答应,喊话的时候却向城中大呼:"大军近在重围之外,城中壮士努力啊!"吴军只得用刀堵住他的嘴。

诸葛恪造起和城池一样高的土山,加强进攻。眼看着城池多处损毁,难以修复,就要陷落了。张特对东吴大喊说:"我无心再战了,请求投降。但是按照魏国法律,城池受到围攻超过百日,救兵还没到的,守将即使投降了,家属可以不连坐。现在东吴大军围困合肥已经超过 90 天了。城中本来有4000 多人,现在战死的人超过一半。城中许多人因为这条法律,还不愿意投降,这很难办。我计划和城中的人一一谈话,注明善恶,明天一早就上报给东吴。现在我将自己的印绶交给吴军,作为投降的信物。"张特说完,真的将自己的印绶交给了东吴。吴军相信了他的话,也不取印绶,就退兵了,等待第二天合肥城投降。

张特回到城里,马上号召军民连夜拆掉城中房屋去修复城池,并将城墙加为两重。第二天,东吴前来受降。张特说道:"我不会投降,只会死战!"诸葛恪大怒,加紧进攻,但却在修复如初的合肥新城面前毫无进展。合肥新城在整个淮南战役中都没有被东吴占领。

战后,曹魏朝廷嘉奖张特,提拔他为将军,封列侯,调任安丰太守。

案例六,不拘常例。

蜀将孟达投降曹魏后,魏国非常优待他。司马懿认为孟达巧言令色,不能提拔担当重任。但曹丕还是任命孟达为新城(今陕西东南和湖北西北地区)太守,封侯,假节。孟达在新城地区暗地里果然和吴、蜀交往,图谋更大的利益,最终接受了蜀汉的策反,准备起义。诸葛亮其实特厌孟达这个反复小人,又担心他日后成为祸患,于是就利用孟达与邻郡的申仪(曹魏魏兴太守)关系不好这一点,想了个借刀杀人的计划。

诸葛亮派遣一个叫郭模的人假意向申仪投降,将孟达响应蜀汉准备起义的事告诉了曹魏。孟达知道自己的计划泄漏了,只能加紧举兵进程。主持南方军务的司马懿为了稳定孟达,赢得镇压的时间,假意给孟达写了一封书信:"孟将军以前抛弃刘备,归顺朝廷。朝廷将边疆要地托付给将军,让将军负责进攻蜀汉的大事,非常信任将军。蜀国人莫不对将军切齿痛恨。诸葛亮想消灭将军,苦于没有办法,就想了这么个离间计。郭模的话,是军国大事,诸葛亮怎么可能会泄露出去。由此看来,他是想离间朝廷与将军的关系。"

孟达接到司马懿的信,大喜,又在起兵与否的问题上犹豫了起来。司马懿一边上报朝廷,一边集合部队,暗地行军进讨。下属将领们都建议要先观望而后动,司马懿认为:"孟达是没有信义的小人。我们要在他们几方互相怀疑的时候,抓紧进军,推动孟达的反叛而消灭他。"司马懿的军队日夜兼程,8天就到达了新城城下。吴、蜀两国都派遣将领从西城安桥、木阑塞救援孟达,但被魏军阻击不得前进。

当初,孟达还乐观地向诸葛亮分析道:"宛(司马懿所在地)离洛阳800里,离新城1200百里。司马懿听到我举事的消息,要先上表给天子,等待朝廷命令。如此反复需要一个月的时间。到那时候我的城池坚固了,军队也布置完成了。加上新城地区地势深险,司马懿不见得敢进攻;等蜀吴两国的援兵到了,我就无忧了。"

看到司马懿兵临城下,孟达傻了眼:"我刚举事,司马懿大军8日后就到城下了,何其神速啊!"

司马懿大军八路进攻。半个月后,孟达的外甥邓贤、部将李辅等人开门投降。孟达被斩首,传首京师。司马懿的成功就在于他不按常理出牌。

案例七,擒贼先擒王。

最后让我们回到本章开头,再说说董昭。

当时的孙伉(他是公孙瓒推荐的孝廉)是巨鹿郡的大姓,他和数十人煽动吏民,谋划投靠公孙瓒。董昭到郡里,以袁绍的名义发表了一篇檄文,说:"我军截得情报,说公孙瓒计划进攻巨鹿郡,孙伉等人就是公孙瓒的奸细,准备里应外合,出卖巨鹿。我(袁绍)的檄文到后,逮捕孙伉等人,军法处置。他们的妻子儿女不需要连坐。"董昭依照檄文,将当地大姓都斩首示众,再安抚巨鹿郡惶恐不安的人心。至于投靠公孙瓒之事,自然就烟消云散了。

董昭成功地实践了自己提出的"见机行事,随机应变"的外交谋略精华。

外事四夷的延续

中华帝国是东亚地区的老大哥。即使在乱世，中国也依然是老大哥。在三国乱世中，中国与周边少数民族和国家的交往不仅得到了延续，而且在东北和东南方向得到了重要发展。

延续:北方及西域

罗马军团在中国后裔的问题,早已进入史学界研究的视野。

兰州大学生命遗传科学院,曾主持了一项甘肃罗马军团后裔的 DNA 鉴定研究,耗时两年完成。鉴定的结果显示:甘肃者来寨是罗马军团后裔的聚居地,该地村民的血样化验结果显示,他们全部是中亚和西亚血统。①

这些罗马人怎么跑到中国来了呢?

这就要追溯到公元前 60 年,当时的罗马执政官(兼叙利亚行省总督)克拉苏,率领 7 万军队,进攻安息,希望拓展罗马帝国的疆土。途中,克拉苏就地雇佣士兵,沿途补充兵力。当年盛夏,罗马军队在沙漠深处被安息轻骑兵击败。激战中,大约有 1000 名士兵成功突围,向东逃亡。这些罗马杂牌军最终来到了汉朝栖身。

这批背井离乡的士兵在中国重操旧业,做了西域郅支匈奴的雇佣兵。

陈汤征讨西域的时候,就见到过这支奇怪的军队:"手持一人高的巨型大盾牌,1000 人组成正方形队列,用盾牌把队伍包裹个严严实实密不透风。然后喊着口号迈着统一步调往前走。"敌人在远处时,他们就投掷长矛;待敌人近了,他们就平举长矛集体刺杀;肉搏时,他们丢弃长矛和盾牌,使用短刀。

这支部队遭到了汉朝重骑兵部队的毁灭性打击。1000 人的战阵只剩下 100 多人,被汉军俘虏。这件事记载在《汉书·陈汤传》中。汉朝将这百余名罗马士兵安置在骊县(今甘肃者来寨)。

在《三国志》中记载了马超率领的西凉军团吸收罗马兵团的战法。渭南战役中,西凉部队聚拢成战阵,密集使用标枪,给曹操率领的中原军队造成

---

① 李宁源:《历史学家揭谜团:甘肃"罗马军团"是阿富汗雇佣兵》,来源:中国新闻网 2007 年 2 月 12 日。

巨大的杀伤,取得了阶段性胜利。西凉军团中的部分西凉兵,就是当初罗马士兵的后裔。

河西走廊和西域,是中原王朝对外交往的传统平台。它们和长城沿线构成了中原王朝对外交往的主要舞台。不论是北方游牧民族对南方农业区域的侵压,还是南北经济文化交流的活跃,都是在这一条线上展开的。中国古代中原王朝对外军防、边疆治理、外交往来的主要精力几乎都投向了王朝疆域的正北和西北方向。直到近代清王朝产生"海防"与"塞防"之争后,中国对外交往的眼光才从西北和正北调整到浩渺的海洋,关注那些从海上舶来的外交对象。

《三国志》中,有关对外交往的史料主要集中在第三十卷《乌桓鲜卑东夷传》。

该传头一句话就是:"书载'蛮夷猾夏',诗称'猃狁孔炽',久矣其为中国患也。"这里,祸患中原的少数民族主要指的是西北和北部的匈奴和续之而起的鲜卑、乌桓等,也包括羌、氐等民族。两汉一直惨淡经营北方,没有解除北方异族对中原的威胁,更谈不上在北方建立稳固的统治。可贵的是,两汉在正北和西北的努力,留给了三国政权一定的影响。三国虽然混战,却继承了两汉在北方的影响力和一系列的制度安排(包括西域都护、乌桓校尉、匈奴中郎将等),自然还有那条闻名遐迩的丝绸之路,这才保持了中原王朝与北方、西域的交往,并延续了与更遥远的民族与政权的关系。

秦、汉以来,匈奴称霸蒙古高原,胁迫西域,久为北方边害。

强大的匈奴势力在东汉前期分裂为南北二支,开始衰落。南匈奴降服于东汉,并被移居至并州、凉州等地,协助东汉政府防御北方。而北匈奴在汉朝与南匈奴的联合打击下,不断西迁,最后消失在了茫茫的欧亚大陆深处。东汉末年战乱之际,南匈奴与汉族军阀联合参与了北方地区的战争。他们进一步向南迁移,加深了汉化程度。其中一支匈奴定居在了河东郡。日后,正是这一支匈奴的后裔灭亡了西晋。

不过在曹魏时期,南匈奴各部完全隶属于曹魏政府,接受直接管辖。建安二十一年(216)秋七月,匈奴南单于呼厨泉率领各部首领来邺城向曹操朝贡觐见。曹操待之以客礼,将呼厨泉等人留在魏地,只让右贤王回去监国。

179

南匈奴各部终曹魏一世都受到严格监管,没有生事。汉匈关系失去了外交的性质。

到三国时期,匈奴已经衰落,鲜卑成为续起的霸主。鲜卑民族凝聚力强,军事势力大,与中原王朝的交叉往来更甚于匈奴。

鲜卑占据了匈奴空出来的北方,成为新的霸主。鲜卑属于古代东胡系民族,居于鲜卑山(今大兴安岭),因此得名。秦汉之际,鲜卑、乌桓等受匈奴役使。汉武帝大败匈奴后,鲜卑人陆续南迁至今西拉木伦河流域和呼伦贝尔草原、河套地区。鲜卑逐渐占领匈奴故地后,迅速壮大,兼并了匈奴的残余力量,势力日强。

汉桓帝时,首领檀石槐建立了部落联盟性质的鲜卑政权,建汗庭于高柳北弹汗山(今山西阳高西北)。整个鲜卑分为东中西三部,各置首领率领。檀石槐统治时期,加速了本民族的汉化。汉人、汉律和铁器的进入,促进了鲜卑社会的发展。檀石槐死后,统一政权瓦解,出现步度根、扶罗韩、轲比能等首领,各拥所部。他们或趁火打劫,或附属汉魏,或游离各政权之间,活跃于北方草原。需要指出的是,北方的一些军阀在游牧民族侵扰中原的事件中起了幕后黑手的作用。比如辽东公孙渊就曾"诱呼鲜卑,侵扰北方"。

关于对鲜卑的政策,东汉末期的蔡邕提出过"先安内后拒外"的建议。

汉末和曹魏时期因中原多事,事实上采用了蔡邕的建议,并将之扩展为处理与所有北方少数民族关系的基本原则。曹操时期,只要鲜卑等民族不插手中原事务,曹操对他们的劫掠都采取睁一只眼闭一只眼的态度。一旦鲜卑等民族参与北方征战,曹操就给予坚决打击。曹丕即位后,"务欲绥和戎狄,以息征伐",实现羁縻政策。轲比能后来兼并了步度根,鲜卑部将归泥劫掠并州地区,杀戮吏民。曹魏骁骑将军秦朗对鲜卑发起了大举进攻。归泥率领部众投降。曹魏封他为归义王,赐幢麾、曲盖、鼓吹,并将其部落迁移到并州居住。除了羁縻政策外,分化瓦解周边少数民族也是中原王朝常见的策略。曾经主持曹魏北方事务的田豫"以戎狄为一,非中国之利,乃先构离之,使自为雠敌,互相攻伐",取得了良好的效果。朝廷和北方边郡都采用田豫的方法。

乌桓、夫余等也是北方的游牧民族,骑兵势力也相对强大。袁绍曾引用这些民族作为外援。曹魏为了消灭袁氏余孽,亲自远赴乌桓展开征讨。在白狼山战役中,曹军消灭乌桓主力,斩杀了首领蹋顿。此后曹操将降服的乌桓移至内地定居。其中部分人被补充到曹军的骑兵部队中,残余的部分势力则被辽东公孙政权给消灭了。

投降、安置少数民族是曹魏政府执行的又一项重大的民族政策和外交政策,这么做既可以减轻少数民族对自身的侵扰,又能以夷制夷,稳定北方边区,还能招揽人口。《三国史》上就有曹魏招降北方少数民族的记载。例如,牵招担任使持节、护鲜卑校尉的时候,在昌平广布恩信,招降纳附。鲜卑族十余万人纷纷前来归降。曹魏政府将他们安置在长城内外。

除了曹魏政权外,辽东公孙政权是处理北方民族事务的另一个主体。当时高句丽和鲜卑势力强大,公孙度就与地处两者之间的夫余盟好,将宗族中的女子嫁入夫余,拉拢一部分,打击一部分。辽东政权执行的也是羁縻和分化瓦解政策。

谈完了北方各民族概况,我们重点来考察乱世的中原王朝与西域①的外交关系。

两汉时期,中原王朝经营西域取得了相当的成绩。东汉政权的权威,以及西域都护组织的存在,对西域的稳定起到了重要作用。丝绸之路发展为交通网络,沿线出现了"商旅往来不绝,使者相望于道"的繁荣景象。中原使者的足迹远及罗马、安息、奄蔡(今咸海至里海一带)、条支(今伊拉克)、大夏(今阿富汗)、印度等地;东来的商队和使团也没有停歇,"商胡贩客,日款于塞下",一年之中多至数千人。

到了"魏晋南北朝时,虽然中原战乱频繁,但同中亚、西亚和罗马各国的交往从未间断"②。

三国时期,西域明确通使朝魏的有 11 个国家:乌孙、疏勒、车师、鄯善、龟兹、于阗、焉耆、危须、大月氏、康居和大宛。《乌桓鲜卑东夷传》只记载了西

---

　①　本书所谓西域取其广义,而论述重点在今天中亚地区和塔里木盆地周边。

　②　陈炎:《海上丝绸之路与中外文化交流》,北京大学出版社 2002 年 10 月版,第 14－15 页,"丝绸之路的兴衰及其从陆路转向海路的原因"。

域三国：乌孙、疏勒、车师。余太山先生根据《魏略·西戎传》考据认为，除危须外，其余 10 国都是当时西域的大国，其中 7 个国家（鄯善、龟兹、于阗、焉耆、大月氏、疏勒、车师后国）都是西域的霸主，各有各的势力范围。这些国家占了当时西域的大部分。①

丝绸之路在三国时期依然存在，而且相当发达。由于战乱和之后的南北对峙，曹魏代汉后一时没有力量深入西域。西域又出现了类似西汉末期东汉初期诸国兼并、划分势力范围的局面。当时车师后国称雄北新道，扼守交通要冲。曹魏赐车师后王"壹多杂守魏侍中，号大都尉，受魏王印"。

中原王朝当时表面上对西域各国封爵，称各国的来访是来朝贡献，但是曹魏对西域的影响更多的是空喊口号，徒有心理优势而已。因为在乱世中"河右扰乱，隔绝不通"，曹魏与西域根本不可能实现直接交往。

河西各郡②最西边的敦煌郡太守马艾在任上死了。郡丞出缺，加上道路不通，张恭（功曹）就被人推举代理长史职务，掌握了敦煌政权。张恭派儿子张就去拜见曹操，请求派遣新任太守。当时，酒泉的黄华拒绝太守辛机入境；张掖的张进逮捕了太守杜通，然后自称太守、霸占郡县。

张就到酒泉的时候，被黄华拘执。张恭决定以武力打通河西与中原的联系，就派遣族弟张华进攻酒泉郡的沙头、乾齐二县；张恭自己领兵在张华后面，两军首尾互援。张恭另外派遣铁骑二百，过酒泉直接出张掖北河，迎接新太守尹奉。

张进需要黄华的支援才能保住自己的位置；但是黄华虽有心救张进，却受到西边张恭的威胁，怕张恭截断自己后方。最后黄华被曹魏的金城太守苏则击败。张就平安得救。

黄初二年(221)，曹魏下诏褒扬张恭，赐爵关内侯。张恭俨然成了河西走廊的稳定支柱。黄初三年，曹丕设西域戊己校尉。首任戊己校尉是张恭，驻高昌。这是曹魏政权在局势相对稳定后主动经营西域的举措。《晋书·

① 余太山：《两汉魏晋南北朝与西域关系史研究》，中国社会科学出版社 1995 年 6 月，第 106 页。

② 河西走廊主要有四郡——敦煌、酒泉、张掖、武威，都是汉武帝驱赶匈奴后设置的。

地理志》凉州条记载,魏时凉州刺史领戊己校尉。但我们不知道张恭是否担任了凉州刺史。曹魏似乎还设有西域长史。但因为魏国立国时间短,西域长史和戊己校尉的作用也许很小,所以《三国志》中并未有传。

张恭数年后被征召入朝。张就后来成为金城太守。张氏父子著称凉州,可谓是曹魏西北外交事务的拓荒者。

与张恭同时代的凉州支柱是苏则。苏则在金城太守任上就招揽陇西流民,平定了陇西李越、西平麴演的叛乱造反和羌胡的围攻,还担任过护羌校尉,赐爵关内侯,有丰富的处理少数民族事务的经验。后来麴演勾结张进、黄华作乱,加上武威少数民族叛乱,东西道路再次断绝。当时雍凉的豪强都联合羌胡少数民族响应张进的作乱。武威太守向中原告急。

舆论认为张进势大,锐不可当。曹魏政府也命令屯守金城的郝昭、魏平等人不得西进。苏则召见郡中官吏、郝昭及羌民族豪帅等人说:"现在的乱贼都是乌合之众。我们鼓舞士气,一定能击破他们。如果一味等待朝廷的大军,旷日持久,那时候乱贼的势力就巩固壮大了,难以铲除。现在虽然有诏书,但我们将在外可以便宜行事。"在苏则的坚持下,郝昭等人发兵救武威,击败张进,诱杀麴演,招降胁从的少数民族,解了武威之围。苏则进而会合诸军攻占张掖,黄华献出酒泉乞降,河西彻底平定。

之后的任敦煌太守是仓慈。敦煌在国家西陲,丧乱隔绝,曾经20年没有太守。张姓是地方大姓,把持地方事务。前太守尹奉等人循故治理,无所作为。

仓慈这个淮南人远赴河西,到任后,抑挫豪强,抚恤贫羸,清理刑狱,地方政务焕然一新。当时西域各少数民族非常希望与中原贸易、交流。但河西的豪强大族却采取了断绝中西交流的举措,垄断了中原与西域的经济文化交流,欺诈外商,巧取豪夺。西域各地怨声四起。仓慈任上最大的功绩是规范、深化了中西交流。对于想去洛阳内地贸易游历的人,仓慈协助他们办理文书手续,派遣吏民沿途护送;对于在河西贸易后就想回去的人,官府以平价与他们贸易。仓慈再将这些外贸物资公开交易,获得了河西的交口称赞。数年后仓慈死在了任上,官员百姓如丧亲戚,绘画仓慈的遗像悼念。西域各少数民族听到仓慈去世的噩耗,都聚集到戊己校尉及其长吏的治所,哀悼死者。当时还有人以刀划脸,用血表达自己的诚意;又有人为仓慈立祠祭祀。

《魏略》说天水人王迁接替仓慈担任太守之后,继承了仓慈的政策,但政绩赶不上前任。金城人赵基接替王迁担任敦煌太守,但干得还不如王迁。

燕国蓟县人徐邈在魏明帝时期来到凉州,担任凉州刺史、使持节,领护羌校尉。他上任的时候刚赶上诸葛亮出祁山北伐,陇右三郡归降。徐邈成功地率领参军和金城太守等保住了辖区。之后徐邈兴办内政,挖掘武威、酒泉盐池的潜力;广开水田,招募贫民佃耕;他兴办商业也取得成功,甚至可以向内地上缴物资;他逐渐收敛民间武器,兴办学校,移风易俗。徐邈在处理民族问题上,宽容待人,不问小过;尊重部落首领的权力,如果要惩办犯大罪的少数民族居民,都事先告诉其部落首领。徐邈时期,中西交流畅通,少数民族向曹魏进贡。徐邈因功封都亭侯,食邑三百户,加建威将军。

与两汉一样,魏国经营西域的目的主要是政治性的。那就是延续传统的"夷夏大防"观念,构建心目中的国际体系:中原王朝居中央,教化周边少数民族和政权;周边少数民族和政权要恭敬顺从中原王朝,安境保民。这是和平、稳固和分级的国际体系。中原对外交往时,重视泱泱大国风范,厚来薄往,以怀柔宣化为主;当时对西域虽然也动用过武力,但行威慑而已,不事掠夺。(汉武帝时期的李广利征大宛是次例外。那次大军征讨大宛,历时三年,造成海内虚耗。西汉破大宛后,仅仅取其良马数十匹而已。)

但是西域诸国与两汉魏国交往的目的,首先是经济的,即所谓"欲通货市贾",其次是为了吸取后者先进的文化,即所谓"慕乐中国"。此外,帕米尔以东诸国还想寻求庇护,以避免来自塞北游牧民族的侵掠。[1]

在中原局势稳定后,中西的交通之盛、贸易繁荣可能远远超过后人的想象。尽管中国典籍都将西方的来访称为"进贡""奉献",但所谓的朝贡往往成为西域各国谋取贸易利润的幌子。西域向魏国的大规模进贡有6次:文帝,黄初三年;明帝,太和元年;明帝,太和三年;景初三年;齐王芳正始元年正月;元帝咸熙二年。[2] 许多西域胡商假借朝贡之名到中原来进行贸易

---

① 余太山:《两汉魏晋南北朝与西域关系史研究》,绪说。

② 余太山:《两汉魏晋南北朝与西域关系史研究》,第104页。

谋利。

崔林担任大鸿胪主管外交的时候,规范了中西贸易。当时龟兹王派遣侍子来洛阳朝贡。曹魏朝廷嘉许使团千里迢迢而来,给予了丰厚的回馈和赏赐。于是西域各国的国王纷纷派儿子们来朝贡,前后相望于道。崔林认为其中有许多虚假成分,西方来的所谓使团很多是贵族疏属结伴而来,甚至干脆就是商队,看重的是中原的赏赐和回馈。但是中央王朝道路护送和接待的费用很高,不仅劳民伤财,而且被西域各国正宗王室所嘲笑。崔林于是向敦煌方面下公文,要求重视这件事,记录西方各国的情况和前后朝贡的情况,经常查对。逐渐地,西域对曹魏的朝贡有了常态化的制度可依。

曹丕尚未受禅的时候,延康元年春三月,濊、貊、夫余单于和焉者、于阗国王同时派遣使节奉献。曹丕接受汉献帝禅让的典礼上,就有周边少数民族派出的使节。魏明帝太和三年冬十二月,曹魏因为大月氏王波调遣使奉献,封波调为亲魏大月氏王。曹魏王朝显然对在正北和西北取得的如此的外交成果非常满意的,主观上没有进一步经略更加遥远地区的决心,客观上也受到吴蜀的牵制,没有实力展开与更远地区的外交活动。这不能不说是一件遗憾的事情。

中原正西方向的羌人、氐人的凝聚力没有匈奴、鲜卑那样强,各自分散,始终未能有独立作为。至今存在的羌民族是中国西部的古老少数民族。东汉末年,羌族趁天下大乱大举侵入了凉州领域并定居下来,开始与汉人杂居。当时羌族或者与当地的豪族联手,或是独立举兵发动叛乱,公元184年的凉州大乱中就活跃着羌人的身影。三国时期,由于居住地介于魏蜀两国边界,羌人依然活跃在蜀汉和曹魏的攻防战中。氐族偏南,主要居住在凉州与益州,较善于农耕。他们也参加了凉州的兵乱,在三国时期也时常被卷入蜀汉和曹魏的战火。公元304年,氐族流民首领李雄趁乱占领巴蜀称帝,建立了成汉政权,在名义上继承了蜀汉的香火。

蜀汉对西边少数民族采取了和抚加利用的政策。前者是防止少数民族与蜀汉政权为敌,后者是希望利用他们的兵力与曹魏作战。《后主传》引《诸葛亮集》建兴五年三月诏书说:"凉州诸国王各遣月支、康居胡侯支富、康植等二十余人诣受节度,大军北出,便欲率将兵马,奋戈先驱。"刨除其中夸张成分,这说明蜀汉政权与西域和西边少数民族存在联系,关系似乎还不错。《汉晋春秋》也有这么一句记载:"亮围祁山,招鲜卑轲比能,比能等至故北地石城以应亮。"这表明诸葛亮的手伸得很长,跨越曹魏国境与正北方向的鲜卑势力也有联系。

蜀汉的传统外交重点是在西南。诸葛亮平定南中后,改南中的益州郡为永昌郡①。永昌成了蜀汉南方外交重镇。

张骞出使大夏时,在市场上见到蜀布、竹杖等,很好奇地询问何处所来。当地人说:"从东南身毒国可数千里,得蜀贾入。"原来在四川和印度之间,通过云南和缅甸有一条商路。张骞通西域之前,穿行在川、滇、缅、印古道上的贸易商人,绕过西藏高原东南部,经横断山脉高山峡谷,过缅甸,到印度、阿富汗,开通了联结东西方文化的最古老的丝绸之路。蜀中的丝绸、布匹、铁器就沿此道销往东南亚、南亚及西亚,而印度和中亚的珠宝、琉璃亦沿丝路输入中国。《后汉书·西南夷传》记载,西南地区曾向东汉政府"献乐及幻人"。所谓的幻人,也就是西方魔术师。说明当时通过西南地区,中国与地中海沿岸开始了交往。在永昌郡境内的腾冲城西八里宝峰山下的荒冢中,考古工作者曾一次就挖掘出了汉代五铢钱千枚,足见西南丝绸之路贸易之盛。三国时期,这一区域是亚洲大陆与中南半岛的衔接处,是民族迁徙、经济往来的通衢,是大陆文化向南传播和岛屿和海滨文化的北上渗透的咽喉地带。南方丝绸之路在历史上的价值不亚于北方的陆上丝绸之路。②

《三国志》注解说:"永昌出异物。"说的就是该地区中外贸易交流发达的情况。

不过因为蜀汉政权地处偏远,国力有限,蜀汉的传统外交活动并不多③。关于此的史料很少。

---

① 永昌郡先名益州郡。汉末因为与益州重名,故改为永昌。在今云南保山地区。

② 涂裕春:《古丝绸之路与各民族的融合》,载于《西南民族大学学报·人文社科版》2004年第2期。

③ 蜀汉政权对南中各民族的处理,类似于曹魏对匈奴的管辖,不属于外交范畴。

开拓:朝鲜和日本

三国时期,因为辽东公孙政权的建立和海运事业的发展,中国对朝鲜半岛和日本列岛的情况逐渐了解,双边往来逐渐密切。之后,朝鲜半岛和日本列岛开始成为中国外交的重要对象。

两汉三国时期,朝鲜半岛的命运牢牢地与中国辽东地区的历史联系在了一起。

公元前108年,汉武帝攻灭卫氏朝鲜,在朝鲜半岛中北部设立乐浪、玄菟、临屯、真番四郡。朝鲜半岛进入"汉四郡时代"。四郡都负有镇抚东北和朝鲜部落的任务,而且是当地与中央政府交往的第一道外交战线。

因为当地部族的反抗,西汉政府在公元前1世纪废止了临屯和真番两郡,后来又将玄菟郡迁移到辽东。东汉时期,中原王朝在朝鲜半岛的外交战线逐渐萎缩。公孙政权时期,尽管中国在战乱中走向分裂,但辽东政权对朝鲜半岛的外交经营逐渐恢复并扩展。公孙氏分出乐浪郡南部,设立带方郡,加强对朝鲜中南部的镇抚。

《三国志·乌桓鲜卑东夷传》向我们描述了三国时期朝鲜半岛的情况。当时正是"三韩时代"。南方土著和南迁的朝鲜人在半岛南部建立了辰韩、马韩、弁韩三国和伽倻等小国。按照《三国志》的描述,这些国家都处于部落联盟阶段。三韩各由十数个或数十个部落组成,各部落都保持着很大的独立性,没有形成巩固的统一体。其中马韩势力比较大,三韩各部落首领原先都是马韩人。部落大酋长叫作臣智。其中的辰韩国已有城栅,制订了法律,并出产牛、马匹(这是东吴缺乏的战略物资)和铁。三韩都从事种稻、养蚕、织布等生产。

三韩时代的朝鲜各国,主要是与辽东的乐浪和带方两个郡进行贸易。辽东政权代表中原王朝对朝鲜各国进行宣化怀柔,接受朝鲜各国的进贡,也接受朝鲜各国的诉讼并进行调解。这是理想的状态。辽东政权凭借自己相对强大的实力,在朝鲜半岛扮演着稳定器和仲裁者的作用。公孙家族出于图存争霸的目的,也积极维护着朝鲜半岛的稳定并开展贸易。现有研究表明,公孙氏的辽东政权促进了朝鲜半岛的社会进步。

东吴政权与三韩的交往稍晚。孙权也看到了三韩的优越战略地位,同时也为营造"俯视四夷,万邦来朝"的氛围展开了对三韩外交。这里有一段值得一书的插曲。

公元233年,吴国大队远航辽东,虽然被公孙渊出卖,但却阴差阳错地造就了东吴与三韩外交的新局面。

当时吴国中使者秦旦、张群、杜德、黄强等及吏兵60人,被辽东政权逮捕,安置在玄菟郡,形同囚犯。四人决定在八月十九日夜,带领大家起事逃跑,结果被人告发,计划夭折。四人翻墙而逃,躲过追捕。逃亡之前,张群膝盖生疮,在途中病情加重,难以前行。四人躲在荒草丛中,张群卧地不起。几乎陷入绝境,相守悲泣。为了大家的安全,张群让其他人先走。杜德却说:"万里流离,死生共之,怎么能忍心扔下你不管呢!"于是秦旦、黄强在前探路,杜德则负责照顾张群,以野菜、山果为生。

经过六七百里的颠沛流离,秦旦、杜德到达高句丽(位于三韩北部,也是以朝鲜人为主体的国家)。为了完成归国的心愿,二人灵机一动,自称是孙权派来的使节,有诏书送达高句丽,扬言东吴国王有赏赐。秦旦、杜德到达高句丽,见到了国王,他俩宣称吴王给高句丽的赐品都被辽东劫掠走了。由于高句丽和辽东本来就有仇隙,战火未灭,所以高句丽相信了两人的话,下令接回留在路上的黄强、张群,又派遣差役25人,护送秦旦等返回吴国,上表称臣,进贡貂皮千枚,鹖鸡皮十具。

一行人取道三韩,由黄海北岸入海,万里流离,终回故国。四人见到孙权,悲喜难抑。孙权将他们都提升为校尉。东吴以此为突破口,将外交的重点转变到三韩,希望以三韩压迫辽东,进而影响中原。但是东吴毕竟鞭长莫及,对三韩的影响是间接的。而辽东和曹魏对三韩的影响是直接的,构成了切实的军事压力。在辽东和曹魏的干涉下,东吴与三韩的交往断断续续,收效甚微。整本《三国志》显示的东吴的切实外交收益只有两件:一是获得了部分马匹;二是得到了对朝鲜半岛较清晰的了解。孙权死后,继位的东吴列皇放弃了孙权赔多赚少的对三韩外交。

公孙政权被消灭后,曹魏继承公孙氏方针,开拓对三韩外交。曹魏的强大国力促使其在半岛事务上采取了强硬态度。魏正始五年至七年(公元244年至246年),曹魏辽东军队征讨了高句丽及其濊、貊仆从,连连取胜。246年八月,属于马韩的百济部落乘虚出兵袭击了乐浪、带方等地,劫掠民众。百济的这一行动据说还受到了公孙氏残余势力的影响。得胜归来的曹魏军队对百济的偷袭极为愤怒。乐浪太守刘茂联合带方郡,计划对百济发起专门的军事讨伐。百济害怕了,主动迅速地将掠夺的民众归还给了乐浪郡。这场风波表面上才告一段落。

为了加强对三韩的控制,乐浪和带方两郡决定重新划分管辖范畴。带方郡在乐浪之南,原先管辖的三韩属国和部落多于乐浪郡。而带方郡的实力却远逊乐浪郡。因此乐浪郡提议将原本属于带方管辖的8个三韩属国划归乐浪管辖,以加强对三韩诸国的牵制,也为带方郡分担压力。带方郡同意了。

这次魏国内部的行政调整在朝鲜半岛上引起了轩然大波。翻译人员在传达政令的时候出现了重大失误,将8国调整管辖上级的命令翻译成了要求三韩割让指定的8国,作为对百济部袭击乐浪的惩罚。这当中也不能排除百济从中作梗的嫌疑。之后百济部借机挑唆三韩起来反抗魏国的羁縻统治。朝鲜半岛南部66个邦国举兵攻打魏国带方郡的崎离营。乐浪太守刘茂和带方太守弓遵,联合出兵反击朝鲜人的进攻,取得成功后又进行反攻,一路灭亡了数个朝鲜邦国。

历史上称这场战役为"二郡遂灭韩",但对战役的过程和战后的政治设置语焉不详。我们可以知道的是:第一,三韩并没有灭亡,而是重新降伏于曹魏。战斗中魏军的确消灭了一些邦国,甚至占领了三韩当时名义上的首都目支城,但并没有对朝鲜半岛南部进行军事占领。第二,曹魏在战役中付出了惨重的代价。带方太守弓遵战死,这是三国时期曹魏对周边少数民族征伐中阵亡的最高将领。同时曹魏极可能付出了巨大的减员损失,以至于史书忌讳,而多不愿提及。"此役双方仍然是两败俱伤的……魏军尽管攻破敌国首都,却没有留下充分的军事资料,以至于《三国志》对三韩的地理失载,即构成了所谓'空旷的地图'。"①

挑起事端的百济出乎意外地成了战役的最大赢家。百济开始逐步与辽东二郡和好。晋朝时,百济王甚至与带方太守联姻,双方共同对抗强势的高句丽。在中国的支持下,百济逐步强盛,成为半岛西南部的强国。百济部统一了马韩诸部,于公元4世纪初吞并了带方郡土地,形成百济王国。辰韩被斯卢部统一,成为新罗国。弁韩等国领土日蹙,分别并入百济、新罗。公元4世纪,朝鲜半岛形成了高句丽、新罗、百济三国鼎立。

说完朝鲜半岛,再说说日本列岛。

我国史籍对日本最古老的记载可以追溯到《山海经》。早在西汉,日本百余国中就有30余国遣使中国。史载"旧百余国,汉时有朝见者,今使译所通三十国"。东汉中元二年,日本"倭奴国奉贡朝贺,使人自称大夫"。光武帝赐以"汉委奴国王"印。但是从《三国志》开始,中国典籍对日本的描述才更加详尽。正史中,陈寿的《三国志》首次为日本立传。

三国时期,中国人把日本当作朝鲜半岛的外延来认识。《三国志·乌桓鲜卑东夷传》讲到日本的第一句就是"倭人在带方东南大海之中,依山岛为国邑"。中国人从带方郡出发,沿着海岸线航行,经过韩国进入大海,忽然向南忽然向东,就到了日本北岸的狗邪韩国,再经过一个宽7000余里的大海就能到日本列岛了。

《三国志·乌桓鲜卑东夷传》提到的日本诸国名称超过30个,重点记述了以邪马台②为首的29个国家。进入倭国界后,首先经过对马国。其后依次是一支国、末卢国、伊都国、奴国、不弥国、投马国、邪马台国。邪马台国女王名为卑弥呼,领导其余诸国。从带方郡到邪马台国的距离超过了12000里。邪马台国南部有狗奴国,男子为王,掌权的人是狗古智卑狗③等官员。

---

① 孙祥伟:《三国时期东吴、辽东与三韩关系探略》。

② 邪马台国究属在何处,今人颇有争议,一说在九州北部,一说在本州的大和,一说在筑后的山门郡。本文倾向认为其在北九州。

③ 人名,是当时中国人根据日文发音翻译的。有人认为狗古智卑狗现在已经翻译为"菊池彦"。

狗奴国不属卑弥呼女王管辖。我们大约可以想见当时的日本列岛处于部落联盟纷争的发展阶段。这些记载基本符合日本当时的史实。

《三国志·乌桓鲜卑东夷传》还对日本各国人口户数、官职制度、地理环境和经济物产等都做了记载。日本当时"种禾稻、兰麻",还有捕鱼、捞蛤,不分深水浅水,均能入水取之,有些人"食海物自活";有细兰、绵、帛布等纺织品;兵器、酒、玉、船只等也是较普遍的手工业产品。日本各国都有市贸互通有无,特置官吏"收税赋,有邸阁"。

《日本书纪》卷八记载,仲哀天皇八年(199),有一个人自称是秦始皇的第十一世孙,把中国的蚕种从朝鲜半岛的百济东传到日本。它和《三国志》中记载倭国"种禾稻、纻麻,蚕桑、缉绩,出细纻、缣绵"的年代大致相近,可以相互印证。这是我国养蚕织绸等生产知识传入日本的开始。

《三国志·乌桓鲜卑东夷传》载"景初二年(238)六月,倭女王遣大夫难升米等诣郡,求诣天子朝献,太守刘夏遣吏将送诣京都"。这是日本派往去曹魏的第一个官方使团。明帝接见该使团,册封卑弥呼为"亲魏倭王",并回赠了白绢、龙锦、铜镜、真珠、铅丹等大批礼物。《三国志》全文收录了魏明帝颁赐卑弥呼的《诏书》。据这份《诏书》透露,日本使团以难升米为正使,都市牛利为次使。其贡品除"班布二匹二丈外",还有男生口 4 人,女生口 6 人。明帝认为,卑弥呼地处遥远,遣使"贡献"实在不易,感其"忠孝",封其为"亲魏倭王",假金印紫绶。书中,魏明帝也不忘要求卑弥呼绥抚国人。

魏帝的诏书和礼品于正始元年,由带方郡太守弓遵派遣建中校尉梯俊等人航海送至邪马台国。这是曹魏派往日本的第一个官方使团。魏明帝赠送给日本精美的丝织品。这是我国各色丝织品作为外交礼品传入日本的最早记录。① 倭王上表答谢恩诏。中日正式建立起了外交关系。

正始四年,"倭王复遣使大夫伊声耆、掖邪狗等八人,上献生口、倭锦、绛青缣、绵衣、帛布、丹木、猏、短弓矢"。除生口外的其他 7 种贡物均是珍贵的上等产品。在位的魏齐王对"掖邪狗等壹拜率善中郎将印绶"。

正始六年,景初年间的正使难升米再次来华。魏国"诏赐难升米黄幢",

① 陈炎:《海上丝绸之路与中外文化交流》第 27—28 页《略论海上丝绸之路》一文。

奖励其在中日友好关系中做出的贡献。

正始八年,邪马台国与狗奴国发生战争,遣使来华通告求助。"倭女王卑弥呼与狗奴国男王卑弥弓呼素不和,遣倭载斯、乌越等诣郡说相攻击状。"曹魏遣塞曹橡史张政等人,带着诏书、黄幢等到日本。中国使团在日本的时候,卑弥呼死了。邪马台国隆重为国王建造坟冢,直径超过百步,用百余名奴婢殉葬。邪马台国新立了一位男性国王,但是遭到国中不服。国家陷入互相诛杀的内战中,上千人在冲突中被杀死。统治阶层重新立卑弥呼的宗女——年仅 13 岁的壹与为新国王,国家才得到安定。张政使团并没有参与日本内政,尘埃落定后,将曹魏诏书告谕新国王壹与,以示支持。壹与派遣大夫、率善中郎将掖邪狗等 20 人送使团回国,并献上男女生口 30 人,贡白珠5000 枚,孔青大句珠 2 枚,异纹杂锦 20 匹。这当是日本使团第四次来华。

根据《三国志》的描写,由景初二年到正始八年间的短短 10 年中,双方使者往来 6 次,相当频繁,远胜于后代。① 司马昭执政时,邪马台国和曹魏继续互通使节,来往不绝。

在邪马台国与中国大陆北方国家交往的同时,近畿地区的大和国也同长江流域的吴国有往来,因而深受中国大陆先进的稻耕农业、手工业生产技术的影响,很快强大起来。吴织、吴布在三国时期就闻名东亚。日本就有吴国织工到倭的传说。

远航:东海与南海

东吴政权在外交领域的活跃程度不下于曹魏,其开拓性质也不亚于曹魏。

---

① 孟古托力:《读〈三国志·倭人传〉——曹魏与日本列岛诸国的往来》,载于《黑龙江民族丛刊》2004 年第 4 期。

在东北方向,东吴政权对辽东和朝鲜半岛国家展开了外交往来。为了威胁曹魏后方,实现南北夹击的战略意图,东吴多次派遣海船前往辽东半岛,与辽东的公孙渊结成同盟。大批船只从江南至辽东半岛,海路艰险,中途还要通过魏国的领海,有着随时会受到魏军袭击的危险。

孙权还派船队访问朝鲜半岛的高句丽和三韩。嘉禾二年,高句丽王奉表称臣,贡貂皮等特产,孙权派遣使者谢宏、中书陈恂拜高句丽王为单于,赐给他衣物珍宝。高句丽王送数百匹良马回赠给孙权。这些史实证明了当时东吴开拓外交之心,也证明东吴海运之强。

东吴对外交往的主要舞台是在东南沿海和岭南地区。尤其是这一时期的交州地区(今两广、云南东部和越南北部地区),后来居上,成为中原王朝与南海诸国交往的门户。西南丝绸之路和海上丝绸之路都是以交州为基地的。交州的优势地理使得它成为东吴向南洋发展、东南亚商队来往中原的重要基地。

《三国志》分散记载了交州的富庶,令将近两千年的后人读来依然神往不已。《三国志·薛综传》记载薛综的上书:"田户之租赋,裁取供办,贵致远珍,名珠、香药、象牙、犀角、玳瑁、珊瑚、琉璃、鹦鹉、翡翠、孔雀,奇物充备宝玩,不必仰其赋入以益中国也。"《三国志·士燮传》说士燮"每遣使诣权,致杂香细葛辄以千数,明珠、大贝、流离、翡翠、玳瑁、犀象之珍,奇物异果,蕉邪、龙眼之属,无岁不至"。《三国志·孙休传》载永安五年,"是岁使察战到交趾调孔雀、大猪"。

交州的富庶,加上基本没有遭受战乱的影响,催生了繁荣的商贸经济。许多外国商人来交州贸易,并由交州进入内地,有些人甚至就居住于交州。《高僧传·康僧会传》中记载,中亚名僧康僧会的父亲"因商贾移于交趾"。士燮家族出入时,有"胡人夹毂焚烧香"。这些"胡人"可能就是来自中亚、南亚、东南亚等地区的传教者或商人。由于南海诸国到交州贸易甚多,交趾、日南太守等官员也从贸易中获利不少。"初,徼外诸国尝赍宝物自海路来贸货,而交州刺史、日南太守多贪利侵侮,十折二三。"由此可见,由于交州交通的便利,其经济相应兴旺繁荣。交州的合浦郡甚至不产粮食而产珍珠,郡民用珍珠换取粮食,完全以商立足。

东吴政权一直没有放弃对交州的觊觎之心。士燮死后，东吴朝廷直接管辖了交州。东吴平定岭南交趾后，该地依靠大陆腹地，迎来了更大的发展。《三国志·吕岱传》载，220年交州刺史吕岱"既定交州，复进讨九真，斩获以万数。又遣从事南宣国化，暨徼外扶南、林邑、堂明诸王，各遣使奉贡"。所谓的"奉贡"，就是互市。交州成了名副其实的商贸重点和外交基地。

东吴政权和海洋的密切关系决定了它必不会是浩瀚太平洋的默默看客。东吴在政权相对稳定后，就将眼光投向海洋。

《三国志·孙权传》载黄龙二年："遣将军卫温诸葛直将甲士万人浮海求夷洲及亶洲。亶洲在海中……所在绝远，卒不可得至，但得夷洲数千人还。"

这小段记载背后隐藏着重要的外交事件。公元230年，孙权派遣将军卫温、诸葛直率领甲士万人浮海求夷洲（今台湾），并希望能够到达更远的亶洲。这是一桩不折不扣的大航海壮举。（在现代人隆重庆祝西方大航海壮举的时候，人们往往忽视了本国的先辈。）

东吴船队从章安（今浙江台州椒江区）启程，从台州湾出海，沿海岸航行到福州、泉州，然后横渡台湾海峡，在今台南市和嘉义县一带登陆。一行人在台湾驻扎下来，进行了必要的考察和开拓。但是台湾并不像设想的那般美好，岛上的土著居民和疾病夺去了数千名东吴士兵的生命。远航壮举最后变成了徒劳无功的探索。卫温和诸葛直最后只得夷洲数千人，半道回国。孙权的目的不是探险，而是希望获得领土、财富，希望掠夺人口补充军队开垦南方。卫温、诸葛直的损失令孙权震怒，两人归国后被下狱诛杀。

陆逊在船队筹划之时就表示反对。他认为："陛下的长远规划，包括了夷洲。我反复思考，看不到这件事有什么好处。船队万里袭取，风波难测，加上水土不服，必然导致疾病和瘟疫。驱赶上万人为一个缥缈的目标奔波，是不划算的。"

尽管这次航海对东吴来说的确是一场噩梦，但孙权的雄心和客观的结果显然不能用简单的"投入—产出"来衡量。

几十年后，有位文人沈莹在丹阳做太守。他在一次视察中，见到了几位当年到达过夷洲的回乡老兵，兴致勃勃地听他们讲述了在那遥远的海岛上的传奇经历。沈莹后来写成了《临海水土异物志》一书。书中记录了夷洲的风貌,其描述与今台湾省北部相似。书中所载夷洲土人的风俗习惯等也可从今台湾省高山族中找到,从而说明夷洲即台湾。这也是中国历史上大陆人到达台湾的首次记载。

公元230年,中原王朝第一次进入了台湾。国人对夷洲的情况有了切身的了解。这可能是漫漫历史长河中的一点浪花,但我们在将近1800年后仍要感激卫温、诸葛直的远航。

卫温、诸葛直船队寻找的第二个目标是亶洲。"亶洲在海中,长老传言秦始皇帝遣方士徐福将童男童女数千人入海,求蓬莱神山及仙药,止此洲不还。世相承有数万家,其上人民,时有至会稽货布,会稽东县人海行,亦有遭风流移至亶洲者。"有人认为亶洲是海南岛,但是更多的人认为是韩国的济州岛。根据徐福的传说和该地与会稽两地常有互相救助海难的记载,我们应该倾向于认为卫温、诸葛直寻找的是前往济州岛的航线。

亶洲不是海南岛的另一个重大依据是,当时吴国所设置的交州已经包括朱崖洲(今海南岛)。公元242年,孙权遣将军聂友、校尉陆凯率领3万人的船队远航朱崖、儋耳。《三国志·孙权传》赤乌五年"秋七月,遣将军聂友校尉陆凯以兵三万讨珠崖儋耳"。《三国志·陆凯传》说陆凯在"赤乌中,除儋耳太守,讨珠崖,斩获有功,迁为建武校尉"。

雄心勃勃的孙权和庞大的东吴船队并不满足于航行于东海大陆架地区。有两件事促使东吴将目光投向了更遥远的南海深处。公元225年,扶南诸外国来进献琉璃。当时南海诸国来献方物都是以扶南(今柬埔寨)为代表。当时的扶南,国力强盛,邻近的几个小国都受它的控制。扶南的势力扩展到了今天的泰国、缅甸、马来半岛等地,扼守东西海上交通要冲。东吴朝廷对这个南海大国产生了浓厚的兴趣。

《梁书》卷五十四《诸夷传·中天竺国》载:孙权黄武五年(226),有大秦商人秦论来到交趾。这是大秦人从海道来到中国的记录。交趾太守吴邈见到欧洲人种,很稀奇,就将秦论遣送建业见孙权。孙权问大秦的方土遥俗,秦论分别做了详细的介绍。秦论在中国待了8年才回国。当时诸葛恪征讨丹阳,捕获黝、歙少数民族的矮人。秦论见了说:"大秦没有这些人种。那里的人肯定希望见到这些人。"孙权知道后,送给秦论男女各10人。当时秦论已经上路,孙权就差会稽人刘咸将人送给秦论。刘咸在路上病故了,秦论则直接回到本国。

与秦论的交往,促使孙权下定了交结南海、探索前往罗马帝国道路的决心。

同年,为进一步探索通往大秦的海上航路,以及了解南海地区的情况,孙权命朱应(宣化从事)、康泰(中郎)率领庞大船队出使扶南。朱应、康泰等人泛海到达了扶南。整个南洋之行历时6年之久,"其所经及传闻,则有百数十国",其中包括林邑(今越南东南部)和扶南(今柬埔寨)。

根据《通志·四夷扶南》记载:"吴时,遣中郎康泰、宣化从事朱应使于寻国(指以范寻为王的扶南国),国人尤裸,唯妇女著贯头。泰、应谓田:'国中实佳,但人亵露可怪耳',寻始令国中男子著横幅,今干漫(即现在的纱笼,也就是中国人说的筒裙)也。大家乃截绵为之,贫者用布。"可见三国时中国的绵(丝绸)也传入了扶南,并且用来制作纱笼,改变了扶南人裸体的习俗。①

朱应、康泰滞留扶南时,恰巧天竺国(今印度)使臣也来到扶南,康泰"具问天竺土俗",了解到天竺"佛道所与国也,人民敦庞,土地饶沃,街曲市里,屋舍倭观,钟鼓音乐,水陆通流,百贾交会"等风土人情。

这是中原第一次派专使到南海,直接了解南海地区。朱康二人为探询通往大秦(罗马帝国)的通商航路,在扶南居住了多年,把亲自到过的和听说过的情况都记录了下来。康泰写成了《吴时外国传》,朱应写成了《扶南异物志》。这两本书是研究东南亚古代史以及古代中国南海交通史的宝贵资料。

东吴海上开拓事业的进展和成果远远超过了被视为大一统盛世的两汉。这与东吴强大的航海能力有关,也离不开东吴对航海开拓事业的鼓励与支持。比如,长期经营交州的吕岱为东吴外交事业做出了重大贡献。孙权毫不吝啬地进拜吕岱为镇南将军。

孙吴的海上交通往来,加强了大陆与台湾、东海近邻和南海地区的联系,也促进了中外贸易和文化的交流。当时东南亚所产的象牙、翡翠、玳瑁等不断进入中国。中国的土特产品以及文物等也传到各国各地区。这就为

---

① 陈炎:《海上丝绸之路与中外文化交流》。第30页。

东晋南朝海上贸易的进一步发展奠定了基础。①

跳出一时一地论航海的意义,东吴的远航继承了中国的海洋传统。中华民族无疑是一个陆地民族,我们的活动、思考都是在陆地上展开的。但这并不意味着我们缺乏海洋历史。中国的东部与南部都为浩渺的太平洋所包围,具有发展海洋事业得天独厚的优势。早在商朝末期,中国就存在"殷人东渡"的传说。从 19 世纪 20 年代开始,考古学界就在太平洋沿岸和南美洲等地发现了疑似中国文明的印痕。

数千年来,勤劳的中国先民通过海外贸易、海外移民、大规模的远航,构建了丰富多彩的"海上中国",从来没有放弃通过海上通道来扩散中国文明。"海上中国"是一张毫不比中外陆地交流逊色的文明网络。遗憾的是,古代中国的文明和交流活动主要集中在陆地上的客观事实似乎也使中国人将目光局限在了陆地之上,中华文明中的海洋因子远远没有被人认识透彻。

现在"海上中国"已经引起了人们的关注。三国时期东吴的远航史实完全可以为中国的海洋历史提供承上启下的佐证。东吴强大的航海能力和对海洋的探索也可以成为研究"海上中国"的重要案例。

中国在三国时期,不仅开眼了解了更多更深的世界,也敞开大门,迈步走向了世界。

---

① 马植杰:《三国史》,第 310 页。

三国外交年表

年份	事件	人物事迹
155 年		曹操出生
161 年		刘备出生
172 年		鲁肃出生
175 年		周瑜出生
179 年		司马懿出生
181 年		诸葛亮出生
182 年		孙权出生
184 年	黄巾起义爆发,开始长达 30 年的起义历程	
	曹操、刘备、孙坚都参与镇压黄巾起义	
	陇西边章、韩遂叛乱,众十余万,天下骚动	
187 年		曹丕出生
189 年	董卓提兵入洛阳,开军阀专权先河	
190 年	关东诸侯合军讨伐董卓,军阀混战时代开始	
	汉献帝迁都长安	
192 年	长安内乱,关中混战开始	孙坚战死
	曹操破青州黄巾,收编余众	
193 年	曹操讨伐徐州,下十余城,于彭城大破陶谦	
	袁绍、曹操连合,南北互为犄角	
194 年	孙策得孙坚旧部,开始创业	刘璋继任益州牧
195 年	汉献帝东归	
196 年 (建安元年)	曹操逐韩暹、杨奉,迎献帝至许县	张济战死
	曹操开始屯田州郡例置田官,所在积谷	
197 年	袁术称帝,旋亡	
	曹操进攻南阳,为张绣所败	
198 年	曹操南征张绣,袁绍议袭许曹军退还	

年份	事件	人物事迹
199 年	袁绍领有北方四州,袁曹矛盾公开化	
	袁绍虚言南征,曹操分兵山东	
	袁曹双方展开外交战。曹操取得胜利:张绣投降、关中安定	
	钟繇、卫觊西入关中,稳定曹军侧翼	
200 年	官渡之战,曹操破袁绍;冀州各地多附曹,曹操无力接收	孙策身亡,孙权继位
	刘备依附袁绍,前往汝南开辟第二战场	
	汝南之战,曹操南征破刘备,刘备逃亡新野	
	袁绍击定冀州诸叛城邑	
203 年	祸起萧墙,袁尚击败袁谭	
205 年	曹操平定冀州	
207 年	曹操击败乌桓,稳定北方边界	刘禅出生
	辽东政权臣服曹操。中国北方统一	诸葛亮投刘备
208 年	曹操南征,荆州投降	
	兵临城下,孙刘订立同盟	
	赤壁之战,孙权、刘备大败曹操	
	东吴占领江夏、南郡,刘备占领荆州南部	
209 年	孙刘互表官职,并联姻,巩固同盟	
210 年	刘备以交州北部换得南郡江陵,东吴内部分歧严重	周瑜病故
	周瑜欲以取四川为由,牵制刘备	鲁肃代周瑜,对刘备亲善
211 年	孙权复遣军取四川,遭到刘备军阻挠	
	曹操破西凉诸将,平定西方,威胁四川	
	刘璋引刘备入川	
	211 年前后,东吴开始筹建建业防区	
212 年	孙权建都建业,开始经营江北防务建造濡须坞	
	刘备进攻刘璋	
213 年	曹操进攻东吴江北防务,僵持于濡须口之战	
	曹操进爵魏公,曹氏王朝隐现	

续表

年份	事件	人物事迹
214 年	刘备调荆州力量入川,合围成都	
	刘备领有益州,激起东吴极大愤怒	
	曹孙继续在江北防线激战	
215 年	东吴求索荆州三郡,遭到刘备拒绝	
	东吴强力争荆州,刘备整军以待,孙刘交恶	
	曹操乘孙刘交恶,攻取汉中	
	刘备在汉中压力下,与东吴签订平分荆州协定	
217 年	东吴开始疏远刘备,外交上靠拢曹操	鲁肃病故
		吕蒙代鲁肃,对刘备强硬
219 年	刘备攻取汉中和东三郡地区,势力达到极盛	
	孙权攻合肥,无功而返	
	关羽北伐樊城,水淹七军,震动中原	
	孙权致信曹操,计谋偷袭关羽;曹操公布孙权来信	
	吕蒙偷袭荆州,擒杀关羽	
220 年	孟达以东三郡降魏	曹操逝世,曹丕继位
	曹丕受汉献帝禅,建立魏王朝	
	周边少数民族派出的使节参加禅让典礼	
221 年	刘备称帝,建立蜀汉	
	刘备整军东征孙吴。孙权求和不成,移都武昌备战	
	孙权委曲求全于魏国,避免两线作战	
	曹魏下诏褒扬张恭重新打通河西走廊的功绩	
222 年	陆逊大败刘备于夷陵	
	曹魏乘虚分兵征吴,孙权临江拒守	
	孙权派遣郑泉聘刘备于白帝,蜀吴重新开始外交接触	
	曹魏设西域戊己校尉。首任戊己校尉是张恭,驻高昌	
223 年	邓芝使吴,吴蜀重新通好	刘备逝世,刘禅继位
	诸葛亮受命为辅政大臣	

年份	事件	人物事迹
224 年	东吴辅义中郎将张温出使蜀汉	
225 年	诸葛亮南征,平定南中地区	
	扶南诸国向东吴进献琉璃	
226 年	大秦(罗马帝国)商人秦论从海路到达交趾,并前往武昌会见了孙权。秦论在中国居住了 8 年	曹丕逝世,曹叡继位
	东吴开始收回交州南部	士燮逝世
	孙权命宣化从事朱应、中郎康泰率领庞大船队出使扶南。这是中国第一次派专使出使南海	
228 年	诸葛亮出祁山北伐,遭到街亭失败	
	陆逊诱敌深入,大败曹休军石亭之战	
	诸葛亮出散关北伐,粮尽而退	
	公孙渊取代叔叔公孙恭,成为辽东第四位君主	
229 年	诸葛亮北伐攻取武都、阴平二郡	
	孙权称帝,建立东吴。蜀汉派陈震使团前往祝贺。蜀汉、东吴订立中分天下盟约,平分天下	
	五月,孙权派遣张刚、管笃出使辽东	
	大月氏王波调遣使奉献,被曹魏封为亲魏大月氏王	
230 年	诸葛亮北伐,粮运不济而退	
	孙吴船队远航大海求夷洲及亶洲,成功登陆	
232 年	三月,孙权派遣周贺、裴潜出使辽东,遭到曹魏截击	
233 年	孙权进军合肥新城,不克	
	孙权派遣大规模的张弥使团出使辽东,被公孙渊出卖	
234 年	孙吴蜀汉东西分兵伐魏,皆不克	
	诸葛亮在休养两年后,最后一次大举北伐	诸葛亮病逝五丈原
235 年	孙权派遣使者谢宏、中书陈恂出使高句丽	
238 年	司马懿平定割据辽东的公孙渊	
	日本向曹魏派出第一个官方使团,以难升米为正使	

续表

年份	事件	人物事迹
239 年	司马懿与曹爽共同辅政	魏明帝逝世,曹芳即位
240 年	梯俊等人航海来到邪马台国。这是曹魏派往日本的第一个官方使团	
	西域商人大举来中原朝贡并贸易	
243 年	日本向曹魏进贡	
245 年	日本向曹魏进贡	
247 年	日本邪马台国与狗奴国发生战争,遣使来华通告求助。张政等人带着诏书、黄幢等到日本宣化。日本使团第四次来华	
241 年	孙吴再次北伐淮南,失利	
244 年	此后三年,曹魏征讨了高句丽及其濊、貊仆从	
246 年	百济部落出兵袭击了乐浪、带方等地,引发曹魏与朝鲜半岛地区的大规模战争	
249 年	司马懿经过高平陵政变,独揽朝政	
251 年		司马懿逝世
252 年		孙权逝世,孙亮即位
253 年	诸葛恪大举北伐淮南失利,淮南战事从此沉寂	
	此后几年,姜维多次北伐,战果不大	
263 年	钟会伐蜀,邓艾偷袭,刘禅投降,蜀汉灭亡	
265 年	曹奂禅让,司马炎受禅建立西晋魏亡	孙皓即位,为吴末代君主
	西域商人大举来中原朝贡并贸易	
272 年	西陵督军步阐据城降晋,马上被东吴消灭	
279 年	夏,交州郭马叛乱,几乎动摇东吴后方	
	西晋兵分六路,大举伐吴	
280 年	孙皓投降,东吴灭亡,三国时代结束	

参考文献

陈金凤.三国争夺中间地带少数民族述论[J].湖北民族学院学报(哲学社会科学版),2002(1).

陈金凤.孙吴益州战略论析[J].军事历史研究,2005(4).

陈寿.三国志[M].杭州:浙江古籍出版社,2000.

[韩]金裕凤.试论孙权的外交策略[J].聊城师范学院学报(哲学社会科学版),2000(2).

何芳川."华夷秩序"论[J].北京大学学报(哲学社会科学版),1998(06).

胡晓明.三定交州与孙吴国运[J].南京晓庄学院学报,2007(1).

黄晓阳.诸葛亮外交政策对弱小国家外交的启迪[J].成都大学学报(社会科学版),2005(2).

黎虎.汉代外交使团的组成[J].中国文化研究,2004.

黎虎.汉唐外交制度史[M].兰州:兰州大学出版社,1998.

黎虎.魏晋南北朝时期都督的外交管理职能[J].齐鲁学刊,1999(05).

李程.孙权外交策略的失败[J].江汉论坛,2005(6).

梁雁庵.汉代交州州治沿革[J].广东史志,1996(2).

凌文超.论三国时期的交州争夺[J].成都大学学报(社会科学版),2006(2).

马植杰.三国史[M].北京:人民出版社,1993.

孟古托力.读《三国志·倭人传》——曹魏与日本列岛诸国的往来[J].黑龙江民族丛刊,2004(4).

邱宏亮.均势与制衡——三国鼎立时期孙吴外交思想研究[J].重庆师范大学学报(哲学社会科学版),2006(3).

孙家洲,邱瑜.西陵之争与三国孙吴政权的存亡[J].河北学刊,2006(3).

孙祥伟.三国时期东吴、辽东与三韩关系探略[J].陇东学院学报(社会科学版),2006(2).

陶文牛.三国户口考[J].首都师范大学学报(社会科学版),2005(4).

王永平.孙权"报聘辽东"及其与朝臣之冲突考论——兼论孙权的统一愿望及其实践[J].徐州师范大学学报(哲学社会科学版),2004(11).

叶自成.春秋战国时期的中国外交思想[M].香港:香港社会科学出版社有限公司,2003.

张大可.三国史[M].北京:华文出版社,2003.

张东华,刘伟.荆州之争与吴蜀关系新探[J].成都大学学报(社会科学版),2003(2).

张岂之.中国历史·秦汉魏晋南北朝卷[M].北京:高等教育出版社,2001.

张云樵,张莉.对辽东公孙氏政权的剖析[J].北华大学学报(社会科学版),2000(9).

赵小勇.东吴长江防线兵要地理初探[J].中国历史地理论丛,2006(2).

中国历代政治区沿革编委会.中国历代政治区沿革[M].石家庄:河北教育出版社,1996.

朱顺玲.论诸葛亮外交政策的得与失[J].河南理工大学学报(社会科学版),2005(5).

三版后记

感谢各位读者阅读本书。

古代中国有着丰富的外交实践和外交思想遗产。就拿"大使"这个外交官职来说,笔者一直在使用这个名词,但对这个词的来由认知甚少。笔者在写作古琉球国与清朝关系论文的时候,第一次在中国古代典籍中注意到了"大使"这个词。当时古琉球国到北京朝贡的使团有专门住处,那就是位于现在北京正义路一带的"琉球馆"。礼部在琉球馆派驻有管理、接待官员,称为"琉球馆大使"。琉球官员拜见礼部官员,领送公文和进宫参拜,大使都要全程陪同。这个"琉球馆大使"和现在意义上派驻他国的大使功能有些相似,但又有根本不同。因为他是被动在国内接待、处理外国的外交事务。其背后的外交观念与现代截然相反。

在写作本书的时候,笔者查阅了黎虎教授的系列著作,才明白"大使"称谓在先秦时期就已经出现了。当时人们将天子所遣使节称为大使,《礼记·月令》:"是月也,毋以封诸侯,立大官,毋以割地,行大使,出大币。"这种"大使"是天子所遣封建诸侯的使节。这里的"大使"是重要使节之意。到西汉后期也有将正使称为"大使"的。[①] 可见大使一词是土生土长的中国词。在中国接受近代的西方外交规范的时候,大使这个词被古词新用,赋予了全新的含义。

辉煌的中国古代历史有着独特的、成熟的外交制度。其中就包括相当规范严整的外交使团制度。除了官员层级的官属、随员之外,外交使团中还有翻译、警卫、杂役等各种服务人员。笔者不禁要汗颜的是,自己对祖国外交历史和遗产了解太少,以至于在认识现代外交事物的时候常常不明左右和上下的由来。

---

① 黎虎:《汉代外交使团的组成》。

本书就是揭开中国古代外交神秘面纱的一个尝试。笔者尝试着从外交角度讲述三国历史，评论三国的人和事。这里的外交既是传统意义上的中国与周边国家之间的外交，也包括中国内部各政权之间的纵横捭阖。

现代意义上的外交指的是国与国之间的外交。当今国际政治讨论使用的是西方概念、西方思维，连案例也是西方的。在这样的背景下，中国的国际政治研究总是夹杂着那么一丝无奈和不甘。好在外交学领域正在兴起两大热潮，冲击了现在的这一状况。第一，呼唤挖掘中国外交传统和历史宝藏。比如国际政治学界提倡的政治研究的中国视角。其中的重要方向就是重视、整理中国的历史经验和传统。第二，已经有人开始做中国古代外交和外交思想的工作。叶自成教授的著作《春秋战国时期的中国外交思想》是国内迄今为止在中国外交史和外交思想研究领域的扛鼎之作，也是外交学专业的必读书目。而张大可教授在《三国史》一书中则将东汉末期的军阀割据混战时期的政治军事斗争直接称为"三国外交"。乘着前人的风气，希望本书能够参与到这两大浪潮中去。

笔者感觉现在的三国外交史研究，历史学科与外交研究尚有待建立更加紧密的联系，相互借鉴，相互促进。作为显学的三国史积累了大量的研究成果，包括对外交流史、内部政治史和专门史的丰富内容。传统意义上的外交，在三国时期的确存在，包括以西域为中心的各国外交、以辽东为枢纽的三角外交（魏－辽－韩日，吴－辽－韩日，魏－吴－辽）、以岭南交趾为中心的南方外交和海上丝绸之路的内容。这些是外交研究的基本内容。再将三国外交延伸至内部的双边关系，将是另一个绚丽多彩的领域。但是外交学研究偏好关注更热的显学和实际问题，而历史学界也无暇顾及挖掘三国历史的外交内涵。

已有的三国外交史研究成果有限。现在站在外交立场研究三国的作品多是平淡地移植三国历史研究的成果，进行简单的分析。对三国外交的大致脉络、三国外交思想、具体行为体的外交战略缺乏深入分析，对传统外交和三国内部外交的关系缺乏关涉，对具体的外交事件和外交家的思想研究也有待继续深入研究。

现有的三国外交史的进展在一些具体问题上相当有深度，但是对三国外交的整体梳理工作还没展开。已有的历史论文和外交研究集中于特定国家或特定时期,缺乏全面的研究。三国时期人物和事件中的外交思想具有相通之处,按照国别、事件和人物将完整的外交历史和外交思想割裂是有欠缺的。

还有一个不足就是《三国演义》的影响。三国历史实在是太有名了,人们在演义小说和传闻的影响下对三国历史耳熟能详。但遗憾的是,演义小说中有一些虚构的情节和史实,与正史相掺和,使人们难分真伪。

笔者仅以对蜀汉势力的推崇为例子说明一些问题。《三国志》成书的时候,陈寿是以曹魏为正统的。晋朝的习凿齿写了《汉晋春秋》,顾名思义是以蜀汉为正统了。宋朝朱熹以来,知识分子基本上是同意习凿齿的意见而否定陈寿的做法。陈寿身为晋朝大臣,而晋朝承继的是曹魏的国统。如果否定曹魏正统,就是否定当朝,因此尽管陈寿是蜀人,还是要以曹魏为正统。习凿齿时,晋朝已经南渡,情况类似于蜀汉的偏安。习书的倾向有为偏安者争正统的意思在里面。宋高宗南渡临安以后,南宋偏安江左,情况更与蜀汉相似。当时北方原曹魏的土地全部进入了金国版图。因此南宋诸儒纷纷以蜀汉为正统。① 长期的尊蜀抑魏,造成《三国演义》小说中有许多倾向性明显的故事和史实。它们深深刻入了人们的脑海。笔者在写作中尽量依靠《三国志》,但演义小说在人们头脑中植入的条条框框自然也影响了笔者。笔者和本书也难以做到完全不受演义小说的影响。

本书是在笔者硕士论文的基础上扩展而成的,共分十章。第一章介绍了三国外交展开的背景;第二、三章介绍了从公元 190 年开始的军阀混战到蜀汉夷陵之战为止的外交历史;第四章到第七章分国别对曹魏、蜀汉、东吴和辽东的外交战略和国家历史做了梳理;第八、九章分别从战略和战术层次谈了三国外交思想;最后的第十章介绍的是传统外交的内容。三版主要修正了"借荆州"的部分内容,增加了笔者对辽东政权历史作用的思考,同时删除了部分烦琐的文献注释。

笔者的导师叶自成教授对本书的成形和论文的答辩给予了很大的帮

---

① 四库全书总目提要:《三国志》简介。

助。叶老师对"三国外交"研究的鼓励是本书写作的重大动力。叶老师对中国外交史和外交思想的开拓性研究,给予笔者这样的后来者巨大的思维启发和创作刺激。十年后,征得叶老师的同意,并修改了个别字词,本书继续沿用他的序言。

本书曾在 2007 年春夏之交出版,2012 年再版。本次三版,我要感谢浙江大学出版社的同仁们为本书编辑出版付出的辛勤劳动,尤其要感谢谢焕编辑的支持与宽容。

谢谢大家!

张　程
初稿于 2007 年 3 月
三改于 2018 年 3 月

图书在版编目（CIP）数据

外交力：三国的深层逻辑／张程著. —杭州：浙江
大学出版社，2019.1
ISBN 978-7-308-18700-8

Ⅰ.①外… Ⅱ.①张… Ⅲ.①中国历史－研究－三国
时代 Ⅳ.①K236.07

中国版本图书馆 CIP 数据核字（2018）第 228013 号

外交力：三国的深层逻辑

张　程著

责任编辑	谢　焕	
责任校对	杨利军　夏斯斯	
封面设计	石几设计	
出版发行	浙江大学出版社	
	（杭州天目山路 148 号　邮政编码 310007）	
	（网址：http://www.zjupress.com）	
排　　版	浙江时代出版服务有限公司	
印　　刷	浙江新华数码印务有限公司	
开　　本	710mm×1000mm　1/16	
印　　张	13.75	
字　　数	211 千	
版 印 次	2019 年 1 月第 1 版　2019 年 1 月第 1 次印刷	
书　　号	ISBN 978-7-308-18700-8	
定　　价	46.00 元	